知识产权诉讼管辖指引

主编　陈明武

Intellectual Property

WUHAN UNIVERSITY PRESS
武汉大学出版社

图书在版编目(CIP)数据

知识产权诉讼管辖指引/陈明武主编 .—武汉:武汉大学出版社,2021.11
ISBN 978-7-307-22528-2

Ⅰ.知…　Ⅱ.陈…　Ⅲ.知识产权—民事诉讼—研究—中国　Ⅳ.D923.404

中国版本图书馆 CIP 数据核字(2021)第 169872 号

责任编辑:陈　帆　　责任校对:汪欣怡　　版式设计:马　佳

出版发行:**武汉大学出版社**　(430072　武昌　珞珈山)
(电子邮箱:cbs22@ whu.edu.cn 网址:www.wdp.com.cn)
印刷:武汉市宏达盛印务有限公司
开本:720×1000　1/16　印张:15.75　字数:324 千字　插页:2
版次:2021 年 11 月第 1 版　2021 年 11 月第 1 次印刷
ISBN 978-7-307-22528-2　定价:68.00 元

序

2021年4月26日，“世界知识产权日”暨全国知识产权宣传周活动圆满结束。继习近平总书记指示加强知识产权保护以来，国务院总理李克强又于2021年5月21日对知识产权保护、打击侵权假冒工作作出了新的批示，强调加强知识产权全链条保护，打造市场化、法治化、国际化营商环境。由此可见，保护知识产权就是保护经济发展。

广东知识产权保护协会作为一个非营利性社会团体，于成立至今的17年里，在政府、司法部门、律所和各企事业单位之间起到了知识产权保护的沟通桥梁作用，为协会会员单位中的服务机构、专业律所、高校和科技创新企业搭建了一个专业的交流平台。作为一名知识产权“老兵”，与知识产权打交道已有多年，见证了我省乃至我国知识产权行业发展自星星之火到如今漫天星河的光辉历程，欣慰与自豪之情溢于言表。取得成果的背后是党和国家的大力支持与指引，协会也将继续致力于响应国家号召和社会呼应，不断为加强知识产权保护添砖加瓦。

在知识产权保护的道路上，协会里的专家、学者、律师、企业同仁等从业者凭借扎实的专业能力和丰富的实践经验砥砺前行，陈明武律师就是其中之一，其在知识产权领域已耕耘多年。当他向我提及他们团队有意出一本关于知识产权管辖类的汇编书籍时，我对此大为赞赏。知识输出并非一项简单的、机械性的工作，需要长时间的资料搜集和耗费大量精力整理汇编，甚至需要丰富的专业知识及办案经验进行提炼以及分析，方能将自己的经验和技巧融入书籍，传递给更多有需要的人。

在看到陈明武律师团队主编的《知识产权诉讼管辖指引》书稿后，我认为这本书颇为实用。它能够帮助想要从事或者对知识产权感兴趣的同仁较为快速地查找知识产权有关管辖的条款，同时对常见管辖争议的类型案例进行分类，并梳理、提炼裁判要旨，使读者可以学以致用。同时，该书将全国各省份有知识产权管辖权的法院进行了较为细致的核实、汇总归纳，为一线知识产权工作者办理案件提供了极大的便利。

我希望未来在知识产权保护的领域上，有更多的法律同仁秉持“穷则独善其身，达则兼济天下”的精神，将自身或团队的经验以包括文字在内的形式进行知识输出和分享，共同促进行业的进步与成长！

是为序！

广东知识产权保护协会

会长：朱万昌

2021 年 6 月 1 日

目　录

第一编　知识产权纠纷案件管辖依据

第二编　知识产权典型案例裁判要旨及解析

第三编　知识产权法院（法庭）管辖目录

第一编

知识产权纠纷案件管辖依据

第一章　地域管辖

一、综合篇

（一）中华人民共和国民事诉讼法（2017 年修正）

发文机关：全国人大常委会
文　　号：主席令第 71 号
发文日期：2017 年 06 月 27 日
施行日期：2017 年 07 月 01 日

第二十一条　对公民提起的民事诉讼，由被告住所地人民法院管辖；被告住所地与经常居住地不一致的，由经常居住地人民法院管辖。

对法人或者其他组织提起的民事诉讼，由被告住所地人民法院管辖。

同一诉讼的几个被告住所地、经常居住地在两个以上人民法院辖区的，各该人民法院都有管辖权。

第二十三条　因合同纠纷提起的诉讼，由被告住所地或者合同履行地人民法院管辖。

第二十八条　因侵权行为提起的诉讼，由侵权行为地或者被告住所地人民法院管辖。

第二百六十五条　因合同纠纷或者其他财产权益纠纷，对在中华人民共和国领域内没有住所的被告提起的诉讼，如果合同在中华人民共和国领域内签订或者履行，或者诉讼标的物在中华人民共和国领域内，或者被告在中华人民共和国领域内有可供扣押的财产，或者被告在中华人民共和国领域内设有代表机构，可以由合同签订地、合同履行地、诉讼标的物所在地、可供扣押财产所在地、侵权行为地或者代表机构住所地人民法院管辖。

（二）最高人民法院关于适用《中华人民共和国民事诉讼法》的解释（2020年修正）

发文机关：最高人民法院
文　　号：法释〔2020〕20号
发文日期：2020年12月29日
施行日期：2021年01月01日

第三条　公民的住所地是指公民的户籍所在地，法人或者其他组织的住所地是指法人或者其他组织的主要办事机构所在地。

法人或者其他组织的主要办事机构所在地不能确定的，法人或者其他组织的注册地或者登记地为住所地。

第四条　公民的经常居住地是指公民离开住所地至起诉时已连续居住一年以上的地方，但公民住院就医的地方除外。

第二十四条　民事诉讼法第二十八条规定的侵权行为地，包括侵权行为实施地、侵权结果发生地。

第二十五条　信息网络侵权行为实施地包括实施被诉侵权行为的计算机等信息设备所在地，侵权结果发生地包括被侵权人住所地。

第二十七条　当事人申请诉前保全后没有在法定期间起诉或者申请仲裁，给被申请人、利害关系人造成损失引起的诉讼，由采取保全措施的人民法院管辖。

当事人申请诉前保全后在法定期间内起诉或者申请仲裁，被申请人、利害关系人因保全受到损失提起的诉讼，由受理起诉的人民法院或者采取保全措施的人民法院管辖。

（三）最高人民法院关于审查知识产权纠纷行为保全案件适用法律若干问题的规定

（2018年11月26日最高人民法院审判委员会第1755次会议通过，自2019年1月1日起施行）

发文机关：最高人民法院
文　　号：法释〔2018〕21号
发文日期：2018年12月12日
生效日期：2019年01月01日

第三条 申请诉前行为保全，应当向被申请人住所地具有相应知识产权纠纷管辖权的人民法院或者对案件具有管辖权的人民法院提出。

当事人约定仲裁的，应当向前款规定的人民法院申请行为保全。

第十八条 被申请人依据民事诉讼法第一百零五条规定提起赔偿诉讼，申请人申请诉前行为保全后没有起诉或者当事人约定仲裁的，由采取保全措施的人民法院管辖；申请人已经起诉的，由受理起诉的人民法院管辖。

（四）最高人民法院副院长曹建明在全国法院知识产权审判工作座谈会暨优秀知识产权裁判文书颁奖会上的讲话——正确实施知识产权法律促进科技进步和经济发展加快推进社会主义现代化建设

发文机关：最高人民法院
发文日期：2002 年 10 月 15 日
施行日期：2002 年 10 月 15 日

（四）依法确定知识产权案件的管辖

知识产权案件的管辖，尤其是知识产权侵权案件管辖争议，近年来有增长趋势。在新制定的商标法和著作权法司法解释中，最高人民法院对此作出了明确规定，各级人民法院要认真贯彻执行。

上述两项司法解释规定，侵权案件由侵权行为实施地、侵权商品或者复制品的储藏地、扣押地、被告住所地人民法院管辖。储藏地是指大量或者经常性储存、隐匿侵权商品或者复制品的地点，扣押地是指海关、工商、版权等行政机关依法查封、扣押侵权商品或者复制品的地点。

正确理解和适用上述规定，应当注意：1. 对侵犯注册商标专用权、侵犯著作权纠纷案件，在符合上述规定的情形下，不再依侵权结果发生地确定管辖。其他司法解释中有关依侵权结果发生地确定管辖的规定，不再适用于注册商标专用权和著作权侵权案件。2. 上述司法解释规定的扣押地，仅指知识产权行政执法机关扣押侵权商品或者侵权复制品的地点。人民法院在诉前查封、扣押侵权商品和侵权复制品的地点，不属于上述司法解释规定的扣押地。人民法院在审查当事人诉前申请采取临时措施时，首先应当确定自己有管辖权，不得因采取诉前临时措施而认为可以取得管辖权。3. 在侵权商品或者复制品储藏地或者扣押地，当事人可以起诉实施储存、保管、运输等行为的行为人，也可以起诉该部分商品或者复制品的经销商、制造商，或者同时起诉各行为人。4. 对于侵犯著作权人的信息网络传播权的案件，仍然按照最高人民法院关于网络著作权的有关司法解释确定管辖。

（五）北京市高级人民法院关于立案审判适用法律若干问题的解答（一）

发文机关：北京市高级人民法院
发文日期：2018 年 12 月 04 日
施行日期：2018 年 12 月 04 日

（二）地域管辖相关问题

11. 当事人主张因侵权行为受到经济损失的，能否以原告账户所在地或原告住所地作为侵权结果发生地？

除法律、司法解释明确规定的名誉权纠纷、信息网络侵权纠纷等特殊案件外，侵权行为实施地和侵权结果发生地一般应视为在同一地点。不能仅因受害人起诉主张其受到经济损失，就直接以原告账户所在地或原告住所地作为侵权结果发生地。

16. 名誉权纠纷、信息网络侵权纠纷等侵权纠纷中，侵权行为发生时到起诉时，原告住所地发生变化的，起诉时原告住所地法院是否有管辖权？

名誉权纠纷、信息网络侵权纠纷等法律、司法解释明确规定原告住所地可作为侵权结果发生地的案件中，若原告住所地曾发生变更，应将原告起诉时的住所地认定为侵权结果发生地，即起诉时原告住所地法院对案件有管辖权。

（六）浙江省高级人民法院民三庭关于知识产权民事诉讼证据保全的实施意见

发文机关：浙江省高级人民法院民三庭
发文日期：2014 年 07 月
生效日期：2014 年 07 月

第二条 诉前证据保全的管辖法院为证据所在地、被申请人住所地或者对案件有管辖权的人民法院。

诉前证据保全的级别管辖适用一般知识产权民事案件诉讼级别管辖的规定。

（七）上海法院知识产权民事诉讼指南

发文机关：上海市高级人民法院
发文日期：2004 年 12 月

三、知识产权民事案件的地域管辖是如何规定的？

（一）专利侵权纠纷案件，由侵权行为地或者被告住所地人民法院管辖。侵权行为地包括：被控侵犯发明、实用新型专利权的产品的制造、使用、许诺销售、销售、进口等行为的实施地；专利方法使用行为的实施地，依照该专利方法直接获得的产品的使用、许诺销售、销售、进口等行为的实施地；外观设计专利产品的制造、销售、进口等行为的实施地；假冒他人专利的行为实施地；上述侵权行为的侵权结果发生地。

原告仅对侵权产品制造者提起诉讼，未起诉销售者，侵权产品制造地与销售地不一致的，制造地人民法院有管辖权；以制造者与销售者为共同被告起诉的，销售地人民法院有管辖权。

销售者是制造者的分支机构，原告在销售地起诉侵权产品制造者制造、销售行为的，销售地人民法院有管辖权。

（二）著作权侵权纠纷案件、商标侵权纠纷案件，由侵权行为的实施地、侵权复制品储藏地或者查封扣押地、被告住所地人民法院管辖。侵权复制品储藏地，是指大量或者经常性储存、隐匿侵权复制品所在地；查封扣押地，是指海关、版权、工商等行政机关依法查封、扣押侵权复制品所在地。

著作权侵权纠纷案件、商标侵权纠纷案件，对涉及不同侵权行为实施地的多个被告提起的共同诉讼，原告可以选择其中一个被告的侵权行为实施地人民法院管辖；仅对其中某一被告提起的诉讼，该被告侵权行为实施地的人民法院有管辖权。

（三）涉及计算机网络著作权的侵权纠纷案件由侵权行为地或者被告住所地人民法院管辖。侵权行为地包括实施被诉侵权行为的网络服务器、计算机终端等设备所在地。对难以确定侵权行为地和被告住所地的，原告发现侵权内容的计算机终端等设备所在地可以视为侵权行为地。

（四）涉及计算机网络域名的侵权纠纷案件，由侵权行为地或者被告住所地的中级人民法院管辖。对难以确定侵权行为地和被告住所地的，原告发现该域名的计算机终端等设备所在地可以视为侵权行为地。

（五）植物新品种侵权纠纷案件，由被告住所地或者侵权行为地所属的省、自治区、直辖市人民政府所在地的和最高人民法院指定的中级人民法院管辖。植物新品种侵权纠纷案件中的侵权行为地，是指未经品种权所有人许可，以商业目的生产、销售该植物新品种的繁殖材料的所在地，或者将该授权品种的繁殖材料重复使用于生产另一品种的繁殖材料的所在地。

（六）集成电路布图设计专有权侵权纠纷案件，由被告住所地或者侵权行为地所属的省、自治区、直辖市人民政府所在地的或者所属的经济特区所在地的或者所属的大连、青岛、温州、佛山、烟台市的中级人民法院管辖。

（七）其他知识产权侵权纠纷案件，由侵权行为地或者被告住所地人民法院管辖。

（八）知识产权权属纠纷案件，由被告住所地人民法院管辖。

（九）知识产权合同纠纷案件，由被告住所地或者合同履行地人民法院管辖。合同当事人可以在书面合同中协议选择被告住所地、合同履行地、合同签订地、原告住所地、标的物所在地人民法院管辖，但不得违反级别管辖和专属管辖的规定。

（八）中华全国律师协会律师办理商业秘密法律业务操作指引（2015 年修订）

发文机关：中华全国律师协会
发文日期：2015 年 10 月 01 日
施行日期：2015 年 10 月 01 日

第 120 条　［地域管辖］

120.1　侵权纠纷案件的地域管辖，可按实际情况选择在被告所在地或侵权行为地起诉，其中，侵权行为地包括侵权行为实施地和侵权结果发生地。侵权行为地应当根据原告指控的侵权人的具体侵权行为来确定。

120.2　侵权行为实施地是指被告被指控实施侵权行为的地域，包括非法获取商业秘密地、非法披露商业秘密地和非法使用商业秘密地。

120.3　侵权结果发生地，应当理解为是侵权行为直接产生的结果发生地，不能以原告受到损害就认为原告所在地就是侵权结果发生地，也不能将侵权结果到达地作为侵权结果发生地，应明确“侵权结果”针对的是哪些具体的侵权行为。

120.4　合同纠纷案件的地域管辖，可按具体情况选择在被告所在地或合同履行地起诉。

120.5　权属纠纷案件的地域管辖，可按具体情况选择在被告所在地或合同履行地起诉。

二、商标篇

（一）最高人民法院关于审理商标民事纠纷案件适用法律若干问题的解释（2020 年修正）

发文机关：最高人民法院
文　　号：法释〔2020〕19 号

发文日期：2020 年 12 月 29 日
施行日期：2021 年 01 月 01 日

第六条　因侵犯注册商标专用权行为提起的民事诉讼，由商标法第十三条、第五十七条所规定侵权行为的实施地、侵权商品的储藏地或者查封扣押地、被告住所地人民法院管辖。

前款规定的侵权商品的储藏地，是指大量或者经常性储存、隐匿侵权商品所在地；查封扣押地，是指海关等行政机关依法查封、扣押侵权商品所在地。

第七条　对涉及不同侵权行为实施地的多个被告提起的共同诉讼，原告可以选择其中一个被告的侵权行为实施地人民法院管辖；仅对其中某一被告提起的诉讼，该被告侵权行为实施地的人民法院有管辖权。

（二）四川省高级人民法院关于印发《侵害商标权案件审理指南》的通知

发文机关：四川省高级人民法院
文　　号：川高法〔2018〕229 号
发文日期：2018 年 09 月 04 日
生效日期：2018 年 09 月 04 日

4　[审查法院管辖权]

4.1　侵害商标权案件，当事人可以自愿选择向人民法院起诉，或者向工商行政管理机关投诉。

4.2　侵害商标权案件，由侵权行为地、侵权商品的储藏地或者查封扣押地、被告住所地人民法院管辖。侵权行为地包括侵权行为实施地和侵权结果发生地。

侵害商标权案件中，如果原告通过网络购物方式购买被诉侵权产品的，不能以网络购物收货地作为侵权行为地确定管辖。

（三）广东省高级人民法院关于审理商标纠纷案件若干问题的暂行规定

发文机关：广东省高级人民法院
文　　号：粤高法〔2000〕25 号
发文日期：2000 年 06 月 15 日
生效日期：2000 年 06 月 15 日

第四条　商标侵权纠纷案件，依照《中华人民共和国民事诉讼法》第二十九条的规定，由侵权行为地或者被告住所地的中级人民法院管辖。侵权行为地包括侵权行为实施地和侵权结果发生地。侵权行为实施地是指侵权产品生产地、海关扣押地、生产者直接销售地（或其授权的代销经销地）等。侵权结果发生地是指已经存在的具体损失所在地。其中，他人销售侵权产品的地方，对侵权产品的生产者而言，可视为侵权行为结果地。

三、著作权篇

（一）最高人民法院关于审理著作权民事纠纷案件适用法律若干问题的解释（2020 年修正）

发文机关：最高人民法院
文　　号：法释〔2020〕19 号
发文日期：2020 年 12 月 29 日
生效日期：2021 年 01 月 01 日

第四条　因侵害著作权行为提起的民事诉讼，由著作权法第四十七条、第四十八条所规定侵权行为的实施地、侵权复制品储藏地或者查封扣押地、被告住所地人民法院管辖。

前款规定的侵权复制品储藏地，是指大量或者经常性储存、隐匿侵权复制品所在地；查封扣押地，是指海关、版权等行政机关依法查封、扣押侵权复制品所在地。

第五条　对涉及不同侵权行为实施地的多个被告提起的共同诉讼，原告可以选择向其中一个被告的侵权行为实施地人民法院提起诉讼；仅对其中某一被告提起的诉讼，该被告侵权行为实施地的人民法院有管辖权。

（二）最高人民法院关于审理侵害信息网络传播权民事纠纷案件适用法律若干问题的规定（2020 年修正）

发文机关：最高人民法院
文　　号：法释〔2020〕19 号
发文日期：2020 年 12 月 29 日

施行日期：2021 年 01 月 01 日

第十五条　侵害信息网络传播权民事纠纷案件由侵权行为地或者被告住所地人民法院管辖。侵权行为地包括实施被诉侵权行为的网络服务器、计算机终端等设备所在地。侵权行为地和被告住所地均难以确定或者在境外的，原告发现侵权内容的计算机终端等设备所在地可以视为侵权行为地。

（三）四川省高级人民法院侵害信息网络传播权纠纷案件审理指南

发文机关：四川省高级人民法院
文　　号：川高法〔2018〕243 号
发文日期：2018 年 11 月 17 日
施行日期：2018 年 11 月 17 日

四、管辖及诉讼时效

（一）侵害信息网络传播权纠纷案件由侵权行为地或者被告住所地人民法院管辖。

（二）侵害信息网络传播权纠纷案件中的侵权行为地，包括侵权行为实施地、侵权结果发生地。

（三）侵害信息网络传播权纠纷案件中的侵权行为实施地包括实施被诉侵权行为的网络服务器、计算机终端等设备所在地。侵权行为地和被告住所地均难以确定或者在境外的，原告发现侵权内容的计算机终端等设备所在地可以视为侵权行为地。

（四）天津法院关于侵害信息网络传播权纠纷案件审理标准（试行）

发文机关：天津市高级人民法院
发文日期：2018 年 04 月 26 日
施行日期：2018 年 04 月 26 日

3　管辖

3.1　确定案件管辖符合法律、司法解释及最高人民法院相关批复的规定。

3.2　侵害信息网络传播权纠纷案件由侵权行为地或者被告住所地人民法院管辖。

3.2.1　侵害信息网络传播权纠纷案件中的侵权行为地，包括侵权行为实施地、侵权结果发生地。

3.2.2　侵害信息网络传播权纠纷案件中的侵权行为实施地包括实施被诉侵权行为的计算机等信息设备所在地，侵权结果发生地包括被侵权人住所地。

（五）山东省高级人民法院关于审理网络著作权侵权纠纷案件的指导意见（试行）

发文机关：山东省高级人民法院
发文日期：2011 年 01 月 06 日
生效日期：2011 年 01 月 06 日

一、案件管辖确定

1. 网络著作权侵权纠纷案件管辖确定，应以《中华人民共和国民事诉讼法》和最高人民法院《关于审理涉及计算机网络著作权纠纷案件适用法律若干问题的解释》有关管辖规定为基本依据。网络著作权侵权纠纷案件由侵权行为地或被告住所地人民法院管辖。

2. 侵权行为地包括实施被诉行为的网络服务器、计算机终端等设备所在地。

实施被诉侵权行为的网络服务器所在地，是指为上传作品提供存储服务的网络服务器放置地点；实施被诉侵权行为的计算机终端等设备所在地，是指直接上传作品的用户计算机终端等设备所在地。

认定服务器的放置地点，可以网络服务提供者的住所地或经营场所为依据。被告以服务器托管等理由提出管辖权异议的，应举证证明服务器放置地点。

3. 只有在侵权行为地和被告住所地难以确定的前提下，方可以将原告发现侵权内容的计算机终端等设备所在地视为侵权行为地，由该地人民法院管辖。

（六）浙江省高级人民法院民事审判第三庭关于审理网络著作权侵权纠纷案件的若干解答意见

发文机关：浙江省高级人民法院
文　　号：浙法民三〔2009〕6 号
发文日期：2009 年 10 月 20 日
施行日期：2009 年 10 月 20 日

一、网络著作权侵权纠纷案件的管辖

1. 在何种情形下可以发现侵权内容的计算机终端等设备所在地法院为管辖

法院

对于侵权行为地或被告住所地明确的案件，不能直接以发现侵权内容的计算机终端等设备所在地作为案件管辖联结点。只有在侵权行为地和被告住所地难以确定时，才能将发现侵权内容的计算机终端等设备所在地视为侵权行为地，由该地人民法院管辖。

2. 如何确定实施被诉侵权行为的网络服务器、计算机终端等设备所在地

为上传作品提供存储服务的网络服务器放置地点可确定为实施被诉侵权行为的网络服务器所在地；直接上传作品的用户计算机终端等设备所在地可确定为实施被诉侵权行为的计算机终端等设备所在地。一般而言，可以根据网络服务提供者的住所地或者经营场所来认定服务器的放置地点，但被告以服务器托管等理由提出异议的，被告应举证证明服务器放置地点。

四、专利篇

（一）最高人民法院关于审理专利纠纷案件适用法律问题的若干规定（2020 年修正）

发文机关：最高人民法院
文　　号：法释〔2020〕19 号
发文日期：2020 年 12 月 29 日
生效日期：2021 年 01 月 01 日

第二条　因侵犯专利权行为提起的诉讼，由侵权行为地或者被告住所地人民法院管辖。

侵权行为地包括：被诉侵犯发明、实用新型专利权的产品的制造、使用、许诺销售、销售、进口等行为的实施地；专利方法使用行为的实施地，依照该专利方法直接获得的产品的使用、许诺销售、销售、进口等行为的实施地；外观设计专利产品的制造、许诺销售、销售、进口等行为的实施地；假冒他人专利的行为实施地。上述侵权行为的侵权结果发生地。

第三条　原告仅对侵权产品制造者提起诉讼，未起诉销售者，侵权产品制造地与销售地不一致的，制造地人民法院有管辖权；以制造者与销售者为共同被告起诉的，销售地人民法院有管辖权。

销售者是制造者分支机构，原告在销售地起诉侵权产品制造者制造、销售行为的，销售地人民法院有管辖权。

(二)最高人民法院知识产权案件年度报告(2018)摘要

发文机关：最高人民法院
发文日期：2019 年
生效日期：2019 年

35. 网络环境下销售行为地的确定

在上诉人宁波奥克斯空调有限公司与被上诉人珠海格力电器股份有限公司、一审被告广州晶东贸易有限公司侵害实用新型专利权纠纷管辖权异议案(以下简称“奥克斯空调”专利侵权纠纷管辖权异议案)[(2018)最高法民辖终 93 号]中，最高人民法院指出，在网络环境下，知识产权侵权案件中的销售行为地原则上包括不以网络购买者的意志为转移的网络销售商主要经营地、被诉侵权产品储藏地、发货地或者查封扣押地等，但网络购买方可以随意选择的网络购物收货地通常不宜作为网络销售行为地。

36. 能否以销售者和制作者为共同被告在侵权产品销售地法院起诉

在前述“奥克斯空调”专利侵权纠纷管辖权异议案中，最高人民法院指出，在专利侵权案件中，如果专利权人将被诉侵权产品的制造商和销售商作为共同被告提起诉讼，基于诉讼标的的同一性以及防止判决冲突、保护当事人利益等政策原因，该诉讼构成一种特殊的必要共同诉讼。

(三)职务发明创造发明人或设计人奖励、报酬纠纷审理指引

发文机关：上海市高级人民法院
发文日期：2013 年 06 月 24 日
生效日期：2013 年 06 月 24 日

第十六条 [管辖]职务发明创造发明人、设计人奖励、报酬纠纷，属于专利纠纷，由具有专利纠纷管辖权的人民法院管辖。

《最高人民法院关于审理专利纠纷案件适用法律问题的若干规定》中已明确，人民法院受理的专利纠纷案件包括职务发明创造发明人、设计人奖励报酬纠纷案件，并实行集中管辖。2011 年民事案由规定亦将职务发明创造发明人、设计人奖励、报酬纠纷归类于专利权权属、侵权纠纷。故该类案件应由具有专利纠纷管辖权的人民法院管辖。

五、其他知识产权篇

（一）最高人民法院关于审理因垄断行为引发的民事纠纷案件应用法律若干问题的规定（2020年修正）

发文机关：最高人民法院
文　　号：法释〔2020〕19号
发文日期：2020年12月29日
生效日期：2021年01月01日

第四条　垄断民事纠纷案件的地域管辖，根据案件具体情况，依照民事诉讼法及相关司法解释有关侵权纠纷、合同纠纷等的管辖规定确定。

（二）最高人民法院关于审理涉及计算机网络域名民事纠纷案件适用法律若干问题的解释（2020年修正）

发文机关：最高人民法院
文　　号：法释〔2020〕19号
发文日期：2020年12月29日
生效日期：2021年01月01日

第二条　涉及域名的侵权纠纷案件，由侵权行为地或者被告住所地的中级人民法院管辖。对难以确定侵权行为地和被告住所地的，原告发现该域名的计算机终端等设备所在地可以视为侵权行为地。

（三）最高人民法院关于审理植物新品种纠纷案件若干问题的解释（2020年修正）

发文机关：最高人民法院
文　　号：法释〔2020〕19号
发文日期：2020年12月29日
生效日期：2021年01月01日

第四条　以侵权行为地确定人民法院管辖的侵害植物新品种权的民事案件，其所称的侵权行为地，是指未经品种权所有人许可，生产、繁殖或者销售该授权植物新品种的繁殖材料的所在地，或者为商业目的将该授权品种的繁殖材料重复使用于生产另一品种的繁殖材料的所在地。

（四）最高人民法院关于本田技研工业株式会社与石家庄双环汽车股份有限公司、北京旭阳恒兴经贸有限公司专利纠纷案件指定管辖的通知

发文机关：最高人民法院
发文日期：2004 年 06 月 24 日
发文字号：〔2004〕民三他字第 4 号
施行日期：2004 年 06 月 24 日

一、确认不侵犯专利权诉讼属于侵权类纠纷，应当依照民事诉讼法第二十九条的规定确定地域管辖。涉及同一事实的确认不侵犯专利权诉讼和专利侵权诉讼，是当事人双方依照民事诉讼法为保护自己的权益在纠纷发生过程的不同阶段分别提起的诉讼，均属独立的诉讼，一方当事人提起的确认不侵犯专利权诉讼不因对方当事人另行提起专利侵权诉讼而被吸收。但为了避免就同一事实的案件为不同法院重复审判，人民法院应当依法移送管辖合并审理。

第二章　级别管辖

第一节　以权利类型划分的级别管辖

一、综合篇

（一）最高人民法院副院长曹建明在全国法院知识产权审判工作座谈会暨优秀知识产权裁判文书颁奖会上的讲话——正确实施知识产权法律促进科技进步和经济发展加快推进社会主义现代化建设

发文机关：最高人民法院
发文日期：2002 年 10 月 15 日
施行日期：2002 年 10 月 15 日

根据最高人民法院有关专利、商标、著作权、植物新品种、集成电路布图设计等纠纷案件的司法解释，除各高级人民法院确定可以受理部分知识产权案件的若干基层人民法院外，知识产权案件一律由中级以上人民法院管辖。专利纠纷案件、植物新品种纠纷案件、集成电路布图设计纠纷案件等必须由最高人民法院确定的中级人民法院管辖。基层法院和中级法院违反上述司法解释规定擅自审理知识产权案件的，属于程序违法，应当予以纠正。

二、商标篇

（一）最高人民法院关于审理商标案件有关管辖和法律适用范围问题的解释（2020 年修正）

发文机关：最高人民法院

文　　号：法释〔2020〕19 号
发文日期：2020 年 12 月 29 日
施行日期：2021 年 01 月 01 日

第二条　本解释第一条所列第 1 项第一审案件，由北京市高级人民法院根据最高人民法院的授权确定其辖区内有关中级人民法院管辖。

本解释第一条所列第 2 项第一审案件，根据行政诉讼法的有关规定确定管辖。

商标民事纠纷第一审案件，由中级以上人民法院管辖。

各高级人民法院根据本辖区的实际情况，经最高人民法院批准，可以在较大城市确定 1-2 个基层人民法院受理第一审商标民事纠纷案件。

三、著作权篇

（一）最高人民法院关于审理著作权民事纠纷案件适用法律若干问题的解释（2020 年修正）

发文机关：最高人民法院
文　　号：法释〔2020〕19 号
发文日期：2020 年 12 月 29 日
生效日期：2021 年 01 月 01 日

第二条　著作权民事纠纷案件，由中级以上人民法院管辖。

各高级人民法院根据本辖区的实际情况，可以报请最高人民法院批准，由若干基层人民法院管辖第一审著作权民事纠纷案件。

四、专利篇

（一）最高人民法院关于适用《中华人民共和国民事诉讼法》的解释（2020 年修正）

发文机关：最高人民法院
文　　号：法释〔2020〕20 号
发文日期：2020 年 12 月 29 日

施行日期：2021年01月01日

第二条　专利纠纷案件由知识产权法院、最高人民法院确定的中级人民法院和基层人民法院管辖。

五、不正当竞争篇

（一）最高人民法院关于审理不正当竞争民事案件应用法律若干问题的解释（2020年修正）

发文机关：最高人民法院
文　　号：法释〔2020〕19号
发文日期：2020年12月29日
施行日期：2021年01月01日

第十八条　反不正当竞争法第五条、第九条、第十条、第十四条规定的不正当竞争民事第一审案件，一般由中级人民法院管辖。

各高级人民法院根据本辖区的实际情况，经最高人民法院批准，可以确定若干基层人民法院受理不正当竞争民事第一审案件，已经批准可以审理知识产权民事案件的基层人民法院，可以继续受理。

六、反垄断篇

（一）最高人民法院关于审理因垄断行为引发的民事纠纷案件应用法律若干问题的规定（2020年修正）

发文机关：最高人民法院
文　　号：法释〔2020〕19号
发文日期：2020年12月29日
施行日期：2021年01月01日

第三条　第一审垄断民事纠纷案件，由知识产权法院，省、自治区、直辖市人民政府所在地的市、计划单列市中级人民法院以及最高人民法院指定的中级人民法院管辖。

七、其他知识产权篇

（一）最高人民法院关于审理技术合同纠纷案件适用法律若干问题的解释（2020年修正）

发文机关：最高人民法院
文　　号：法释〔2020〕19号
发文日期：2020年12月29日
生效日期：2021年01月01日

第四十三条　技术合同纠纷案件一般由中级以上人民法院管辖。

各高级人民法院根据本辖区的实际情况并报经最高人民法院批准，可以指定若干基层人民法院管辖第一审技术合同纠纷案件。

其他司法解释对技术合同纠纷案件管辖另有规定的，从其规定。

合同中既有技术合同内容，又有其他合同内容，当事人就技术合同内容和其他合同内容均发生争议的，由具有技术合同纠纷案件管辖权的人民法院受理。

（二）最高人民法院关于审理植物新品种纠纷案件若干问题的解释（2020年修正）

发文机关：最高人民法院
文　　号：法释〔2020〕19号
发文日期：2020年12月29日
生效日期：2021年01月01日

第三条　本解释第一条所列第一至五类案件，由北京知识产权法院作为第一审人民法院审理；第六至十八类案件，由知识产权法院，各省、自治区、直辖市人民政府所在地和最高人民法院指定的中级人民法院作为第一审人民法院审理。

当事人对植物新品种纠纷民事、行政案件第一审判决、裁定不服，提起上诉的，由最高人民法院审理。

第二节　以法院级别划分的级别管辖

一、一般规定管辖篇

（一）中华人民共和国民事诉讼法（2017 年修正）

发文机关：全国人大常委会
文　　号：主席令第 71 号
发文日期：2017 年 06 月 27 日
施行日期：2017 年 07 月 01 日

第十七条　基层人民法院管辖第一审民事案件，但本法另有规定的除外。
第十八条　中级人民法院管辖下列第一审民事案件：
（一）重大涉外案件；
（二）在本辖区有重大影响的案件；
（三）最高人民法院确定由中级人民法院管辖的案件。
第十九条　高级人民法院管辖在本辖区有重大影响的第一审民事案件。
第二十条　最高人民法院管辖下列第一审民事案件：
（一）在全国有重大影响的案件；
（二）认为应当由本院审理的案件。

（二）最高人民法院关于调整高级人民法院和中级人民法院管辖第一审民事案件标准的通知

发文机关：最高人民法院
文　　号：法发〔2019〕14 号
发文日期：2019 年 04 月 30 日
施行日期：2019 年 05 月 01 日

各省、自治区、直辖市高级人民法院，解放军军事法院，新疆维吾尔自治区高级人民法院生产建设兵团分院：

为适应新时代审判工作发展要求，合理定位四级法院民事审判职能，促进矛盾纠纷化解重心下移，现就调整高级人民法院和中级人民法院管辖第一审民事案件标准问题，通知如下：

一、中级人民法院管辖第一审民事案件的诉讼标的额上限原则上为50亿元（人民币），诉讼标的额下限继续按照《最高人民法院关于调整地方各级人民法院管辖第一审知识产权民事案件标准的通知》（法发〔2010〕5号）、《最高人民法院关于调整高级人民法院和中级人民法院管辖第一审民商事案件标准的通知》（法发〔2015〕7号）、《最高人民法院关于明确第一审涉外民商事案件级别管辖标准以及归口办理有关问题的通知》（法〔2017〕359号）、《最高人民法院关于调整部分高级人民法院和中级人民法院管辖第一审民商事案件标准的通知》（法发〔2018〕13号）等文件执行。

二、高级人民法院管辖诉讼标的额50亿元（人民币）以上（包含本数）或者其他在本辖区有重大影响的第一审民事案件。

三、海事海商案件、涉外民事案件的级别管辖标准按照本通知执行。

四、知识产权民事案件的级别管辖标准按照本通知执行，但《最高人民法院关于知识产权法庭若干问题的规定》第二条所涉案件类型除外。

五、最高人民法院以前发布的关于第一审民事案件级别管辖标准的规定与本通知不一致的，不再适用。

本通知自2019年5月1日起实施，执行过程中遇到的问题，请及时报告我院。

最高人民法院

2019年4月30日

二、知识产权法院管辖篇

（一）全国人民代表大会常务委员会关于在北京、上海、广州设立知识产权法院的决定

发文机关：全国人大常委会

发文日期：2014年08月31日

施行日期：2014年08月31日

为推动实施国家创新驱动发展战略，进一步加强知识产权司法保护，切实依法保护权利人合法权益，维护社会公共利益，根据宪法和人民法院组织法，特作如下

决定：

一、在北京、上海、广州设立知识产权法院。

知识产权法院审判庭的设置，由最高人民法院根据知识产权案件的类型和数量确定。

二、知识产权法院管辖有关专利、植物新品种、集成电路布图设计、技术秘密等专业技术性较强的第一审知识产权民事和行政案件。

不服国务院行政部门裁定或者决定而提起的第一审知识产权授权确权行政案件，由北京知识产权法院管辖。

知识产权法院对第一款规定的案件实行跨区域管辖。在知识产权法院设立的三年内，可以先在所在省(直辖市)实行跨区域管辖。

三、知识产权法院所在市的基层人民法院第一审著作权、商标等知识产权民事和行政判决、裁定的上诉案件，由知识产权法院审理。

四、知识产权法院第一审判决、裁定的上诉案件，由知识产权法院所在地的高级人民法院审理。

五、知识产权法院审判工作受最高人民法院和所在地的高级人民法院监督。知识产权法院依法接受人民检察院法律监督。

六、知识产权法院院长由所在地的市人民代表大会常务委员会主任会议提请本级人民代表大会常务委员会任免。

知识产权法院副院长、庭长、审判员和审判委员会委员，由知识产权法院院长提请所在地的市人民代表大会常务委员会任免。

知识产权法院对所在地的市人民代表大会常务委员会负责并报告工作。

七、本决定施行满三年，最高人民法院应当向全国人民代表大会常务委员会报告本决定的实施情况。

八、本决定自公布之日起施行。

(二)最高人民法院关于知识产权法院案件管辖等有关问题的通知

发文机关：最高人民法院

文　　号：法〔2014〕338号

发文日期：2014年12月24日

施行日期：2015年01月01日

各省、自治区、直辖市高级人民法院，解放军军事法院，新疆维吾尔自治区高级人民法院生产建设兵团分院：

为进一步明确知识产权法院案件管辖等有关问题，依法及时受理知识产权案件，保障当事人诉讼权利，根据《中华人民共和国民事诉讼法》、《中华人民共和国行政诉讼法》、《全国人民代表大会常务委员会关于在北京、上海、广州设立知识产权法院的决定》、《最高人民法院关于北京、上海、广州知识产权法院案件管辖的规定》等规定，结合审判实际，现就有关问题通知如下：

一、知识产权法院所在市辖区内的第一审知识产权民事案件，除法律和司法解释规定应由知识产权法院管辖外，由基层人民法院管辖，不受诉讼标的额的限制。

不具有知识产权民事案件管辖权的基层人民法院辖区内前款所述案件，由所在地高级人民法院报请最高人民法院指定具有知识产权民事案件管辖权的基层人民法院跨区域管辖。

二、知识产权法院对所在市的基层人民法院管辖的重大涉外或者有重大影响的第一审知识产权案件，可以根据民事诉讼法第三十八条的规定提级审理。

知识产权法院所在市的基层人民法院对其所管辖的第一审知识产权案件，认为需要由知识产权法院审理的，可以报请知识产权法院审理。

三、知识产权法院管辖所在市辖区内的第一审垄断民事纠纷案件。

广州知识产权法院对广东省内的第一审垄断民事纠纷实行跨区域管辖。

四、对知识产权法院所在市的基层人民法院已经发生法律效力的知识产权民事和行政判决、裁定、调解书，当事人依法可以向该基层人民法院或者知识产权法院申请再审。

对知识产权法院已经发生法律效力的民事和行政判决、裁定、调解书，当事人依法可以向该知识产权法院或者其所在地的高级人民法院申请再审；当事人依法向知识产权法院所在地的高级人民法院申请再审的，由该高级人民法院知识产权审判庭审理。

五、利害关系人或者当事人向知识产权法院申请证据保全、行为保全、财产保全的，知识产权法院应当依法及时受理；裁定采取相关措施的，应当立即执行。

六、知识产权法院审理的第一审案件，生效判决、裁定、调解书需要强制执行的，知识产权法院所在地的高级人民法院可指定辖区内其他中级人民法院执行。

七、本通知自 2015 年 1 月 1 日起施行。

施行中如有新情况，请及时层报最高人民法院。

（三）最高人民法院关于北京、上海、广州知识产权法院案件管辖的规定（2020 年修正）

发文机关：最高人民法院

文　　号：法释〔2020〕19 号

发文日期：2020 年 12 月 29 日

施行日期：2021 年 01 月 01 日

（2014 年 10 月 27 日最高人民法院审判委员会第 1628 次会议通过，根据 2020 年 12 月 23 日最高人民法院审判委员会第 1823 次会议通过的《最高人民法院关于修改〈最高人民法院关于审理侵犯专利权纠纷案件应用法律若干问题的解释（二）〉等十八件知识产权类司法解释的决定》修正）

为进一步明确北京、上海、广州知识产权法院的案件管辖，根据《中华人民共和国民事诉讼法》《中华人民共和国行政诉讼法》《全国人民代表大会常务委员会关于在北京、上海、广州设立知识产权法院的决定》等规定，制定本规定。

第一条　知识产权法院管辖所在市辖区内的下列第一审案件：

（一）专利、植物新品种、集成电路布图设计、技术秘密、计算机软件民事和行政案件；

（二）对国务院部门或者县级以上地方人民政府所作的涉及著作权、商标、不正当竞争等行政行为提起诉讼的行政案件；

（三）涉及驰名商标认定的民事案件。

第二条　广州知识产权法院对广东省内本规定第一条第（一）项和第（三）项规定的案件实行跨区域管辖。

第三条　北京市、上海市各中级人民法院和广州市中级人民法院不再受理知识产权民事和行政案件。

广东省其他中级人民法院不再受理本规定第一条第（一）项和第（三）项规定的案件。

北京市、上海市、广东省各基层人民法院不再受理本规定第一条第（一）项和第（三）项规定的案件。

第四条　案件标的既包含本规定第一条第（一）项和第（三）项规定的内容，又包含其他内容的，按本规定第一条和第二条的规定确定管辖。

第五条　下列第一审行政案件由北京知识产权法院管辖：

（一）不服国务院部门作出的有关专利、商标、植物新品种、集成电路布图设计等知识产权的授权确权裁定或者决定的；

（二）不服国务院部门作出的有关专利、植物新品种、集成电路布图设计的强制许可决定以及强制许可使用费或者报酬的裁决的；

（三）不服国务院部门作出的涉及知识产权授权确权的其他行政行为的。

第六条　当事人对知识产权法院所在市的基层人民法院作出的第一审著作权、商标、技术合同、不正当竞争等知识产权民事和行政判决、裁定提起的上诉案件，由知识产权法院审理。

第七条　当事人对知识产权法院作出的第一审判决、裁定提起的上诉案件和依法申请上一级法院复议的案件，由知识产权法院所在地的高级人民法院知识产权审判庭审理，但依法应由最高人民法院审理的除外。

第八条　知识产权法院所在省(直辖市)的基层人民法院在知识产权法院成立前已经受理但尚未审结的本规定第一条第(一)项和第(三)项规定的案件，由该基层人民法院继续审理。

除广州市中级人民法院以外，广东省其他中级人民法院在广州知识产权法院成立前已经受理但尚未审结的本规定第一条第(一)项和第(三)项规定的案件，由该中级人民法院继续审理。

(四)全国人民代表大会常务委员会关于设立海南自由贸易港知识产权法院的决定

发文机关：全国人大常委会
发文日期：2020年12月26日
施行日期：2021年01月01日

为加大知识产权司法保护力度，营造良好营商环境，推进中国特色自由贸易港建设，根据宪法和人民法院组织法，特作如下决定：

一、设立海南自由贸易港知识产权法院。

海南自由贸易港知识产权法院审判庭的设置，由最高人民法院根据知识产权案件的类型和数量决定。

二、海南自由贸易港知识产权法院管辖以下案件：

(一)海南省有关专利、技术秘密、计算机软件、植物新品种、集成电路布图设计、涉及驰名商标认定及垄断纠纷等专业性、技术性较强的第一审知识产权民事、行政案件；

(二)前项规定以外的由海南省的中级人民法院管辖的第一审知识产权民事、行政和刑事案件；

(三)海南省基层人民法院第一审知识产权民事、行政和刑事判决、裁定的上诉、抗诉案件；

(四)最高人民法院确定由其管辖的其他案件。

应由海南自由贸易港知识产权法院审理的第一审知识产权刑事案件，由海南省人民检察院第一分院提起公诉。海南省基层人民法院第一审知识产权刑事判决、裁定的上诉、抗诉案件，由海南省人民检察院第一分院依法履行相应检察职责。

海南自由贸易港知识产权法院第一审判决、裁定的上诉案件，由海南省高级人民法院审理，法律有特殊规定的除外。

三、海南自由贸易港知识产权法院对海南省人民代表大会常务委员会负责并报告工作。

海南自由贸易港知识产权法院审判工作受最高人民法院和海南省高级人民法院监督。海南自由贸易港知识产权法院依法接受人民检察院法律监督。

四、海南自由贸易港知识产权法院院长由海南省人民代表大会常务委员会主任会议提请海南省人民代表大会常务委员会任免。

海南自由贸易港知识产权法院副院长、审判委员会委员、庭长、副庭长、审判员由海南自由贸易港知识产权法院院长提请海南省人民代表大会常务委员会任免。

五、本决定自2021年1月1日起施行。

三、互联网法院管辖篇

(一)最高人民法院关于互联网法院审理案件若干问题的规定

(2018年9月3日最高人民法院审判委员会第1747次会议通过，自2018年9月7日起施行)

发文机关：最高人民法院

文　　号：法释〔2018〕16号

发文日期：2018年09月06日

施行日期：2018年09月07日

《最高人民法院关于互联网法院审理案件若干问题的规定》已于2018年9月3日由最高人民法院审判委员会第1747次会议通过，现予公布，自2018年9月7日起施行。

最高人民法院

2018年9月6日

为规范互联网法院诉讼活动，保护当事人及其他诉讼参与人合法权益，确保公正高效审理案件，根据《中华人民共和国民事诉讼法》《中华人民共和国行政诉讼法》等法律，结合人民法院审判工作实际，就互联网法院审理案件相关问题规定如下。

第一条　互联网法院采取在线方式审理案件，案件的受理、送达、调解、证据交换、庭前准备、庭审、宣判等诉讼环节一般应当在线上完成。

根据当事人申请或者案件审理需要，互联网法院可以决定在线下完成部分诉讼环节。

第二条　北京、广州、杭州互联网法院集中管辖所在市的辖区内应当由基层人民法院受理的下列第一审案件：

（一）通过电子商务平台签订或者履行网络购物合同而产生的纠纷；

（二）签订、履行行为均在互联网上完成的网络服务合同纠纷；

（三）签订、履行行为均在互联网上完成的金融借款合同纠纷、小额借款合同纠纷；

（四）在互联网上首次发表作品的著作权或者邻接权权属纠纷；

（五）在互联网上侵害在线发表或者传播作品的著作权或者邻接权而产生的纠纷；

（六）互联网域名权属、侵权及合同纠纷；

（七）在互联网上侵害他人人身权、财产权等民事权益而产生的纠纷；

（八）通过电子商务平台购买的产品，因存在产品缺陷，侵害他人人身、财产权益而产生的产品责任纠纷；

（九）检察机关提起的互联网公益诉讼案件；

（十）因行政机关作出互联网信息服务管理、互联网商品交易及有关服务管理等行政行为而产生的行政纠纷；

（十一）上级人民法院指定管辖的其他互联网民事、行政案件。

第三条　当事人可以在本规定第二条确定的合同及其他财产权益纠纷范围内，依法协议约定与争议有实际联系地点的互联网法院管辖。

电子商务经营者、网络服务提供商等采取格式条款形式与用户订立管辖协议的，应当符合法律及司法解释关于格式条款的规定。

第四条　当事人对北京互联网法院作出的判决、裁定提起上诉的案件，由北京市第四中级人民法院审理，但互联网著作权权属纠纷和侵权纠纷、互联网域名纠纷的上诉案件，由北京知识产权法院审理。

当事人对广州互联网法院作出的判决、裁定提起上诉的案件，由广州市中级人民法院审理，但互联网著作权权属纠纷和侵权纠纷、互联网域名纠纷的上诉案件，由广州知识产权法院审理。

当事人对杭州互联网法院作出的判决、裁定提起上诉的案件，由杭州市中级人民法院审理。

……

第二十三条　本规定自 2018 年 9 月 7 日起施行。最高人民法院之前发布的司法解释与本规定不一致的，以本规定为准。

（二）杭州互联网法院涉互联网案件起诉及管辖指引

发文日期：2017年08月18日
施行日期：2017年08月18日

一、根据《最高人民法院关于印发〈关于设立杭州互联网法院的方案〉的通知》，自2017年8月18日起，本院集中管辖杭州市辖区内基层人民法院有管辖权的下列涉互联网一审民事、行政案件：

1. 互联网购物、服务、小额金融借款等合同纠纷；
2. 互联网著作权权属、侵权纠纷；
3. 利用互联网侵害他人人格权纠纷；
4. 互联网购物产品责任侵权纠纷；
5. 互联网域名纠纷；
6. 因互联网行政管理引发的行政纠纷。

上级人民法院可以指定杭州互联网法院管辖其他涉互联网民事、行政案件。

不服本院第一审判决、裁定的上诉、抗诉案件，由杭州市中级人民法院审理。

二、上述涉网一审民事案件的具体范围如下：

1. 互联网购物合同纠纷，是指出卖人将标的物在互联网上展示并发出要约，买受人通过互联网检索信息并作出购买承诺，双方形成合意而订立买卖合同，因该合同的签订或履行而引发的纠纷。

2. 互联网服务合同纠纷，是指因网络服务商给消费者提供通路以使消费者与因特网连线的中介服务或者提供内容服务的合同而引发的纠纷。

3. 互联网小额金融借款合同纠纷，是指合同签订及履行均完成于互联网的，因借款人向金融机构借款，到期返还借款并支付利息的金融借款合同而引发的纠纷及因借款人向金融机构或小额贷款公司借小额款项，到期返还借款并支付利息的小额借款合同而引发的纠纷。小额借款合同为50万元以下（包括本数）。

4. 互联网购物产品侵权责任纠纷，是指在网络购物中，因产品的生产者、销售者生产、销售缺陷产品致使他人遭受人身伤害、财产损失，或者有使他人遭受人身伤害和财产损失的危险的，因主张产品的生产者、销售者应承担侵权责任而引发的纠纷。

5. 互联网著作权权属、侵权纠纷，是指网络作品（以数字化形式创作，且首次公开发表在互联网的作品，如网络小说、网络电影、网络游戏等，不包括计算机软件程序）的权属、侵权纠纷，以及侵害非网络作品信息网络传播权纠纷。

6. 互联网域名纠纷，是指网络域名合同纠纷及网络域名权属、侵权纠纷。包括网络域名注册合同纠纷、网络域名转让合同纠纷、网络域名许可使用合同纠纷、网络域名权属纠纷、侵害网络域名纠纷。

7. 利用互联网侵害他人人格权纠纷，是指在互联网上侵害他人名誉权以及利用互联网侵害他人隐私权、个人信息而引起的纠纷。

三、因互联网行政管理引发的一审行政案件是指有关行政执法部门依据《中华人民共和国网络安全法》等进行行政管理引发的一审行政诉讼案件。

（三）最高人民法院印发《关于增设北京互联网法院、广州互联网法院的方案》的通知

发文机关：最高人民法院
文　　号：法〔2018〕216 号
发布日期：2018 年 08 月 09 日
实施日期：2018 年 08 月 09 日

北京市高级人民法院、广东省高级人民法院：

《关于增设北京互联网法院、广州互联网法院的方案》已经中央领导同志批准，现予印发，请你们及时报告北京市委、广东省委后尽快组织实施。实施中的新情况、新问题，请及时报告我院。

最高人民法院
2018 年 8 月 9 日

关于增设北京互联网法院、广州互联网法院的方案

为深入贯彻习近平新时代中国特色社会主义思想，贯彻党的十九大和十九届二中、三中全会精神，坚持以人民为中心发展思想，深化司法体制综合配套改革，维护网络安全和秩序，满足新时代人民群众多元司法需求，在总结杭州互联网法院试点经验基础上，结合人民法院工作实际，就增设北京互联网法院、广州互联网法院提出如下方案。

一、主要目标

总结推广“网上案件网上审理”的新型审理机制，确保公正、高效、便捷处理各类涉互联网纠纷；探索构建适应互联网时代需求的新型诉讼规则；健全完善专业化审判机制，通过依法审理各类新型涉互联网案件，总结提炼法律规则，推动网络空间治理法治化，强化我国在网络空间治理的国际话语权和规则制定权。

二、总体思路

按照“立足实际、依法有序、统筹兼顾、分步推进”的原则，综合考虑互联网

产业发展、涉互联网案件数量类型、司法审判软硬件基础等因素，稳妥推进增设互联网法院工作：一是回应社会司法需求。优先选择互联网产业发达、涉网案件较多、技术条件具备、人才储备充分的地区增设互联网法院，集中受理辖区内特定类型第一审涉互联网案件。二是科学确定管辖范围。集中受理互联网特性突出、适宜在线审理的案件，推动繁荣数字经济、促进网络空间治理、确立互联网司法规则。三是健全完善诉讼规则。规范在线审理机制，拓展互联网法院创新空间，推动司法审判、诉讼机制与互联网技术深度融合。四是探索构建统一诉讼平台。推动互联网法院与相关国家机关、组织机构、主要电子商务平台信息交互共享，打破信息壁垒。

三、主要内容

(一)设置地点和管辖区域

在北京市设立北京互联网法院，撤销北京铁路运输法院。在广东省广州市设立广州互联网法院，撤销广州铁路运输第二法院。互联网法院集中管辖所在市辖区内特定类型涉互联网第一审案件。原铁路运输法院管辖的案件由相关高级人民法院指定辖区内其他基层人民法院办理。

(二)管辖范围和上诉机制

北京、广州互联网法院分别管辖北京市、广州市辖区内应当由基层人民法院审理的下列案件：1. 互联网购物、服务合同纠纷；2. 互联网金融借款、小额借款合同纠纷；3. 互联网著作权权属和侵权纠纷；4. 互联网域名纠纷；5. 互联网侵权责任纠纷；6. 互联网购物产品责任纠纷；7. 检察机关提起的涉互联网公益诉讼案件；8. 因对互联网进行行政管理引发的行政纠纷；9. 上级法院指定管辖的其他涉互联网民事、行政案件。

不服北京互联网法院第一审判决、裁定的上诉、抗诉案件，由北京市第四中级人民法院审理，但涉互联网著作权权属和侵权纠纷、互联网域名纠纷的上诉、抗诉案件，由北京知识产权法院审理。

不服广州互联网法院第一审判决、裁定的上诉、抗诉案件，由广州市中级人民法院审理，但涉互联网著作权权属和侵权纠纷、互联网域名纠纷的上诉、抗诉案件，由广州知识产权法院审理。

北京、广州互联网法院审判工作依法接受人民检察院的法律监督。

……

四、工作步骤

增设互联网法院的方案经中央批准后，相关工作拟按以下步骤推进。

(一)最高人民法院会同北京市、广东省广州市相关部门，于 2018 年 9 月底前完成北京、广州互联网法院的具体组建和正式挂牌工作。

(二)最高人民法院制定发布关于互联网法院审理案件的司法解释，明确互联网法院案件管辖范围，健全完善适应互联网审判特点的诉讼规则。

（四）北京市高级人民法院关于北京互联网法院案件管辖的规定

发文机关：北京市高级人民法院
发文日期：2018 年 09 月 08 日
施行日期：2018 年 09 月 09 日

为明确北京互联网法院的案件管辖范围，根据《中华人民共和国民事诉讼法》《中华人民共和国行政诉讼法》等法律及《最高人民法院关于互联网法院审理案件若干问题的规定》，制定本规定。

第一条　北京互联网法院集中管辖北京市的辖区内应当由基层人民法院受理的下列第一审案件：

（一）通过电子商务平台签订或者履行网络购物合同而产生的纠纷；

（二）签订、履行行为均在互联网上完成的网络服务合同纠纷；

（三）签订、履行行为均在互联网上完成的金融借款合同纠纷、小额借款合同纠纷；

（四）在互联网上首次发表作品的著作权或者邻接权权属纠纷；

（五）在互联网上侵害在线发表或者传播作品的著作权或者邻接权而产生的纠纷；

（六）互联网域名权属、侵权及合同纠纷；

（七）在互联网上侵害他人人身权、财产权等民事权益而产生的纠纷；

（八）通过电子商务平台购买的产品，因存在产品缺陷，侵害他人人身、财产权益而产生的产品责任纠纷；

（九）检察机关提起的互联网公益诉讼案件；

（十）因行政机关作出互联网信息服务管理、互联网商品交易及有关服务管理等行政行为而产生的行政纠纷；

（十一）北京市高级人民法院指定管辖的其他互联网民事、行政案件。

第二条　在本规定第一条确定的合同及其他财产权益纠纷范围内，与争议有实际联系的地点在北京市的，当事人可以依法协议约定纠纷由北京互联网法院管辖。

电子商务经营者、网络服务提供商等采取格式条款形式与用户订立管辖协议的，应当符合法律及司法解释关于格式条款的规定。

第三条　北京互联网法院依照《中华人民共和国民事诉讼法》《中华人民共和国行政诉讼法》的规定受理申请再审审查案件、再审案件、执行案件。

第四条　当事人对北京互联网法院作出的判决、裁定提起上诉的案件，由北京市第四中级人民法院审理，但互联网著作权权属纠纷和侵权纠纷、互联网域名纠纷的上诉案件，由北京知识产权法院审理。

对北京互联网法院作出的执行异议裁定、执行决定申请复议的，由北京市第四中级人民法院受理。

第五条　2018年9月9日之前，当事人已经向北京市其他基层人民法院提交本规定第一条规定的纠纷的起诉材料，但尚未立案或已经立案尚未审结的，由原基层人民法院继续办理。

第六条　本规定自2018年9月9日起施行，此前规定与本规定不一致的，适用本规定。

（五）广东省高级人民法院关于广州互联网法院案件管辖的规定

发文机关：广东省高级人民法院
文　　号：粤高法发〔2018〕4号
发文日期：2018年09月25日
施行日期：2018年09月28日

为明确广州互联网法院的案件管辖范围，根据《中华人民共和国民事诉讼法》《中华人民共和国行政诉讼法》等法律以及《最高人民法院关于互联网法院审理案件若干问题的规定》，制定本规定。

第一条　广州互联网法院集中管辖广州市辖区内应当由基层人民法院受理的下列第一审案件：

（一）通过电子商务平台签订或者履行网络购物合同而产生的纠纷；

（二）签订、履行行为均在互联网上完成的网络服务合同纠纷；

（三）签订、履行行为均在互联网上完成的金融借款合同纠纷、小额借款合同纠纷；

（四）在互联网上首次发表作品的著作权或者邻接权权属纠纷；

（五）在互联网上侵害在线发表或者传播作品的著作权或者邻接权而产生的纠纷；

（六）互联网域名权属、侵权及合同纠纷；

（七）在互联网上侵害他人人身权、财产权等民事权益而产生的纠纷；

（八）通过电子商务平台购买的产品，因存在产品缺陷，侵害他人人身、财产权益而产生的产品责任纠纷；

（九）检察机关提起的互联网公益诉讼案件；

（十）因行政机关作出互联网信息服务管理、互联网商品交易及有关服务管理等行政行为而产生的行政纠纷；

（十一）上级人民法院指定管辖的其他互联网民事、行政案件。

第二条 在本规定第一条确定的合同及其他财产权益纠纷范围内，与争议有实际联系的地点在广州市的，当事人可以依法协议约定纠纷由广州互联网法院管辖。

电子商务经营者、网络服务提供商等采取格式条款形式与用户订立管辖协议的，应当符合法律及司法解释关于格式条款的规定。

第三条 广州互联网法院依照《中华人民共和国民事诉讼法》《中华人民共和国行政诉讼法》的规定受理申请再审审查案件、再审案件、执行案件。

第四条 当事人对广州互联网法院作出的民事判决、裁定提起上诉（包括对执行异议裁定、执行决定申请复议）的案件，由广州市中级人民法院审理。

对广州互联网法院作出的行政判决、裁定提起上诉（包括对执行异议裁定、执行决定申请复议）的案件，由广州铁路运输中级法院审理。

对广州互联网法院作出的互联网著作权权属纠纷和侵权纠纷、互联网域名纠纷以及涉互联网行政纠纷的判决、裁定提起上诉（包括对执行异议裁定、执行决定申请复议）的案件，由广州知识产权法院审理。

第五条 2018 年 9 月 28 日之前，当事人已经向广州市其他基层人民法院提交本规定第一条规定的纠纷的起诉材料，由已受理案件的基层人民法院继续办理。

第六条 广州市其他基层人民法院受理的本规定第一条规定的案件，发回重审、指令再审的，由原基层人民法院审理。

第七条 本规定自 2018 年 9 月 28 日起施行，此前规定与本规定不一致的，适用本规定。

第三章　管辖争议的程序及步骤

一、一般规定篇

（一）中华人民共和国民事诉讼法（2017年修正）

发文机关：全国人大常委会
文　　号：主席令第71号
发文日期：2017年06月27日
施行日期：2017年07月01日

第三十五条　两个以上人民法院都有管辖权的诉讼，原告可以向其中一个人民法院起诉；原告向两个以上有管辖权的人民法院起诉的，由最先立案的人民法院管辖。

第三十六条　人民法院发现受理的案件不属于本院管辖的，应当移送有管辖权的人民法院，受移送的人民法院应当受理。受移送的人民法院认为受移送的案件依照规定不属于本院管辖的，应当报请上级人民法院指定管辖，不得再自行移送。

第三十七条　有管辖权的人民法院由于特殊原因，不能行使管辖权的，由上级人民法院指定管辖。

人民法院之间因管辖权发生争议，由争议双方协商解决；协商解决不了的，报请它们的共同上级人民法院指定管辖。

第三十八条　上级人民法院有权审理下级人民法院管辖的第一审民事案件；确有必要将本院管辖的第一审民事案件交下级人民法院审理的，应当报请其上级人民法院批准。

下级人民法院对它所管辖的第一审民事案件，认为需要由上级人民法院审理的，可以报请上级人民法院审理。

（二）最高人民法院关于适用《中华人民共和国民事诉讼法》的解释（2020年修正）

发文机关：最高人民法院
文　　号：法释〔2020〕20号
发文日期：2020年12月29日
施行日期：2021年01月01日

第三十六条　两个以上人民法院都有管辖权的诉讼，先立案的人民法院不得将案件移送给另一个有管辖权的人民法院。人民法院在立案前发现其他有管辖权的人民法院已先立案的，不得重复立案；立案后发现其他有管辖权的人民法院已先立案的，裁定将案件移送给先立案的人民法院。

第三十七条　案件受理后，受诉人民法院的管辖权不受当事人住所地、经常居住地变更的影响。

第三十八条　有管辖权的人民法院受理案件后，不得以行政区域变更为由，将案件移送给变更后有管辖权的人民法院。判决后的上诉案件和依审判监督程序提审的案件，由原审人民法院的上级人民法院进行审判；上级人民法院指令再审、发回重审的案件，由原审人民法院再审或者重审。

第三十九条　人民法院对管辖异议审查后确定有管辖权的，不因当事人提起反诉、增加或者变更诉讼请求等改变管辖，但违反级别管辖、专属管辖规定的除外。

人民法院发回重审或者按第一审程序再审的案件，当事人提出管辖异议的，人民法院不予审查。

第四十条　依照民事诉讼法第三十七条第二款规定，发生管辖权争议的两个人民法院因协商不成报请它们的共同上级人民法院指定管辖时，双方为同属一个地、市辖区的基层人民法院的，由该地、市的中级人民法院及时指定管辖；同属一个省、自治区、直辖市的两个人民法院的，由该省、自治区、直辖市的高级人民法院及时指定管辖；双方为跨省、自治区、直辖市的人民法院，高级人民法院协商不成的，由最高人民法院及时指定管辖。

依照前款规定报请上级人民法院指定管辖时，应当逐级进行。

第四十一条　人民法院依照民事诉讼法第三十七条第二款规定指定管辖的，应当作出裁定。

对报请上级人民法院指定管辖的案件，下级人民法院应当中止审理。指定管辖裁定作出前，下级人民法院对案件作出判决、裁定的，上级人民法院应当在裁定指定管辖的同时，一并撤销下级人民法院的判决、裁定。

（三）最高人民法院关于审理民事级别管辖异议案件若干问题的规定（2020年修正）

发文机关：最高人民法院
文　　号：法释〔2020〕20号
发文日期：2020年12月29日
施行日期：2021年01月01日

为正确审理民事级别管辖异议案件，依法维护诉讼秩序和当事人的合法权益，根据《中华人民共和国民事诉讼法》的规定，结合审判实践，制定本规定。

第一条 被告在提交答辩状期间提出管辖权异议，认为受诉人民法院违反级别管辖规定，案件应当由上级人民法院或者下级人民法院管辖的，受诉人民法院应当审查，并在受理异议之日起十五日内作出裁定：

（一）异议不成立的，裁定驳回；

（二）异议成立的，裁定移送有管辖权的人民法院。

第二条 在管辖权异议裁定作出前，原告申请撤回起诉，受诉人民法院作出准予撤回起诉裁定的，对管辖权异议不再审查，并在裁定书中一并写明。

第三条 提交答辩状期间届满后，原告增加诉讼请求金额致使案件标的额超过受诉人民法院级别管辖标准，被告提出管辖权异议，请求由上级人民法院管辖的，人民法院应当按照本规定第一条审查并作出裁定。

第四条 对于应由上级人民法院管辖的第一审民事案件，下级人民法院不得报请上级人民法院交其审理。

第五条 被告以受诉人民法院同时违反级别管辖和地域管辖规定为由提出管辖权异议的，受诉人民法院应当一并作出裁定。

第六条 当事人未依法提出管辖权异议，但受诉人民法院发现其没有级别管辖权的，应当将案件移送有管辖权的人民法院审理。

第七条 对人民法院就级别管辖异议作出的裁定，当事人不服提起上诉的，第二审人民法院应当依法审理并作出裁定。

第八条 对于将案件移送上级人民法院管辖的裁定，当事人未提出上诉，但受移送的上级人民法院认为确有错误的，可以依职权裁定撤销。

第九条 经最高人民法院批准的第一审民事案件级别管辖标准的规定，应当作为审理民事级别管辖异议案件的依据。

第十条 本规定施行前颁布的有关司法解释与本规定不一致的，以本规定为准。

二、特别规定篇

（一）浙江省高级人民法院民事审判第三庭关于审理网络著作权侵权纠纷案件的若干解答意见

发文机关：浙江省高级人民法院
文　　号：浙法民三〔2009〕6 号
发文日期：2009 年 10 月 20 日
施行日期：2009 年 10 月 20 日

3. 对虚列被告如何处理

原告虽将网络接入服务提供者或提供链接、搜索服务的网络服务提供者列为共同被告，但对上述能确定管辖联结点的共同被告没有明确诉讼请求，且其他被告以此为由提出管辖权异议的，经审查属实的，受诉法院应裁定将案件移送有管辖权的法院审理。

4. 对“先诉后撤”如何处理

原告在起诉时，故意将无利害关系的当事人列为共同被告制造管辖联结点，但在法院受理甚至庭审后，又撤回对该当事人的起诉并导致确定管辖的联结点消失，无论其他被告是否提出管辖权异议，受诉法院均应依职权裁定将案件移送有管辖权的法院审理。

（二）最高人民法院关于审理因垄断行为引发的民事纠纷案件应用法律若干问题的规定（2020 年修正）

发文机关：最高人民法院
文　　号：法释〔2020〕19 号
发文日期：2020 年 12 月 29 日
生效日期：2021 年 01 月 01 日

第五条　民事纠纷案件立案时的案由并非垄断纠纷，被告以原告实施了垄断行为为由提出抗辩或者反诉且有证据支持，或者案件需要依据反垄断法作出裁判，但受诉人民法院没有垄断民事纠纷案件管辖权的，应当将案件移送有管辖权的人民法院。

第六条　两个或者两个以上原告因同一垄断行为向有管辖权的同一法院分别提起诉讼的，人民法院可以合并审理。

两个或者两个以上原告因同一垄断行为向有管辖权的不同法院分别提起诉讼的，后立案的法院在得知有关法院先立案的情况后，应当在七日内裁定将案件移送先立案的法院；受移送的法院可以合并审理。被告应当在答辩阶段主动向受诉人民法院提供其因同一行为在其他法院涉诉的相关信息。

第二编

知识产权典型案例裁判要旨及解析

第一章　信息网络传播侵权裁判要旨及解析

管辖依据

《中华人民共和国民事诉讼法》(2017 年修正):

第二十八条　因侵权行为提起的诉讼，由侵权行为地或者被告住所地人民法院管辖。

《最高人民法院关于适用〈中华人民共和国民事诉讼法〉的解释》(2020 年修正):

第二十条　以信息网络方式订立的买卖合同，通过信息网络交付标的的，以买受人住所地为合同履行地；通过其他方式交付标的的，收货地为合同履行地。合同对履行地有约定的，从其约定。

第二十四条　民事诉讼法第二十八条规定的侵权行为地，包括侵权行为实施地、侵权结果发生地。

第二十五条　信息网络侵权行为实施地包括实施被诉侵权行为的计算机等信息设备所在地，侵权结果发生地包括被侵权人住所地。

案件索引

1. 邢台律信法律咨询服务有限公司与上海六普模具科技有限公司侵害作品信息网络传播权纠纷[河北省高级人民法院(2018)冀民终 1035 号]①

2. 杭州米欧仪器有限公司与宁波拓普森科学仪器有限公司侵害实用新型专利权纠纷[最高人民法院(2019)最高法知民辖终 13 号]

3. 北京万象博众系统集成有限公司侵害外观设计专利权纠纷[最高人民法院(2016)最高法民申 731 号]

4. 广东马内尔服饰有限公司、周乐伦与新百伦贸易(中国)有限公司等不正当竞争纠纷[最高人民法院(2016)最高法民辖终 107 号]

---

① 本书案例均来源于中国裁判文书网。后文不再标注。

裁判要旨

1. 信息网络传播权属于著作权中的财产性权利，依据《著作权法》第十条第一款和第三款——著作权人可以单独转让该权利，取得该权利的受让人随即与涉案作品产生直接的利害关系，即可成为适格当事人，有权提起诉讼。再者，依据民诉解释第二十五条的规定，侵权结果发生地包括被侵权人住所地，即被侵权人住所地的人民法院依法享有管辖权。

2. 信息网络侵权行为的认定，不可单凭侵权行为的实施及损害结果的发生与网络有关即认定侵权行为地。信息网络侵权行为具有特定含义，指的是侵权人利用互联网发布直接侵害他人合法权益的信息的行为，主要针对的是通过信息网络侵害他人人身权益以及侵害他人信息网络传播权等行为，即被诉侵权行为的实施、损害结果的发生等均在信息网络上。在涉及信息网络侵权的管辖问题上，对民诉解释第二十五条理解不可过于宽泛，客观区分网络是否属于侵权行为实施地或侵权结果发生地，抑或仅仅承担交易过程中媒介作用。

3. 关于侵权结果发生地的理解。侵权结果发生地是侵权行为地的一种情形，应当根据权利人所指控的侵权人和具体侵权行为来确定。首先，通过网络形式达成交易，并通过邮寄方式交付侵权产品，因侵权结果在侵权人的销售行为付诸实施时已实际产生，侵权产品的收货地对侵权行为的实施没有实质影响，不能被认定为侵权结果发生地。其次，侵权结果发生地应当理解为侵权行为直接产生的结果发生地，不能以权利人认为受到损害就认定其所在地是侵权结果发生地。

4. 在侵犯商标权案件中，除了大量侵权商品的储藏地以及海关、工商等行政机关依法查封、扣押侵权商品的所在地外，仅侵权行为的实施地或者被告住所地可以作为管辖依据，而不再依据侵权结果发生地确定管辖。如果原告通过网络购物方式购买被诉侵权产品，不宜适用民诉解释第二十条的规定来确定案件的地域管辖。

裁定书摘要

1. 邢台律信法律咨询服务有限公司、上海六普模具科技有限公司侵害作品信息网络传播权纠纷二审民事裁定书

审理法院：河北省高级人民法院

案　　号：(2018)冀民终1035号

案　　由：侵害作品信息网络传播权纠纷

基本案情

上诉人（一审原告）：邢台律信法律咨询服务有限公司，住所地：河北省邢台市桥东区

被上诉人（一审被告）：上海六普模具科技有限公司，住所地：上海市金山区

邢台律信法律咨询服务有限公司上诉称：一、依法撤销河北省邢台市中级人民法院（2018）冀05民初45号民事裁定；二、依法裁定指令邢台市中级人民法院对该案进行实体审理；三、本案的上诉费用由被上诉人承担。事实与理由：1. 上诉人具有主体资格，著作权人转让给上诉人的是著作权的财产权，并非具有人身属性的人身权，著作权人将信息网络传播权转让给上诉人后，上诉人即取得该权利的全部相关权。因此，上诉人具有要求侵权人赔偿的权利。首先，根据《中华人民共和国著作权法》第十条第一款第十二项、第三款的规定，信息网络传播权属于著作权的其他权利，该权利具有财产属性，可以全部或部分转让。其次，张鹏的《版权声明书》将信息网络传播权及该权利的相关权利全部转让给甲方，对"转让前后的信息网络传播权侵权行为投诉、控告、起诉等"，上诉人合法取得张鹏作品的信息网络传播权后，对于转让前的信息网络侵权行为享有索赔权。2. 一审法院具有该案件的管辖权。根据《中华人民共和国民事诉讼法》第二十八条、第三十五条，《最高人民法院〈关于适用中华人民共和国民事诉讼法〉的解释》第二十四条、第二十五条之规定，邢台律信法律咨询服务有限公司住所地邢台市即侵权行为结果发生地，一审法院对该案具有管辖权。3. 本案的处理方式符合当前知识产权维权要求，综合北京、上海等地知识产权法院的判例来说，邢台律信法律咨询服务有限公司具有主体资格，且一审法院据有管辖权。

裁判理由

一审法院经审查认为：著作权人和与著作权有关的权利人及依法成立的著作权集体管理组织可以以自己的名义作为当事人进行涉及著作权或者与著作权有关权利的诉讼。本案邢台律信法律咨询服务有限公司以其与北京文章无忧信息科技有限公司之间签订《信息网络传播权转让协议》，北京文章无忧信息科技有限公司与张鹏之间有2018年5月25日的《版权声明书》为由，以自己的名义向一审法院起诉。邢台律信法律咨询服务有限公司提交的协议载明，本案涉及的作品《高薪工作的秘诀：你要拥有"倍数化"能力》在网络上的发布时间为2018年3月20日，系以微信公众号张良计（zhang_ liangj）发布，此时著作权人已行使了作品的信息网络传播。邢台律信法律咨询服务有限公司所诉上海六普模具科技有限公司的转载行为源于微信公众号张良计（zhang_ liangj），所以张鹏2018年5月25日授予北京文章无忧信

息科技有限公司的只是就自己已完成的计算机网络著作权针对侵权第三方的维权行为行使权。与著作权有关的权利是指法律规定的出版、表演、录音录像、播放等权利。作品的信息网络传播权属于著作权人的人身权、财产权的范围，是与人身权密切相关联的财产权，其诉讼主体应当为著作权作者本人。诉权的行使及行使主体由法律规定，当事人无权将应当由本人行使的起诉权授予他人行使。本案邢台律信法律咨询服务有限公司以侵权维权合同为据向一审法院提起诉讼，不符合法律关于诉讼主体的规定。其诉讼代理人在立案时所称的邢台律信法律咨询服务有限公司系"与著作权有关的权利人"无法律依据。以"维权"为业的盈利法人收集并与著作权人以协议的形式"取得"权利，然后以自己的名义起诉，要求人民法院以"侵权结果发生地"法院受理的情况屡屡出现。允许著作权人之外的非法定主体以有偿的方式取得授权，再以自己的名义在其所在地法院起诉，不仅会造成维权主体的混乱，也会造成案件管辖上的混乱，应当予以禁止。另外，一审法院既非侵权行为实施地，也非被告所在地，与案件相关联的仅是作者授权的"维权受委托人"所在地，一审法院受理该案无程序法依据。基于以上事由，本案不仅存在原告主体不适格的错误，还存在受理无管辖依据的情形。依照《中华人民共和国民事诉讼法》第一百一十九条第一、四款、第一百五十四条第一款第三项、《最高人民法院关于适用〈中华人民共和国民事诉讼法〉的解释》第二百零八条第三款的规定，裁定如下：驳回邢台律信法律咨询服务有限公司的起诉。

二审法院经审查认为，信息网络传播权属于财产权的范畴，依据《中华人民共和国著作权法》第十条第一款、第三款"著作权包括下列人身权和财产权：（十二）网络信息传播权，即以有线或无线方式向公众提供作品，使公众可以在其个人选定的时间和地点获得作品的权利；著作权人可以全部或者部分转让本条第一款第（五）项至第（十七）项规定的权利，并依照约定或者本法有关规定获得报酬"的规定，信息网络传播权可以单独转让。邢台律信法律咨询服务有限公司作为涉案作品信息网络传播权的受让人，与涉案作品信息网络传播权有直接的利害关系，为本案适格原告，有权提起本案诉讼。《最高人民法院关于适用〈中华人民共和国民事诉讼法〉的解释》第二十四条规定，民事诉讼法第二十八条规定的侵权行为地，包括侵权行为实施地、侵权结果发生地。该解释第二十五条规定，信息网络侵权行为实施地包括实施被诉侵权行为的计算机等信息设备所在地，侵权结果发生地包括被侵权人住所地。因此，邢台律信法律咨询服务有限公司住所地的一审法院对本案具有管辖权。

2. 杭州米欧仪器有限公司、宁波拓普森科学仪器有限公司侵害实用新型专利权纠纷二审民事裁定书

审理法院：最高人民法院

案　　号：（2019）最高法知民辖终13号
案　　由：侵害实用新型专利权纠纷

基本案情

上诉人（原审被告）：杭州米欧仪器有限公司，住所地：浙江省杭州市莫干山路

被上诉人（原审原告）：宁波拓普森科学仪器有限公司，住所地：浙江省宁波市鄞州区

上诉人米欧公司提起上诉称：（一）原审法院对本案没有管辖权。1. 本案被诉侵权行为不属于《最高人民法院关于适用〈中华人民共和国民事诉讼法〉的解释》第二十五条规定的"信息网络侵权行为"，原审法院依据被侵权人住所地认定管辖法院属于事实认定与法律适用错误；2. 被上诉人住所地也非侵权结果发生地。（二）本案上诉人住所地和侵权行为发生地均在浙江省杭州市，杭州市中级人民法院对本案具有管辖权。综上，请求撤销原审裁定，将本案移送杭州市中级人民法院审理。

裁判理由

二审法院经审查认为，本案的争议焦点为：原审法院对本案是否具有管辖权。具体而言，上述焦点问题可以进一步分解为：（一）本案被诉侵权行为是否属于《最高人民法院关于适用〈中华人民共和国民事诉讼法〉的解释》（以下简称民诉法解释）第二十五条规定的信息网络侵权行为；（二）本案应当如何确定管辖法院。对此，二审法院分析如下：

（一）关于本案被诉侵权行为是否属于民诉法解释第二十五条规定的信息网络侵权行为

民诉法解释第二十五条规定，信息网络侵权行为实施地包括实施被诉侵权行为的计算机等信息设备所在地，侵权结果发生地包括被侵权人住所地。原审裁定认为，拓普森公司提供的公证书等证据能初步证明米欧公司通过信息网络实施了销售被诉侵权产品的行为，涉案交易的重要载体和媒介系信息网络，米欧公司的销售行为发生于信息网络环境中，故被诉侵权行为属于信息网络侵权行为。米欧公司提出，本案被诉侵害专利权行为不属于民诉法解释第二十五条规定的信息网络侵权行为，原审裁定对此认定有误。对此，二审法院认为，民诉法解释第二十五条规定的信息网络侵权行为具有特定含义，指的是侵权人利用互联网发布直接侵害他人合法权益的信息的行为，主要针对的是通过信息网络侵害他人人身权益以及侵害他人信息网络传播权等行为，即被诉侵权行为的实施、损害结果的发生等均在信息网络上，并非侵权行为的实施、损害结果的发生与网络有关即可认定属于信息网络侵权行为。本案中，依据拓普森公司的诉讼请求，本案被诉侵权行为包括米欧公司制

造、销售、许诺销售被诉侵权产品的行为。拓普森公司提供的公证书记载，米欧公司在其公司网站上声称，其是“集实验室仪器研发、生产、销售于一体的公司”，在网站上展示了涉案被诉侵权产品图片，拓普森公司从米欧公司网站获取米欧公司销售人员联系方式，通过微信沟通并在线下完成购买被诉侵权产品事宜。上述交易过程中，网站和微信仅仅是双方交易的媒介，被诉侵权人米欧公司仅通过互联网不能实施被诉侵害专利权的行为。在网络普及化程度很高的当代社会，如果案件事实中出现网站平台或者双方通过微信等涉网络相关的方式沟通，抑或双方系通过信息网络平台进行被诉侵权产品的交易，即认定为构成信息网络侵权行为，属于对民诉法解释第二十五条规制的范围理解过于宽泛，不符合立法的本意。因此，本案被诉侵权行为不属于民诉法解释第二十五条规定的信息网络侵权行为，本案不应当依据民诉法解释第二十五条确定管辖，原审法院对此认定有误。

（二）关于本案应当如何确定管辖法院

《最高人民法院关于审理专利纠纷案件适用法律问题的若干规定》（以下简称专利案件规定）第五条规定，因侵犯专利权行为提起的诉讼，由侵权行为地或者被告住所地人民法院管辖。侵权行为地包括：被诉侵犯实用新型专利权的产品的制造、许诺销售、销售等行为的实施地，以及上述侵权行为的侵权结果发生地。本案系侵害实用新型专利权纠纷，故二审法院以上述规定作为确定本案地域管辖的依据。

本案中，拓普森公司指控被诉侵权人米欧公司制造、销售、许诺销售侵害其涉案专利的产品，应当在上述侵权行为地或米欧公司住所地提起民事诉讼。米欧公司住所地在浙江省杭州市，在没有相反证据证明的情况下，可合理推定涉案被诉侵权产品的制造行为也发生在杭州市；米欧公司在上诉期间提交证据证明，其公司网站服务器所在地为杭州市，因此，拓普森公司指控米欧公司许诺销售被诉侵权产品的行为发生在杭州市。上述制造、许诺销售行为的侵权结果发生地也在杭州市。米欧公司销售被诉侵权产品给拓普森公司，宁波市是拓普森公司购买被诉侵权产品的收货地，同时也是该公司的住所地。因此，判断原审法院对本案是否具有管辖权，需分别评判如下问题：一是被诉侵权产品的收货地是否属于被诉销售行为实施地或者侵权结果发生地；二是权利人住所地是否是侵权结果发生地。对此，二审法院分析如下：

首先，关于销售行为实施地的理解。具体到本案而言，被诉侵权产品的收货地是否属于被诉销售行为实施地。对此，二审法院认为，专利案件规定第五条规定的销售行为实施地，原则上包括不以购买者意志为转移的销售商主要经营地、被诉侵权产品储藏地、发货地或者查封扣押地等，权利人购买侵权产品的收货地通常不宜被认定为销售行为实施地。本案中，没有证据显示米欧公司的主要经营地、被诉侵权产品储藏地、发货地等在宁波市。尽管被诉侵权产品的收货地与权利人住所地均在宁波市，为方便查明案件事实，遵循“原告就被告”民事诉讼管辖基本原则，也不宜将收货地认定为“销售行为实施地”。

其次，关于侵权结果发生地的理解。侵权结果发生地是侵权行为地的一种情形，应当根据权利人所指控的侵权人和具体侵权行为来确定。具体到本案而言，包括被诉侵权产品的收货地是否属于侵权结果发生地以及拓普森公司住所地是否属于侵权结果发生地。对此，二审法院认为，首先，本案中，权利人指控米欧公司销售被诉侵权产品的行为侵害其专利权，米欧公司的销售人员通过微信与拓普森公司的代理人达成销售协议，通过邮寄方式交付被诉侵权产品，被诉侵权结果在被诉侵权人的销售行为付诸实施时已实际产生，被诉侵权产品的收货地对侵权行为的实施没有实质影响，不能被认定为侵权结果发生地。其次，侵权结果发生地应当理解为侵权行为直接产生结果的发生地，不能以权利人认为受到损害就认为其所在地就是侵权结果发生地。对此，最高人民法院(2013)民提字第16号裁定书中已经予以明确。

综上所述，本案中，宁波市既不是被诉侵权行为地，也不是被告住所地，原审法院对本案没有管辖权。原审裁定适用法律错误。本案侵权行为地、被告住所地均在杭州市，依据《最高人民法院关于同意杭州市、宁波市、合肥市、福州市、济南市、青岛市中级人民法院内设专门审批机构并跨区域管辖部分知识产权案件的批复》及《浙江省高级人民法院关于杭州市、宁波市中级人民法院内设专门审批机构并跨区域管辖部分知识产权案件的通知》的相关规定，本案应由杭州市中级人民法院管辖。

3. 北京万象博众系统集成有限公司侵害外观设计专利权纠纷申请再审民事裁定书

审理法院：最高人民法院

案　　号：(2016)最高法民申731号

案　　由：侵害外观设计专利权纠纷

基本案情

再审申请人(一审起诉人、二审上诉人)：北京万象博众系统集成有限公司，住所地：北京市海淀区

万象博众公司向最高人民法院申请再审称：(一)根据《最高人民法院关于审理侵害信息网络传播权民事纠纷案件适用法律若干问题的规定》(以下简称信息网络传播权司法解释)第二条，以及《最高人民法院关于适用〈中华人民共和国民事诉讼法〉的解释》(以下简称民事诉讼法司法解释)的相关规定，结合本案事实，本案属

于侵害信息网络传播权纠纷。具体而言，本案纠纷系侵害外观设计专利权纠纷，表现为廊坊市德泰开关设备有限公司在淘宝网站上发布自认制造、销售、许诺销售侵害万象博众公司外观设计专利权的产品，涉案纠纷类型属于侵权纠纷，也当然属于信息网络侵权。(二)一审、二审裁定认为本案之信息网络侵权行为并非民事诉讼法司法解释第二十五条所指的“信息网络侵权行为”，此种限缩解释缺乏法律和事实依据，属于适用法律错误。(三)结合立法趋势及信息网络侵权的现实，以被侵权人住所地管辖信息网络侵权案件具有积极的现实意义，一审、二审裁定认为本案不适用民事诉讼法司法解释第二十五条之规定，明显违背立法原意。综上，万象博众公司请求再审法院撤销一审、二审裁定并指令一审法院受理本案。

裁判理由

再审法院认为，根据申请人的主张，并结合已经查明的案件事实，本案的争议焦点为北京知识产权法院对万象博众公司的起诉不予受理的做法是否具备事实与法律依据。《中华人民共和国民事诉讼法》(以下简称民事诉讼法)第一百一十九条对当事人提起诉讼的条件作出了明确规定，其中，起诉属于人民法院受理民事诉讼的范围和受诉人民法院管辖，是起诉必须符合的条件之一。根据已经查明的事实，万象博众公司以廊坊市德泰开关设备有限公司、浙江淘宝网络有限公司侵害其外观设计专利权为由，向北京知识产权法院提起诉讼。根据民事诉讼法第二十八条及民事诉讼法司法解释第二十四条之规定，因侵权行为提起的诉讼，由侵权行为地或者被告住所地人民法院管辖。其中，侵权行为地包括侵权行为实施地和侵权结果发生地。本案中，廊坊市德泰开关设备有限公司的住所地为河北省廊坊市，浙江淘宝网络有限公司的住所地为浙江省杭州市，均非一审法院的管辖范围；而亦无证据表明，本案中的侵权行为实施地或侵权结果发生地位于一审法院地域管辖范围之内。在此基础上，一审法院以万象博众公司的起诉不符合民事诉讼法第一百一十九条规定为由，对其不予受理的做法具备事实与法律依据，二审法院对该结果予以维持亦无不当。对于万象博众公司在二审及本院再审审查过程中又称本案属“信息网络侵权行为”的主张，既与其向一审法院提起本案诉讼时明确的诉讼主张与侵权事由明显矛盾，亦与侵害信息网络传播权行为的内涵不符，其在此基础上所提万象博众公司的住所地为本案纠纷地域管辖连接点的主张缺乏事实与法律依据，再审法院对此不予支持。

4. 广东马内尔服饰有限公司、周乐伦商业贿赂不正当竞争纠纷二审民事裁定书

审理法院：最高人民法院

案　　号：(2016)最高法民辖终107号
案　　由：商业贿赂不正当竞争纠纷

基本案情

上诉人(一审被告)：广东马内尔服饰有限公司，住所地：广东省广州市天河区
上诉人(一审被告)：周乐伦，住所地：广东省广州市天河区
被上诉人(一审原告)：新百伦贸易(中国)有限公司，住所地：上海市长宁区
一审被告：南京东方商城有限责任公司，住所地：江苏省南京市秦淮区

上诉人周乐伦、马内尔公司不服一审裁定提起上诉称：(一)尽管南京地区是南京东方商城的住所地，但由于马内尔公司的被诉侵权行为与南京东方商城的被诉侵权行为不属于共同侵权行为，不应成为本案的共同被告，一审法院对上诉人的被诉侵权行为不具有管辖权。南京东方商城在本案中的被诉侵权行为是其提供场地给广州星珈公司，与广州星珈公司共同销售被诉侵权产品，该行为发生在2013年4月1日至2014年3月31日期间；而马内尔公司被诉侵权行为则是在网络上销售被诉侵权产品，时间发生于2015年，该行为是上诉人单独实施的。可见，二者的被诉侵权行为既不相同，也不具有关联。马内尔公司与南京东方商城不存在任何合作关系，因此不存在共同实施被诉共同侵权行为的事实基础，不能成为本案的共同被告。南京东方商城仅仅与广州星珈公司之间存在过合作关系，新百伦公司如果要追究南京东方商城与广州星珈公司的共同侵权行为，共同被告应当是南京东方商城与广州星珈公司。因广州星珈公司现已注销，只能起诉南京东方商城一家。而对于马内尔公司和南京东方商城的被诉侵权行为，新百伦公司只能分别起诉，不能在一个案件中起诉，法院也不能将两个不相关联的行为和不相关联的主体强行置于一个案件中进行审理。(二)南京地区不是马内尔公司通过网络销售被诉侵权产品的被诉侵权行为地，一审法院认定“网络购物收货地”是侵权行为地没有法律依据。(1)一审法院对民事诉讼法司法解释第二十条的规定进行扩大化解释，违背了立法意图，不能将“网络买卖合同纠纷”的管辖规定随意移植到侵权案件的管辖上。(2)“销售地”和“网络交易收货地”具有不同含义，将“网络交易收货地”视为“网络环境下的销售地”并作为知识产权侵权案件的管辖联结点没有任何法律依据。(3)一审法院“以收货地为管辖联结地方便权利人诉讼维权”的理由是不能成立的。(4)以“收货地”作为管辖联结点违背了“收敛稳定”的管辖原则，同时也违背了知识产权案件集中管辖的原则。综上，请求二审法院依法撤销一审裁定，将案件移送上诉人住所地广州市天河区人民法院管辖。后在庭审中补充上诉称：广东省高级人民法院(2015)粤高法民三终字第444号民事判决已经确认周乐伦的新百伦商标的合法权益受法律保护，新百伦公司提起本案不正当竞争之诉缺乏事实和理由，属于恶意诉讼，应当裁定不予受理或者驳回起诉。关于周乐伦是否恶意抢注新百伦商标及索赔

请求能否成立的问题，新百伦公司在前述案件中已作为主要抗辩理由主张，并未得到法院支持。在该生效判决已有定论的情况下，周乐伦作为本案被告不适格，一审法院不应将其列为被告。且周乐伦被诉行为与南京东方商城及马内尔公司的销售行为并非同一行为，因此不应在同一案件中审理。鉴于周乐伦的行为没有发生在江苏地区，一审法院对其亦无管辖权。

被上诉人新百伦公司答辩称：(一)一审法院作为南京东方商城的住所地法院，对本案具有管辖权。本案中，周乐伦、马内尔公司和南京东方商城以分工协作的方式，共同实施了涉案不正当竞争行为。其中，周乐伦恶意注册了涉案侵权标识，继而将侵权标识许可给马内尔公司，或者通过其控制的关联企业与南京东方商城签订销售合同，合作实施了共同侵权行为。马内尔公司与南京东方商城都是基于周乐伦的授权，以网络销售和商场柜台销售相结合的方式，有计划地在南京市推广标有涉案侵权标识的侵权产品。同时，南京东方商城也在互联网上宣传其销售的侵权产品品牌。因此，周乐伦、马内尔公司和南京东方商城的被诉侵权行为具有高度关联性，应当在同一案件中进行审理。(二)一审法院作为侵权行为地法院，对本案具有管辖权。首先，南京市是南京东方商城实施被诉侵权行为的侵权行为地。其次，南京市是马内尔公司实施被诉侵权行为的侵权行为地。网络购物收货地是履行相关合同的地方，在本案中，合同履行地就是马内尔公司侵权行为地。周乐伦授权马内尔公司使用涉案侵权标识，并通过“百伦 BOLUNE”微信公众账号向南京市的消费者销售侵权产品。其本质就是履行与南京市消费者之间以侵权产品为标的的买卖合同。当马内尔公司将侵权产品寄到消费者手中时，既履行了合同，也随即发生《中华人民共和国反不正当竞争法》第二条以及第五条的行为和结果。因此，本案合同履行地就是侵权行为结果的发生地。综上，一审法院作为南京东方商城住所地和本案侵权行为地的法院，对本案具有管辖权。请求二审法院依法驳回马内尔公司的管辖权异议。

一审被告南京东方商城述称：(一)南京东方商城不存在不正当竞争行为，不是本案适格被告。(2015)粤高法民三终字第 444 号民事判决已认定周乐伦合法拥有“百伦”和“新百伦”商标，故南京东方商城销售有关“百伦”和“新百伦”商标的商品都是合法行为，不存在不正当竞争行为，南京东方商城的住所地也不是侵权行为地，故一审法院依据南京东方商城的工商注册地确定其具有管辖权，认定事实和适用法律均系错误。即便广州星珈公司和南京东方商城具有共同被诉侵权行为，而新百伦公司已经撤销了对广州星珈公司的起诉，因此本案已失去了主张共同侵权之诉的基础。(二)新百伦公司未经周乐伦许可，在相同商品上使用与周乐伦注册商标“百伦”和“新百伦”相同的标识，系侵害周乐伦注册商标专用权的侵权行为。(三)本案网络销售被诉侵权行为是新百伦公司特意到南京市购买被诉侵权产品，属于钓鱼式的选择诉讼地，证明其诉讼目的具有不正当性。综上，一审法院对本案不具有管辖权，请求二审法院依法撤销一审裁定。

裁判理由

二审法院认为，本案的争议焦点为：(一)在侵犯知识产权和不正当竞争案件中，原告通过网络购物取得被诉侵权产品，能否以网络购物收货地作为侵权行为地确定管辖；(二)本案应当如何确定管辖法院。

关于第一个焦点问题。侵犯知识产权案件和不正当竞争案件均属于侵权类案件，《中华人民共和国民事诉讼法》(以下简称民事诉讼法)第二十八条规定，因侵权行为提起的诉讼，由侵权行为地或者被告住所地人民法院管辖。最高人民法院《关于适用的解释》(法释[2015]5号)(以下简称民事诉讼法司法解释)第二十四条规定，民事诉讼法第二十八条规定的侵权行为地，包括侵权行为实施地、侵权结果发生地。侵犯知识产权案件中，由于附着了商标或者其他权利的商品具有大范围的可流通性，如何确定侵权行为地有不同于一般民事纠纷案件的特殊性。《关于审理商标民事纠纷案件适用法律若干问题的解释》(法释[2002]32号)第六条规定，因侵犯注册商标专用权行为提起的民事诉讼，由商标法(指2001年修正的商标法)第十三条、第五十二条所规定侵权行为的实施地、侵权商品的储藏地或者查封扣押地、被告住所地人民法院管辖。根据该条规定，在侵犯商标权案件中，除了大量侵权商品的储藏地以及海关、工商等行政机关依法查封、扣押侵权商品的所在地外，仅侵权行为的实施地或者被告住所地可以作为管辖依据，而不再依据侵权结果发生地确定管辖。本案中，新百伦公司认为马内尔公司的侵权行为是基于周乐伦的授权，通过“百伦 BOLUNE”微信公众账号销售被诉侵权产品，参照前述司法解释规定，新百伦公司可以在马内尔公司被诉侵权行为的实施地以及该公司住所地的人民法院提起诉讼。马内尔公司住所地位于广东省广州市天河区，新百伦公司亦无其他证据证明其在公司住所地之外的其他地区实施了侵权行为，故应以该住所地作为对马内尔公司相应行为确定管辖的依据。民事诉讼法司法解释第二十条规定：“以信息网络方式订立的买卖合同，通过信息网络交付标的的，以买受人住所地为合同履行地；通过其他方式交付标的的，收货地为合同履行地。合同对履行地有约定的，从其约定。”该条规定是对民事诉讼法第二十三条、第三十四条关于合同履行地的补充规定。对于以信息网络方式订立的买卖合同，确定被告住所地或者合同履行地存在一定的困难，故司法解释该条进行了明确。由于合同案件与侵犯知识产权及不正当竞争案件存在较大的不同，合同案件一般发生在合同当事人之间，且其影响基本仅限于特定的行为和特定的当事人，而在侵犯知识产权和不正当竞争案件中，当事人通过网络购物方式取得被诉侵权产品，虽然形式上与“以信息网络方式订立买卖合同”并无区别，但其所提出的侵权主张并非仅针对这一特定的产品，而是包含了特定权利的所有产品；其主张也并非仅针对合同的另一方主体，而可能是与此产品相关的、根据法律规定可能构成侵权的其他各方主体。考虑到上述区别，并考虑到侵犯知识产权案件和不正当竞争案件中对侵权行为地的确定有专门的规定，在此类案件中，如果原告通过网络购物方式购买被诉侵权产品，不宜适用民事诉讼法司法解释第二十条的规定来确定案件的地域管辖。一审法院援引民事诉讼法司法解释第二十条的规定，认定南京市既是马内尔公司的侵权行为实施地，也是侵权结果发生地，适用法律不当。

关于第二个焦点问题。新百伦公司起诉的侵权行为包括：南京东方商城与广州星珈公司签订联合销售专柜合同销售带有“新百伦”标识的被诉侵权产品；马内尔公司基于周乐伦的授权，通过“百伦 BOLUNE”微信公众账号销售被诉侵权产品。南京东方商城的行为发生在 2013 年 4 月 1 日至 2014 年 3 月 31 日期间，马内尔公司的销售行为发生于 2015 年。可见，二者的被诉侵权行为既不相同，也不具有关联性。民事诉讼法第五十二条规定，当事人一方或者双方为二人以上，其诉讼标的是共同的，或者诉讼标的是同一种类、人民法院认为可以合并审理并经当事人同意的，为共同诉讼。根据该条规定，共同诉讼分为必要的共同诉讼和普通的共同诉讼。必要的共同诉讼特点在于共同诉讼的一方当事人对诉讼标的有不可分的共同的权利义务。普通的共同诉讼的特点在于共同诉讼的一方当事人对诉讼标的没有共同的权利义务，是一种可分之诉，只是因为他们的诉讼标的属于同一种类，在当事人同意的情况下，人民法院可以作为共同诉讼审理。本案既不是必要的共同诉讼，马内尔公司亦明确表示不同意在一案中进行审理，故本案应分案审理。南京地区法院对南京东方商城的被诉侵权行为享有管辖权，马内尔公司或者周乐伦所在地法院对周乐伦和马内尔公司的被诉侵权行为享有管辖权，具体管辖法院需待分案后新百伦公司分别明确两案的诉讼请求后再行确定。

另外，由于新百伦公司在广东省高级人民法院（2015）粤高法民三终字第 444 号案中，曾就其享有“新百伦”在先企业名称权、知名商品特有名称等提出过主张，该案民事判决对相关问题亦有认定。当事人如对广东省高级人民法院前述判决不服，应当依照民事诉讼法规定的途径寻求救济，事实上新百伦公司已经行使了法律赋予的程序权利，就该案向二审法院提出了再审申请。虽然本诉与该案的当事人并不完全相同，不属于严格意义上的重复起诉，但后续审理中亦须考虑在先的生效判决，否则相关主体就能轻易通过变更当事人的方式规避民事诉讼法司法解释第二百四十七条关于重复起诉的规定。

第二章　网购收货地管辖连接点裁判要旨及解析

管辖依据

《中华人民共和国民事诉讼法》(2017 年修正)：

第二十八条　因侵权行为提起的诉讼，由侵权行为地或者被告住所地人民法院管辖。

《最高人民法院关于适用〈中华人民共和国民事诉讼法〉的解释》(2020 年修正)：

第二十四条　民事诉讼法第二十八条规定的侵权行为地，包括侵权行为实施地、侵权结果发生地。

案件索引

1. 相虎生与东莞市征服者户外用品有限公司、浙江天猫网络有限公司侵害发明专利权纠纷[天津市第二中级人民法院(2018)津 02 民初 812 号]

2. 宁波奥克斯空调有限公司与珠海格力电器股份有限公司侵害实用新型专利权纠纷[最高人民法院(2018)最高法民辖终 93 号]

3. 中山市富鸿齐电子有限公司与泰州市创新电子有限公司侵害实用新型专利权纠纷[最高人民法院(2019)最高法知民辖终 66 号]

裁判要旨

1. 在专利侵权案件中，网购收货地并非销售行为实施地。销售行为实施地，原则上包括不以购买者意志为转移的销售商主要经营地以及被诉侵权产品储藏地、发货地或者查封扣押地等，不包括网络购买方可以随意选择的网购物收货地。专利权人通过网络购买侵权产品预留的收货地址具有不确定性，如果该网购收货地可以作为管辖连接点的，则赋予专利权人任意设置管辖法院的权利，明显违背程序公正，亦不符合诉讼两便的原则。

2. 对于侵权产品的网购收货地，不能将其视为侵权结果发生地。侵权结果发生地应当理解为侵权行为直接产生的结果的发生地，不能以权利人受到损害就认为其所在地就是侵权结果发生。被诉侵权产品的网络销售行为付诸实施时侵权结果已经发生，所以被诉侵权产品的网购收货地对侵权行为的实施没有实质影响，不能将其视为侵权结果发生地。

裁定书摘要

1. 相虎生与东莞市征服者户外用品有限公司、浙江天猫网络有限公司侵害发明专利权纠纷一审民事裁定书

审理法院：天津市第二中级人民法院
案　　号：(2018)津02民初812号
案　　由：侵害发明专利权纠纷

基本案情

原告：相虎生，住所地：天津市河东区

被告：东莞市征服者户外用品有限公司，住所地：广东省东莞市石排镇燕窝工业区

被告：浙江天猫网络有限公司，住所地：浙江省杭州市余杭区

相虎生诉称，2012年9月5日，相虎生取得“军用作训服内腰带”的发明专利，专利号为ZL201010261639.7，权利要求书中描述了该发明专利的详细技术特征。后相虎生发现东莞公司在未经相虎生许可的情况下，先产、销售的被诉侵权产品落入了原告案涉发明专利权的权利保护范围。被诉侵权产品在“天猫”及“京东商城”销售了550000条。2018年5月24日，相虎生在“天猫”上购买取得了被诉侵权产品。为此，诉至法院请求：1. 东莞公司立即停止生产、销售、许诺销售侵害相虎生的专利号为ZL201010261639.7的“军用作训服内腰带”的发明专利权的产品，删除网络销售链接，销毁侵权产品；2. 东莞公司赔偿相虎生损失2750000元，为制止侵权行为所支付的公证费3060元、律师费100000元、保全责任保险费5500元；3. 天猫公司停止在网络平台销售侵权产品，并连带赔偿相虎生损失2750000元、公证费3060元、律师费100000元、保全责任保险费5500元；4. 诉讼费用由东莞公司、天猫公司负担。

东莞公司在提交答辩状期间，对管辖权提出异议认为，第一，本案为侵害发明专利权案件，根据《中华人民共和国民事诉讼法》第二十八条、《最高人民法院关于审理专利纠纷案件适用法律问题的若干规定》第二条第一款的规定，本案应当由东

莞公司或天猫公司住所地法院管辖或侵权行为地法院管辖。第二，天津市作为网络购物收货地，并非侵权行为实施地。根据《最高人民法院关于适用〈中华人民共和国民事诉讼法〉的解释》第二十四条规定，侵权行为地包括侵权行为实施地和侵权结果发生地。不能将“网络购物收货地”扩大解释为“侵权结果发生地”。如以“网络购物收货地”作为管辖连接点违背了“收敛稳定”的管辖原则，故请求将本案移送至浙江省杭州市中级人民法院审理。

天猫公司在提交答辩状期间，对管辖权提出异议认为：第一，依据《中华人民共和国民事诉讼法》第二十一条第二款规定，本案应由被告住所地管辖。第二，依据《中华人民共和国民事诉讼法》第二十八条、《最高人民法院关于适用〈中华人民共和国民事诉讼法〉的解释》第二十四条、《最高人民法院关于审理专利纠纷案件适用法律问题的若干规定》第五条规定，本案应该由侵权行为地或者被告住所地法院管辖。第三，本案系侵害发明专利权纠纷，侵权结果发生地应当理解为是侵权行为直接产生的结果发生地，不能以相虎生受到损害就认为其所在地为侵权结果发生地。综上，请求将本案移送到浙江省杭州市余杭区人民法院管辖。

裁判理由

一审法院经审查认为，本案系侵害发明专利权纠纷。《中华人民共和国民事诉讼法》第二十八条规定：“因侵权行为提起的诉讼，由侵权行为地或者被告住所地人民法院管辖。”《最高人民法院关于审理专利纠纷案件适用法律问题的若干规定》第五条规定：“因侵犯专利权行为提起的诉讼，由侵权行为地或者被告住所地人民法院管辖。侵权行为地包括：被诉侵犯发明、实用新型专利权的产品的制造、使用、许诺销售、销售、进口等行为的实施地；专利方法使用行为的实施地，依照该专利方法直接获得的产品的使用、许诺销售、销售、进口等行为的实施地；外观设计专利产品的制造、许诺销售、销售、进口等行为的实施地；假冒他人专利的行为实施地。上述侵权行为的侵权结果发生地。”在网络环境下，《最高人民法院关于审理专利纠纷案件适用法律问题的若干规定》第五条规定的销售行为地原则上包括不以网络购买者的意志为转移的网络销售商主要经营地、被诉侵权产品储藏地、发货地或者查封扣押地等，但网络购买方可以随意选择的网络购物收货地通常不作为网络销售行为地。本案中，根据相虎生提交的(2018)津泰达证经字第1724号公证书，能够证明天猫公司是被诉侵权产品的网络销售商，本案被诉网络销售行为的直接实施主体是天猫公司，其住所地浙江省杭州市是被诉侵犯产品销售行为的实施地。东莞公司作为被诉侵权产品的生产者，其住所地广东省东莞市是被诉侵犯产品的制造行为的实施地。本市仅仅是公证购买被诉侵权产品的收货地，不能以此作为侵权行为地确定管辖，东莞公司和天猫公司提出的管辖权异议成立。根据《最高人民法院关于审理专利纠纷案件适用法律问题的若干规定》第二条第一款规定“专利纠纷第一审案件，由各省、自治区、直辖市人民政府所在地的中级人民法院和最高人民法院指定的中级人民法院管辖”，以及东莞公司和天猫公司的请求，本案应当由浙江省杭州市中级人民法院管辖。

2. 宁波奥克斯空调有限公司、珠海格力电器股份有限公司侵害实用新型专利权纠纷二审民事裁定书

审理法院：最高人民法院

案　　号：(2018)最高法民辖终93号

案　　由：侵害实用新型专利权纠纷

基本案情

上诉人(一审被告)：宁波奥克斯空调有限公司，住所地：浙江省宁波市鄞州区

被上诉人(一审原告)：珠海格力电器股份有限公司，住所地：广东省珠海市前山金鸡西路

一审被告：广州晶东贸易有限公司，住所地：广东省广州市黄埔区九龙镇

奥克斯公司上诉称，一审裁定认定事实和适用法律错误。其主要事实和理由为：(一)广东省不是被诉侵权产品的销售地。首先，从公证文书记载的内容来看，格力公司购买奥克斯空调的实际行为发生在网络销售平台京东商城，因此实际销售商是京东商城。格力公司并未提供运营该网络销售平台的公司的注册地或服务器所在地的证据，从现有证据无法确认销售商京东商城的管辖地。其次，格力公司“下单”行为不是销售行为之一，下单行为发生在广东省不能作为被诉侵权产品销售地的依据。下单仅是买的行为，而下单指令被记录在京东商城的服务器中从而形成一份有效的订单，即所谓的“接单”才是销售行为。因此，网络销售行为的开始应发生在服务器所在地。格力公司的现有证据并不能证明明确的服务器所在地。再次，格力公司的现有证据无法确定“发货”行为发生在广东省。公证书中并未记载货物的物流信息，无法知晓货物从何处发出。根据生活经验，货物应由京东商城发出，至于具体的发货地往往是不同的，至少在本案中并不明确。又次，虽然广州晶东公司开具了产品发票，但是广州晶东公司不应视为实际的销售者。格力公司通过网络平台下单购买产品，京东商城接单形成订单并提供产品，格力公司所订立的买卖合同的对方主体是京东商城，而非广州晶东公司。根据合同相对性原则，合同关系只能发生在特定的主体之间，只有合同当事人一方才能够向合同的另一方当事人基于合同提出请求或提起诉讼，而不能向与合同无关的第三人提出合同上的请求及诉讼。至于京东商城与广州晶东公司的关系，格力公司并未提出证据。但至少可以肯

定的是，广州晶东公司是独立的法人，并非格力公司订立的买卖合同的相对方。广州晶东公司不是实际销售者，不是本案的适格被告。最后，由公证文书记载的内容仅能得知收货地在广东省，广东省高级人民法院关于“无论是下单、发货还是收货，均发生在广东省地域范围内”的事实认定错误。广东省仅是格力公司公证购买被诉侵权产品的收货地，不宜据此将广东省视为销售行为实施地。最高人民法院(2016)最高法民辖终107号裁定认定，在侵犯知识产权类案件中，如果原告通过网络购物方式购买被诉侵权产品，在确定管辖时，不宜适用《最高人民法院关于适用〈中华人民共和国民事诉讼法〉的解释》第二十条的规定，以收货地作为管辖连结点。该裁定所确立的规则同样适用于本案。相反，只要格力公司在京东商城进行下单、收货，就可以根据收货地址随意选择本案的管辖权，则违反管辖权的确定原则。(二)奥克斯公司与广州晶东公司不属于共同侵权。本案中格力公司起诉奥斯克公司的被诉侵权行为包括制造、销售和许诺销售，起诉广州晶东公司的被诉侵权行为包括销售，两被告的被诉侵权行为不同。这也说明奥克斯公司与广州晶东公司不存在直接关联，客观上不存在共同的被诉侵权行为，主观上不存在共同侵权的故意或意思联络。此外，公证书亦不能证明奥克斯公司与广州晶东公司存在共同侵权的故意或意思联络。因此，即便广东省高级人民法院在本案中对于广州晶东公司具有管辖权，亦不能由此获得对于奥克斯公司的管辖权。综上，奥克斯公司请求本院撤销一审裁定，将本案移送到浙江省高级人民法院管辖。

格力公司答辩称，广东省高级人民法院对本案具有管辖权，本案不应移送浙江省高级人民法院管辖。(一)广东省高级人民法院作为被告住所地法院，对本案具有管辖权。首先，格力公司从京东商城公证购买了被诉侵权产品，京东商城作为网络平台，并非实际销售主体，实际的销售行为由网络平台上的店铺实施。其次，涉案公证书显示，广州晶东公司向格力公司开具被诉侵权产品的销售发票，并向格力公司实际交付被诉侵权产品。广州晶东公司作为被诉侵权产品的实际销售者，是本案的适格被告。广州晶东公司住所地在广东省，广东省高级人民法院作为被告住所地法院对本案具有管辖权。(二)广东省高级人民法院作为销售地法院，对本案具有管辖权。首先，广东省高级人民法院作为侵权行为的实施地法院，对本案具有管辖权。涉案公证书显示，广州晶东公司销售被诉侵权产品的行为属于侵权行为，并且所述侵权行为的实施地在广东省。其次，广东省高级人民法院作为被诉侵权行为的侵权结果发生地法院，对本案具有管辖权。最高人民法院(2016)最高法民辖终107号裁定所针对的是侵害商标权纠纷，本案是侵害专利权纠纷，在法律适用上不具有同一性。根据《最高人民法院关于审理专利纠纷案件适用法律问题的若干规定》第五条的规定，在侵害专利权纠纷案件中，被诉销售行为的结果发生地即被诉侵权产品的收货地人民法院应当具有管辖权。本案中，涉案公证书载明的收货地为广东省珠海市，广东省珠海市属于被诉销售行为的侵权结果发生地。最后，广东省高级人民法院作为销售地法院，对本案具有管辖权。本案中，格力公司以被诉侵权产品制造者奥克斯公司与销售者广州晶东公司为共同被告起诉，且广州晶东公司的销售地在广东省。根据《最高人民法院关于审理专利纠纷案件适用法律问题的若干规定》第六条的规定，广东省高级人民法院作为销售地法院，对本案具有管辖权。

裁判理由

二审法院经审查认为，本案焦点问题是，广东省高级人民法院对本案是否具有管辖权。

《最高人民法院关于审理专利纠纷案件适用法律问题的若干规定》第五条第一款规定："因侵犯专利权行为提起的诉讼，由侵权行为地或者被告住所地人民法院管辖。"该条第二款规定："侵权行为地包括：被诉侵犯发明、实用新型专利权的产品的制造、使用、许诺销售、销售、进口等行为的实施地；专利方法使用行为的实施地，依照该专利方法直接获得的产品的使用、许诺销售、销售、进口等行为的实施地；外观设计专利产品的制造、许诺销售、销售、进口等行为的实施地；假冒他人专利的行为实施地。上述侵权行为的侵权结果发生地。"本案中，各方当事人对于本案被诉侵权行为实施主体、侵权行为地、广东省高级人民法院可否依据侵权行为地或者被告住所地获得管辖权等问题均有争议。因此，上述焦点问题可以进一步分解为：广州晶东公司是否本案被诉销售行为的实施主体；广东省高级人民法院可否依据侵权行为地或者被告住所地获得针对广州晶东公司的本案纠纷管辖权；本案被诉侵权产品的制造商和销售商作为共同被告是否构成必要共同诉讼。对此，分析如下：

（一）关于广州晶东公司是否本案被诉销售行为的实施主体

本案中，格力公司提交了记录其通过京东商城购买 13 款被诉侵权产品的公证书及另外 2 款被诉侵权产品的销售发票，用以证明广州晶东公司实施了销售本案被诉侵权产品的行为。奥克斯公司主张，格力公司通过网络平台下单购买产品，京东商城接单形成订单并提供产品，上述网络销售行为的实施主体应为京东商城，并非广州晶东公司。对此，本院认为，第一，被诉销售行为的实施主体应该根据案件具体情况予以确定，在某些情形下，销售行为的实施主体可能并非唯一。通过网络平台销售被诉侵权产品时，销售发票记载的销售主体原则上可以认定为被诉销售行为的直接实施主体。本案中，为证明广州晶东公司的销售事实，格力公司提交了记录其网购 13 款被诉侵权产品的公证书，公证书中均有销售发票，另外 2 款被诉侵权产品虽没有公证书，但亦有销售发票。从全部 15 款被诉侵权产品的销售发票看，发票上不仅记载了被诉侵权产品的具体型号，还盖有"广州晶东贸易有限公司"的发票专用章，同时部分发票在左上角有"京东"标识，部分发票在收款人栏记载为"京东商城"。上述证据可以证明，广州晶东公司显然是上述15款被诉侵权产品的销售主体之一，是本案被诉网络销售行为的直接实施主体。第二，本案是专利侵权纠纷，并非产品买卖合同纠纷，判断被诉销售行为的实施主体时，原则上并不受合同相对性的限制。奥克斯公司关于本案被诉网络销售行为的实施主体不是广州晶东公司、广州晶东公司并非本案适格被告等上诉主张均不能成立，二审法院不予支持。

（二）关于广东省高级人民法院可否依据侵权行为地或者被告住所地获得单独针对广州晶东公司的本案纠纷管辖权

奥克斯公司主张，根据本案现有证据无法确定被诉侵权产品的发货地、广东省仅是被诉侵权产品的网络购物收货地，因此广东省高级人民法院不能以广州晶东公司的侵权行为地和被告住所地获得管辖权。对此。二审法院认为，第一，关于依据广州晶东公司的住所地确定管辖的问题。前已论及，广州晶东公司为涉案15款被诉侵权产品的网络销售商，其住所地位于广东。显然，广东省高级人民法院可以依据广州晶东公司的住所地获得针对广州晶东公司的本案纠纷管辖权。第二，关于依据广州晶东公司的侵权行为地确定管辖的问题。本案中，广州晶东公司的被诉侵权行为是通过网络销售本案15款被诉侵权产品。被诉侵权产品系通过网络进行销售，依据网络销售商的被诉销售行为地确定案件管辖权时，被诉销售行为地的认定既要有利于管辖的确定性、避免当事人随意制造管辖连接点，又要便利权利人维权。在网络环境下，《最高人民法院关于审理专利纠纷案件适用法律问题的若干规定》第五条规定的销售行为地原则上包括不以网络购买者的意志为转移的网络销售商主要经营地、被诉侵权产品储藏地、发货地或者查封扣押地等，但网络购买方可以随意选择的网络购物收货地通常不宜作为网络销售行为地。具体到本案，首先，关于附有出库单的9款被诉侵权产品的销售地。从格力公司提交的证明其网络购买涉案13款被诉侵权产品的公证书看，其（2017）粤珠横琴第8191、8192、8193、8194、9195、8196、8197、8198、8199号公证书附有被诉侵权产品出库单，且出库单上均记载有"佛山2号库"字样。该记载表明，上述9份公证书涉及的被诉侵权产品的储藏地均在广东省，并可合理推定被诉侵权产品的发货地在广东省。由于上述被诉侵权产品储藏地和发货地均在广东省，因此可以认定广东省为上述被诉侵权产品的销售地。其次，关于未附出库单的其他6款被诉侵权产品的销售地。除上述9款被诉侵权产品外，其他6款被诉侵权产品包括4款公证购买的被诉侵权产品及仅有购买发票的2款被诉侵权产品均未附出库单。本案现有证据虽不能直接证明该6款被诉侵权产品的储藏地或者发货地位于广东省，但根据该6款产品与前述9款产品的销售主体均为广州晶东公司、购买过程均为通过京东商城网络购买等事实，在没有相反证据的情况下，可以合理推定该6款产品的储藏地或者发货地亦位于广东省。可见，基于本案现有证据，可以认定未附出库单的6款被诉侵权产品的销售地亦位于广东省。由于本案15款被诉侵权产品的销售地均位于广东省，广东省高级人民法院可以依据广州晶东公司的被诉销售行为地获得针对广州晶东公司本案纠纷的管辖权。第三，关于本案是否属于以网络购物收货地作为侵权行为地确定管辖的问题。奥克斯公司主张，广东省仅是格力公司公证购买被诉侵权产品的收货地，根据最高人民法院(2016)最高法民辖终107号裁定确立的规则，不宜适用民事诉讼法司法解释第二十条规定，以网络购物收货地作为侵权行为地确定管辖。前已论及，依据本案现有证据，可以认定或者合理推定格力公司通过网络购买的15款被诉侵权产品的储藏地或者发货地均位于广东省。一审裁定关于“无论是下单、发货还是收货，均发生在广东省地域范围内”的事实认定并无明显错误。但需要指出的是，一审裁定以格力公司网络购物的下单和收货行为地作为认定本案被诉侵权产品销售地的依据，适用法律有所不当。由于本案被诉侵权产品的储藏地或者发货地均位于广东省，广东省高级人民法院可以据此获得针对广州晶东公司的本案纠纷管辖权。因此，本案并非单纯依据网络购物收货地作为管辖依据的情形，与(2016)最高法民辖终107号裁定确立的规则并无冲突，一审裁定的上述错误并不影响本案纠纷管辖权的确定。综上，广东省高级人民法院可以依据侵权行为地或者被告住所地获得针对广州晶东公司的本案纠纷管辖权。奥克斯公司关于无法确定本案被诉侵权产品的发货地、广东省仅是本案被诉侵权产品的网络购物收货地等相关上诉主张均不能成立，二审法院不予支持。

(三)本案被诉侵权产品的制造商和销售商作为共同被告是否构成必要共同诉讼

奥克斯公司主张，奥克斯公司与广州晶东公司不属于共同侵权，即便假定广东省高级人民法院在本案中对于广州晶东公司具有管辖权，亦不能由此获得对于奥克斯公司的管辖权。奥克斯公司的该上诉主张实质提出了格力公司将奥克斯公司与广州晶东公司作为本案共同被告是否构成必要共同诉讼的问题。本院已经阐明，广东省高级人民法院可以依据广州晶东公司的侵权行为地或者被告住所地获得单独针对广州晶东公司的本案纠纷管辖权。根据奥克斯公司的上诉主张，仍需要进一步阐明奥克斯公司与广州晶东公司作为共同被告是否构成必要共同诉讼。对此，本院分析如下：第一，在侵权纠纷领域，多个被诉行为人共同实施侵权行为时可以基于诉讼标的的同一性构成必要共同诉讼，但是必要共同诉讼的范围并不限于基于共同侵权形成的共同诉讼。在多个被诉行为人分别实施侵权行为造成同一损害时，仍可以基于诉讼标的的同一性以及防止判决冲突、保护当事人利益等政策原因构成必要共同诉讼。对于后一类必要共同诉讼，一旦原告选择在同一案件中对多个被告共同起诉，法院仍可以合并审理而无需征得被告的同意。当然，如果原告选择对多个被告分别起诉，法院并不必然需要在特定诉讼中追加其他关联主体参与诉讼。第二，在专利侵权案件中，如果专利权人将被诉侵权产品的制造商和销售商作为共同被告提起诉讼，该诉讼可以构成后一类必要共同诉讼。原因在于：首先，诉讼标的的同一性。专利权人将被诉侵权产品的制造商和销售商作为共同被告时，尽管制造商和销售商分别实施了不同的侵权行为，但是其侵权行为密切关联。被诉侵权产品制造商制造并售出被诉侵权产品后，下游销售商的销售行为属于制造商制造、销售行为的自然延伸。两者针对的被诉侵权产品相同，均以同一被诉侵权产品落入专利保护范围为基础，且侵权结果部分重叠，从而形成了部分相同的诉讼标的。其次，防止裁判冲突的政策考虑。由于针对被诉侵权产品制造商和销售商的诉讼均以同一被诉侵权产品落入专利保护范围为主要诉讼标的，将两者作为共同被告一并予以审理，可以有效防止或者减少裁判冲突的可能性。再次，经济效果的政策考虑。将针对被诉侵权产品制造商和销售商的诉讼作为必要共同诉讼一并予以审理，既可以避免专利权人分别起诉制造商和销售商时可能造成的双重得利，又可以适度减轻专利权人的维权成本、当事人的诉讼成本以及法院的审理成本。最后，这类必要共同诉讼具有法律依据。《最高人民法院关于审理专利纠纷案件适用法律问题的若干规定》第六条第一款规定，原告仅对侵权产品制造者提起诉讼，未起诉销售者，侵权产品制造地与销售地不一致的，制造地人民法院有管辖权；以制造者与销售者为共同被告起诉的，销售地人民法院有管辖权。这一规定事实上已经将针对制造者与销售者作为共同被告的诉讼作为后一类必要共同诉讼予以对待。本案中，奥克斯公司系被诉15款侵权产品的制造商，广州晶东公司系被诉15款侵权产品的销售商，格力公司将制造商奥克斯公司和销售商广州晶东公司一并作为共同被告，构成后一类必要共同诉讼。销售商广州晶东公司的被告住所地和销售地法院即广东省高级人民法院对本案具有管辖权。

3. 中山市富鸿齐电子有限公司、泰州市创新电子有限公司侵害实用新型专利权纠纷二审民事裁定书

审理法院：最高人民法院

案　　号：(2019)最高法知民辖终66号

案　　由：侵害实用新型专利权纠纷

基本案情

上诉人(原审被告)：中山市富鸿齐电子有限公司，住所地：广东省中山市火炬开发区

被上诉人(原审原告)：泰州市创新电子有限公司，住所地：江苏省泰州市高港区

富鸿齐公司上诉请求：撤销原审裁定，将本案移送至广州知识产权法院管辖。

事实和理由：(一)本案为专利侵权纠纷，网络购物收货地并非侵权结果发生地，不能作为专利侵权案件的管辖依据。原审法院对《最高人民法院关于适用〈中华人民共和国民事诉讼法〉的解释》(以下简称民诉法司法解释)第二十四条的理解存在严重偏差，错误认定网络购物收货地为侵权结果发生地，属于法律适用错误。从本案创新公司提交的证据来看，创新公司通过京东网站购买了其所指控的侵权产品，并在泰州市进行收货，泰州市是典型的"网络购物收货地"，而非制造、销售地。侵权结果地应当理解为侵权行为直接产生的结果发生地，不能以权利人认为受到损害就认为原告所在地就是侵权结果发生地。网络购物收货地仅仅为收货地、侵权事实发现地，并非销售地，更非侵权结果发生地。(二)即使将网络购物收货地视为被诉侵权产品的销售地，原审法院也忽略了创新公司并未起诉销售者这一重要事实，属于事实认定不清，并导致法律适用错误。本案中，创新公司并未将被诉侵权产品的销售商作为本案共同被告进行起诉，在此情况下，即使认为网络购物收货地属于销售地，原审法院作为销售地人民法院也不应当享有管辖权。(三)本案被告富鸿齐公司住所地位于广东省中山市，根据《中华人民共和国民事诉讼法》(以下简称民事诉讼法)第二十八条、第三十六条以及《最高人民法院关于审理专利纠纷案件适用法律问题的若干规定》第五条和《最高人民法院关于北京、上海、广州知识产权法院案件管辖的规定》之规定，本案应移送广州知识产权法院管辖。

裁判理由

二审法院经审查认为，本案为侵害实用新型专利权纠纷管辖权异议上诉案件，上诉争议焦点为原审法院对本案是否具有管辖权，具体包括：(一)网络购物收货地是否为被诉侵权产品销售行为实施地或侵权结果发生地；(二)本案应当如何确定管辖法院。

(一)关于网络购物收货地是否为被诉侵权产品的销售行为实施地或侵权结果发生地

民事诉讼法第二十八条规定，因侵权行为提起的诉讼，由侵权行为地或者被告住所地人民法院管辖。民诉法司法解释第二十四条规定，民事诉讼法第二十八条规定的侵权行为地，包括侵权行为实施地、侵权结果发生地。《最高人民法院关于审理专利纠纷案件适用法律问题的若干规定》第五条规定，因侵犯专利权行为提起的诉讼，由侵权行为地或者被告住所地人民法院管辖。侵权行为地包括被诉侵权产品的制造地、销售行为实施地以及侵权行为的侵权结果发生地等。首先，《最高人民法院关于审理专利纠纷案件适用法律问题的若干规定》第五条规定的销售行为实施地，原则上包括不以购买者意志为转移的销售商主要经营地以及被诉侵权产品储藏地、发货地或者查封扣押地等，购买者可以自行选择确定的网络购物收货地则不应被认定为销售行为实施地。其次，侵权结果发生地应当理解为侵权行为直接产生的结果的发生地，不能以权利人认为受到损害就认为其所在地就是侵权结果发生地。被诉侵权产品的网络销售行为付诸实施时就已经实际产生被诉侵权结果，被诉侵权产品的网络购物收货地对侵权行为的实施没有实质影响，故网络购物收货地不能被认定为侵权结果发生地。综上，原审法院认为创新公司通过网络购买的被诉侵权产品的交付地为江苏省泰州市，故江苏省泰州市系被诉侵权产品的销售地即侵权结果发生地，适用法律错误。

（二）关于本案应当如何确定管辖法院

本案中，创新公司未提供证据证明被诉侵权产品的侵权行为地位于原审法院辖区。富鸿齐公司住所地位于广东省中山市，根据《最高人民法院关于北京、上海、广州知识产权法院案件管辖的规定》第一条第一项、第二条的规定，广东省内专利第一审民事案件由广州知识产权法院跨区域管辖，故广州知识产权法院作为被告住所地人民法院对本案具有管辖权。

第三章　侵权行为地管辖裁判要旨及解析

管辖依据

《中华人民共和国民事诉讼法》(2017年修正)：

第二十八条　因侵权行为提起的诉讼，由侵权行为地或者被告住所地人民法院管辖。

《最高人民法院关于适用〈中华人民共和国民事诉讼法〉的解释》(2020年修正)：

第二十四条　民事诉讼法第二十八条规定的侵权行为地，包括侵权行为实施地、侵权结果发生地。

《最高人民法院关于审理商标民事纠纷案件适用法律若干问题的解释》(2020年修正)：

第六条　因侵犯注册商标专用权行为提起的民事诉讼，由商标法第十三条、第五十七条所规定侵权行为的实施地、侵权商品的储藏地或者查封扣押地、被告住所地人民法院管辖。

前款规定的侵权商品的储藏地，是指大量或者经常性储存、隐匿侵权商品所在地；查封扣押地，是指海关等行政机关依法查封、扣押侵权商品所在地。

《最高人民法院关于审理著作权民事纠纷案件适用法律若干问题的解释》(2020年修正)：

第四条　因侵害著作权行为提起的民事诉讼，由著作权法第四十七条、第四十八条所规定侵权行为的实施地、侵权复制品储藏地或者查封扣押地、被告住所地人民法院管辖。

前款规定的侵权复制品储藏地，是指大量或者经常性储存、隐匿侵权复制品所在地；查封扣押地，是指海关、版权等行政机关依法查封、扣押侵权复制品所在地。

《最高人民法院关于审理专利纠纷案件适用法律问题的若干规定》(2020年修正)：

第二条　因侵犯专利权行为提起的诉讼，由侵权行为地或者被告住所地人民法院管辖。

侵权行为地包括：被诉侵犯发明、实用新型专利权的产品的制造、使用、许诺销售、销售、进口等行为的实施地；专利方法使用行为的实施地，依照该专利方法直接获得的产品的使用、许诺销售、销售、进口等行为的实施地；外观设计专利产品的制造、许诺销售、销售、进口等行为的实施地；假冒他人专利的行为实施地。上述侵权行为的侵权结果发生地。

案件索引

1. 山东凯赛生物科技材料有限公司与被申请人山东瀚霖生物技术有限公司等侵犯发明专利权纠纷[最高人民法院(2011)民申字第1049号](无裁定书，仅有案例报告)

2. 汉密尔顿毕克布兰德斯有限公司与浙江钱龙工贸有限公司、永康市晟嵘工贸有限公司侵害外观设计专利权纠纷[浙江省高级人民法院(2015)浙辖终字第181号]

3. 郑州润达电力清洗有限公司、陈庭荣与湖北洁达环境工程有限公司、吴祥林侵害商业秘密纠纷[最高人民法院(2013)民提字第16号]

4. 四维实业(深圳)有限公司、四维企业股份有限公司与艾利丹尼森公司、艾利(广州)有限公司等侵犯商业秘密纠纷[最高人民法院(2007)民三终字第10号民事裁定书]

裁判要旨

1. 根据最高人民法院司法解释，侵权行为地包括：被诉侵犯发明、实用新型专利权的产品的制造、使用、许诺销售、销售、进口等行为的实施地。由此，案件中侵权产品的出口装船交货地及报送出口地可以认定为侵权行为地。

2. 侵权结果地应当理解为侵权行为直接产生结果的发生地，不能简单地以原告受到损害就认定原告住所地是侵权结果发生地。

3. 侵害商业秘密纠纷案件中，销售侵犯商业秘密所制造的侵权产品不构成侵犯商业秘密的行为，使用商业秘密的过程是制造侵权产品的过程，当侵权产品制造完成时，使用商业秘密的侵权结果即同时发生，所以该销售行为不构成侵犯商业秘密的行为。即便使用商业秘密的行为实施地和结果发生地是重合的，也不宜将侵权产品的销售地视为使用商业秘密的侵权结果发生地。

裁定书摘要

1. 山东凯赛生物科技材料有限公司与被申请人山东瀚霖生物技术有限公司等侵犯发明专利权纠纷[最高人民法院(2011)民申字第1049号](无裁定书原文)

基本案情

中国科学院微生物研究所系 ZL95117436.3 号(微生物同步发酵生产长链 αω 二羟酸的方法)发明专利权的专利权人，其与瀚霖技术公司向山东省青岛市中级人民法院起诉称，凯赛材料公司等被告侵犯其本案发明专利权，请求判令被诉侵权人停止侵权行为及赔偿损失。青岛市中级人民法院受理后，凯赛材料公司在答辩期内提出管辖权异议称，原告没有证明青岛海关所在地系侵权行为地，青岛市中级人民法院对本案没有管辖权。瀚霖技术公司辩称，凯赛材料公司等被告非法使用本案专利方法直接获得的二元酸产品，并通过 FOB 青岛及 CIF 青岛的价格条件从青岛出口销售，无论 FOB 青岛还是 CIF 青岛的价格条件，均在青岛港装船交货。因此，青岛是凯赛材料公司销售二元酸产品的实施地，青岛市中级人民法院享有管辖权。青岛市中级人民法院一审认为，该院对本案有管辖权。凯赛材料公司提起上诉。山东省高级人民法院二审认为，一审法院作为被诉侵权产品销售地法院之一对本案享有管辖权。凯赛材料公司不服，向最高人民法院申请再审。最高人民法院于 2011 年 9 月 13 日裁定驳回了凯赛材料公司的再审申请。

裁判理由

最高人民法院审查认为：本案是专利方法发明，管辖地应当依照该专利方法直接获得的产品的使用、许诺销售、销售、进口等行为的实施地，以及上述侵权行为的侵权结果发生地确定。瀚霖技术公司与中国科学院微生物研究所是以凯赛材料公司和凯赛技术公司通过 FOB 青岛和 CIF 青岛的价格条件出口销售非法使用本案专利方法直接获得的二元酸产品为由，向青岛市中级人民法院提起本案诉讼。青岛港作为被诉依照本案专利方法直接获得产品的装船交货所在地，属于销售行为的实施地，青岛市中级人民法院依法对本案享有管辖权。

2. 汉密尔顿毕克布兰德斯有限公司与浙江钱龙工贸有限公司、永康市晟嵘工贸有限公司管辖裁定书

审理法院：浙江省高级人民法院

案　　号：(2015)浙辖终字第181号

案　　由：侵害外观设计专利权纠纷

基本案情

上诉人(原审被告)：浙江钱龙工贸有限公司

被上诉人(原审原告)：汉密尔顿毕克布兰德斯有限公司(Hamilton Beach Brands, Inc.)

原审被告：永康市晟嵘工贸有限公司

上诉人浙江钱龙工贸有限公司(以下简称钱龙公司)与被上诉人汉密尔顿毕克布兰德斯有限公司(以下简称汉密尔顿公司)、原审被告永康市晟嵘工贸有限公司(以下简称晟嵘公司)侵害外观设计专利权纠纷一案，中华人民共和国浙江省宁波市中级人民法院受理后，钱龙公司、晟嵘公司在答辩期内提出管辖权异议，该院作出(2015)浙甬知初字第658-1号民事裁定驳回其异议。钱龙公司不服，提起上诉。

原审法院经审理查明，涉案的部分被诉侵权产品系由钱龙公司向中华人民共和国宁波海关申报出口，且该海关于2015年4月29日作出《采取知识产权海关保护措施通知书》(甬关法(2015)0271号)，并扣留了涉嫌侵权的汉堡机1152箱6912个，此后，于2015年5月4日作出《放行涉嫌侵犯专利权货物通知书》。

原审法院认为：本案系侵害外观设计专利权纠纷。根据《中华人民共和国民事诉讼法》第二十八条规定，因侵权行为提起的诉讼，由侵权行为地或者被告住所地人民法院管辖。《最高人民法院关于适用〈中华人民共和国民事诉讼法〉的解释》第二十四条规定，民事诉讼法第二十八条规定的侵权行为地，包括侵权行为实施地、侵权结果发生地。《最高人民法院关于审理专利纠纷案件适用法律问题的若干规定》第五条规定，因侵犯专利权行为提起的诉讼，由侵权行为地或者被告住所地人民法院管辖。侵权行为地包括：外观设计专利产品的制造、许诺销售、销售、进口等行为的实施地。上述侵权行为的侵权结果发生地。本案中，部分被诉侵权产品系在宁波海关申报出口，接受宁波海关的监管、查验，并曾被宁波海关扣留，此为被诉侵权产品销售的一个重要环节，故中华人民共和国浙江省宁波市应确认为被诉侵权产品的销售地之一，是侵权行为地。根据《最高人民法院关于审理专利纠纷案件适用法律问题的若干规定》第二条第一款规定，专利纠纷第一审案件，由各省、自治区、直辖市人民政府所在地的中级人民法院和最高人民法院指定的中级人民法院管辖。原审法院作为宁波市的中级人民法院，经最高人民法院指定具有专利纠纷管辖权，故该院对本案具有管辖权，晟嵘公司、钱龙公司对本案管辖权提出的异议不成立。综上，该院依照《中华人民共和国民事诉讼法》第二十八条、第一百二十七条第一款、第一百五十四条第一款第(二)项，《最高人民法院关于适用〈中华人民共和国民事诉讼法〉的解释》第二十四条，《最高人民法院关于审理专利纠纷案件适用法律问题的若干规定》第二条第一款、第五条之规定，于 2015 年 6 月 25 日裁定：驳回晟嵘公司、钱龙公司对本案管辖权提出的异议。本案管辖异议受理费 200 元，由晟嵘公司、钱龙公司分别负担 100 元。

钱龙公司上诉称：涉案被诉侵权产品的制造、许诺销售、销售的实施地均为浙江省永康市，且其公司与晟嵘公司的住所地亦为浙江省永康市。虽有部分被诉侵权商品被宁波海关扣留，但其公司在宁波市并未实施销售行为，故不能据此认定宁波市是被诉侵权产品的销售地，原审法院对本案并无管辖权。综上，请求二审法院依法撤销原审裁定，将本案移送至浙江省金华市中级人民法院审理。

汉密尔顿公司答辩称：1. 侵害商标权纠纷案件的管辖连接点包含侵权商品的查封扣押地法院，此司法精神亦可在专利侵权民事纠纷案件中得以适用。2. 最高人民法院在(2011)民申字第 1049 号侵害发明专利权纠纷管辖异议案中明确认定装船交货地(即海关扣押地)属于销售行为实施地；浙江省高级人民法院亦曾认定海关扣押地属于侵权行为地；故原审法院作为侵权行为地人民法院对本案享有管辖权。综上，钱龙公司所提出的管辖权异议不能成立，其上诉请求应予驳回。

晟嵘公司未发表意见。

经审查，汉密尔顿公司主张晟嵘公司、钱龙公司未经其许可，擅自制造、许诺销售、销售被诉产品，侵害其专利号为 ZL201330350156.9 的“三明治机”外观设计专利权，遂于 2015 年 5 月 11 日诉至原审法院，请求判令晟嵘公司、钱龙公司：1. 立即停止制造、许诺销售、销售侵害其涉案外观设计专利权产品的行为；2. 销毁库存的全部侵权产品；3. 销毁用于生产侵权产品的专用模具及设备；4. 共同赔偿汉密尔顿公司经济损失人民币 100 万元(含该公司为制止侵权行为支出的合理费用)，并承担本案诉讼费用。

裁判理由

二审法院认为，本案系侵害外观设计专利权纠纷案件。依照《最高人民法院关于审理专利纠纷案件适用法律问题的若干规定》第五条之规定，涉案被诉侵权产品的制造、许诺销售、销售、进口等行为的实施地及相应侵权行为的侵权结果发生地人民法院对本案享有管辖权。被诉侵权产品系经宁波海关申报出口，宁波市作为被诉侵权产品的报关出口地，可视为涉案销售行为的实施地，原审法院具有专利纠纷管辖权，可作为销售行为地人民法院对本案享有管辖权。

3. 郑州润达电力清洗有限公司、陈庭荣与湖北洁达环境工程有限公司、吴祥林侵害商业秘密纠纷管辖权异议再审民事裁定书

审理法院：最高人民法院
案　　号：(2013)民提字第16号
案　　由：侵害商业秘密纠纷

基本案情

再审申请人(一审被告、二审上诉人)：郑州润达电力清洗有限公司

再审申请人(一审被告、二审上诉人)：陈庭荣，郑州润达电力清洗有限公司总经理

被申请人(一审原告、二审被上诉人)：湖北洁达环境工程有限公司

一审被告、二审上诉人：吴祥林

2011年9月，湖北洁达公司以吴祥林、陈庭荣和郑州润达公司侵害商业秘密为由，向湖北省荆州市中级人民法院提起诉讼，请求法院判令该三被告连带赔偿经济损失45万元，承担本案全部诉讼费用及律师费用。吴祥林、陈庭荣、郑州润达公司对管辖权提出异议，认为本案应由被告住所地人民法院管辖。湖北省荆州市中级人民法院一审认为，本案系湖北洁达公司以吴祥林、陈庭荣、郑州润达公司侵害其商业秘密为由提起的诉讼，三被告的住所地及侵权行为地法院均有管辖权。湖北洁达公司有权选择向侵权行为地法院提起诉讼。三被告提出的管辖权异议不能成立，遂依法裁定驳回吴祥林、陈庭荣、郑州润达公司的管辖权异议。

郑州润达公司、陈庭荣、吴祥林不服该一审裁定，向湖北省高级人民法院提起上诉，请求撤销一审裁定，改判其管辖权异议成立。湖北省高级人民法院二审认为，陈庭荣、吴祥林曾经是湖北洁达公司的员工，涉嫌在湖北洁达公司工作期间掌握涉案商业秘密，其侵害商业秘密的行为发生在湖北洁达公司住所地湖北省荆州市，因此，湖北省荆州市中级人民法院作为侵权行为地法院对本案享有管辖权。又据《中华人民共和国民事诉讼法》(以下简称《民事诉讼法》)第三十五条的规定，两个以上人民法院都有管辖权的诉讼，原告可以向其中一个人民法院起诉。因此，湖北洁达公司有权选择向侵权行为地法院即湖北省荆州市中级人民法院提起诉讼，遂依法裁定驳回上诉，维持原裁定。

郑州润达公司、陈庭荣向本院申请再审称：湖北洁达公司在起诉状中称原审被告在深能和合电力(河源)有限公司、湖北黄石电厂、襄阳电厂、宁夏大唐国际大坝电厂承揽清洗施工业务。该四处电厂为侵权行为地、侵权行为实施地、侵权结果

发生地，而湖北洁达公司不是侵权行为地。而且，本案起诉时，陈庭荣、吴祥林户籍所在地、经常居住地均不在荆州市。因此，荆州市中级人民法院对本案没有管辖权。原一、二审裁定认定的基本事实缺乏证据证明，适用法律错误，请求再审法院撤销原一、二审民事裁定，改判本案由河南省郑州市中级人民法院管辖。

被申请人湖北洁达公司答辩称：陈庭荣、吴祥林均曾是湖北洁达公司员工，负有保守商业秘密的合同义务。吴祥林以代洪漳之名办理第二代身份证，并以代洪漳的身份代表郑州润达公司申请专利、对外签订清洗合同。这表明其在为实施侵害商业秘密的行为做准备，荆州市属于侵害商业秘密的预备实施地。因侵害商业秘密的结果就是对权利人市场销售造成影响，故权利人住所地可以视为侵权行为结果发生地。因此，湖北省荆州市中级人民法院作为侵权行为地法院对本案有管辖权。

一审被告、二审被上诉人吴祥林陈述意见认为：其在湖北洁达公司工作期间正当获取经营信息，不能将获取信息的地点认为是侵权行为地。侵权结果发生地应当是侵权行为直接产生的结果发生地；而且，吴祥林的户籍所在地在河南省郑州市。因此，湖北省荆州市中级人民法院对本案没有管辖权。

再审法院提审查明，湖北洁达公司一审起诉时指控吴祥林、陈庭荣、郑州润达公司侵害其商业秘密的主要事实和理由为：吴祥林和陈庭荣系湖北洁达公司原员工，分别担任副总经理和工程部负责人，在工作期间与湖北洁达公司签订了具有竞业限制条款的劳动合同。吴祥林和陈庭荣在离开湖北洁达公司后，有义务保守工作期间获取的商业秘密，且在离职两年内不得到与湖北洁达公司有竞争业务的公司工作，也不得自行从事与湖北洁达公司相同的业务。吴祥林 2009 年 11 月擅自从湖北洁达公司离职后，2010 年 2 月化名代洪漳加入郑州润达公司担任总经理，利用其在湖北洁达公司获取的商业秘密(专有技术、客户网络、经营模式)为湖北洁达公司开展业务。陈庭荣于 2006 年初离职后，从 2006 年起先后在荆州三雄科技发展有限公司、河南平顶山润达电力设备有限公司和郑州润达电力设备有限公司工作，随后又于 2010 年 1 月自行成立郑州润达公司。陈庭荣利用在湖北洁达公司工作期间获取的商业秘密在上述单位从事与湖北洁达公司相同的清洗业务。陈庭荣曾于 2006 年和 2007 年因侵害湖北洁达公司的商业秘密而受到法院判决制裁，但其在 2007 年后继续大肆侵害湖北洁达公司的商业秘密，非法承揽了 20 多家电厂清洗业务获取巨额利润至今。陈庭荣和吴祥林以郑州润达公司为掩护，利用在湖北洁达公司获取的商业秘密，先后在深能和合电力(河源)有限公司(2010 年 6 月)、湖北黄石电厂(2011 年 5 月)、襄阳电厂(2011 年 6 月)、宁夏大唐国际大坝电厂(2011 年 7 月)承揽清洗施工业务，给湖北洁达公司造成巨大经济损失。

裁判理由

再审法院认为，本案是侵害商业秘密纠纷，应当按照《民事诉讼法》及其司法解释关于侵权纠纷的规定确定管辖。《民事诉讼法》第二十八条规定，因侵权行为提起的诉讼，由侵权行为地或者被告住所地人民法院管辖。《最高人民法院关于适用〈中华人民共和国民事诉讼法〉若干问题的意见》第 28 条规定，侵权行为地包括侵权行为实施地、侵权结果发生地。湖北洁达公司在起诉状中指控吴祥林和陈庭荣违反劳动合同关于保密义务和竞业限制的约定，违法利用其在工作期间获取的商业秘密，为郑州润达公司开展业务。因此，湖北洁达公司指控的侵权行为是，吴祥林和陈庭荣使用或者允许他人使用其所掌握的商业秘密，以及陈庭荣作为法定代表人的郑州润达公司明知陈庭荣和吴祥林的非法行为仍然使用他人商业秘密的行为。

对于吴祥林和陈庭荣使用或者允许他人使用其所掌握的商业秘密这一被诉侵权行为而言，其侵权行为实施地应是涉案商业秘密的使用行为地。本案中，被诉使用该商业秘密实施清洗行为的行为地是深能和合电力(河源)有限公司、湖北黄石电厂、襄阳电厂、宁夏大唐国际大坝电厂所在地，均不位于荆州市。对于陈庭荣作为法定代表人的郑州润达公司明知陈庭荣和吴祥林的违法行为却使用他人商业秘密这一被诉侵权行为而言，其行为实施地与前述吴祥林和陈庭荣的被诉侵权行为实施地重合，亦不位于荆州市。因此，湖北洁达公司关于荆州市是侵害商业秘密的预备实施地的主张不能成立。侵权结果地应当理解为侵权行为直接产生的结果发生地，不能以权利人认为受到损害就认为原告所在地就是侵权结果发生地。本案中，侵权结果地与上述侵权行为实施地重合，不位于荆州市。因此，湖北洁达公司关于荆州市是侵权结果地的主张亦不能成立。

吴祥林和陈庭荣作为湖北洁达公司的员工，涉嫌在工作中获知湖北洁达公司的商业秘密，不属于《中华人民共和国反不正当竞争法》第十条规定的侵害商业秘密的具体行为种类。况且，湖北洁达公司在起诉时也未将该行为列入其指控的侵权行为。因此，原二审裁定以陈庭荣、吴祥林涉嫌在湖北洁达公司工作期间掌握涉案商业秘密为由，认定侵害商业秘密的行为发生在湖北洁达公司住所地湖北省荆州市，适用法律有误，应予纠正。

因吴祥林、陈庭荣和郑州润达公司的住所地均不位于荆州市，且湖北洁达公司亦未举证证明吴祥林、陈庭荣的经常居住地位于荆州市，故湖北省荆州市不是被告住所地。

4. 艾利丹尼森公司等侵犯商业秘密纠纷案

审理法院：最高人民法院

案　　号：(2007)民三终字第 10 号

案　　由：商业秘密合同纠纷

基本案情

上诉人(原审被告):艾利丹尼森公司(Avery Dennison Corporation),住所地:美国加利福尼亚州帕萨迪纳市

上诉人(原审被告):艾利(广州)有限公司,住所地:广东省广州市经济技术开发区

上诉人(原审被告):艾利(昆山)有限公司,住所地:江苏省昆山开发区

上诉人(原审被告):艾利(中国)有限公司,住所地:江苏省昆山开发区

被上诉人(原审原告):四维企业股份有限公司,住所地:台湾地区台北县

被上诉人(原审原告):四维实业(深圳)有限公司,住所地:广东省深圳市宝安区

原审被告:南海市里水意利印刷厂,住所地:广东省佛山市南海区

原审被告:佛山市环市镇东升汾江印刷厂经营部,住所地:广东省佛山市环市镇东升管理区

上诉人艾利丹尼森公司、艾利(广州)有限公司(以下简称艾利广州公司)、艾利(昆山)有限公司(以下简称艾利昆山公司)、艾利(中国)有限公司(以下简称艾利中国公司)因与被上诉人四维企业股份有限公司(以下简称四维公司)、四维实业(深圳)有限公司(以下简称四维深圳公司)、原审被告南海市里水意利印刷厂(以下简称里水印刷厂)、佛山市环市镇东升汾江印刷厂经营部(以下简称汾江经营部)侵犯商业秘密纠纷管辖权异议一案,不服广东省高级人民法院(2005)粤高法民三初字第1-1号民事裁定,提起上诉。

原审法院查明:2004年4月8日,四维公司、四维深圳公司以艾利丹尼森公司、艾利广州公司、艾利昆山公司、艾利中国公司、里水印刷厂、汾江经营部侵犯其乳化型压克力感压胶外加增粘剂技术信息和经营信息等商业秘密为由,向广东省佛山市中级人民法院提起诉讼,要求艾利丹尼森公司等赔偿经济损失人民币6000万元等。2004年5月17日,广东省佛山市中级人民法院发出立案受理通知书和应诉通知书。2004年11月29日,四维公司、四维深圳公司向广东省佛山市中级人民法院递交了《变更诉讼请求申请书》,变更赔偿请求为人民币1.05亿元。2005年4月8日,四维公司、四维深圳公司又向广东省佛山市中级人民法院递交《再次增加诉讼标的申请书》,变更赔偿请求为人民币1.5亿元。广东省佛山市中级人民法院向广东省高级人民法院请示,请求将该案移至广东省高级人民法院,被准许。2005年6月6日,四维公司、四维深圳公司又向广东省高级人民法院补充递交了《民事起诉状》。

另,江苏省高级人民法院2005年11月8日作出的(2004)苏民三初字第003号民事裁定书记载,艾利丹尼森公司、艾利中国公司以四维公司、四维深圳公司、上海四维企业有限公司等侵犯其压敏黏合剂技术信息和经营信息等商业秘密为由,

向江苏省高级人民法院提起诉讼，江苏省高级人民法院2004年10月13日受理了该案。江苏省高级人民法院以该案与本案是基于同一法律事实而发生的纠纷，广东省佛山市中级人民法院立案时间早于江苏省高级人民法院，又因级别管辖原因移送到广东省高级人民法院等为由，裁定将该案移送至广东省高级人民法院。

根据四维公司起诉状的记载，四维公司认为其主张的“乳化型压克力感压胶外加增粘剂技术信息”后来被艾利丹尼森公司在中国申请了“增粘乳液压敏胶粘剂”专利。因此，四维公司等与艾利丹尼森公司等讼争的技术秘密均为压敏黏合剂技术。

在原审答辩期内，艾利丹尼森公司、艾利广州公司、艾利昆山公司、艾利中国公司向广东省高级人民法院提出管辖权异议。主要理由有：1. 本案移送给江苏省高级人民法院审理可以有效阻止四维公司等的恶意诉讼。2. 因广东省佛山市中级人民法院对本案无管辖权，且广东省高级人民法院立案时间晚于江苏省高级人民法院对关联案件的立案时间，本案应当移送给江苏省高级人民法院审理。

原审法院认为：民事诉讼法第二十九条规定，因侵权行为提起的诉讼，由侵权行为地或者被告住所地人民法院管辖。第二十二条第三款规定，同一诉讼的几个被告住所地、经常居住地在两个以上人民法院辖区的，各该人民法院都有管辖权。本案为侵犯商业秘密纠纷，被告艾利广州公司的住所地在广东省广州市，被告艾利昆山公司和艾利中国公司的住所地在江苏省昆山市，被告里水印刷厂、汾江经营部的住所地在广东省佛山市。因此，上述被告住所地人民法院均有地域上的管辖权。由于部分被告的住所地在佛山市，故广东省佛山市中级人民法院受理本案，符合法律规定。又因本案争议标的大，根据级别管辖的有关规定，广东省佛山市中级人民法院将本案移送广东省高级人民法院审理，因此，广东省高级人民法院依法享有本案的管辖权。

尽管艾利丹尼森公司、艾利中国公司以四维公司等侵犯商业秘密为由，向江苏省高级人民法院提起诉讼，江苏省高级人民法院于2004年10月13日也受理了该案，但该案的受理时间晚于广东省佛山市中级人民法院对本案的受理时间，即2004年5月17日。尽管广东省高级人民法院接受广东省佛山市中级人民法院移送的时间是2005年6月，但这仅仅是级别管辖的变更，并非两次独立的起诉。因此，本案的受理时间仍应为2004年5月17日。根据《最高人民法院关于适用〈中华人民共和国民事诉讼法〉若干问题的意见》第33条的规定，两个以上人民法院都有管辖权的诉讼，先立案的人民法院不得将案件移送给另一个有管辖权的人民法院。《最高人民法院关于在经济审判工作中严格执行〈中华人民共和国民事诉讼法〉的若干规定》第2条规定，当事人基于同一法律关系或者同一法律事实而发生纠纷，以不同诉讼请求分别向有管辖权的不同法院起诉的，后立案的法院在得知有关法院先立案的情况后，应当在七日内裁定将案件移送先立案的法院合并审理。而且，江苏省高级人民法院已经根据该规定作出(2004)苏民三初字第003号民事裁定，将艾利丹尼森公司等诉四维公司、四维深圳公司等侵犯商业秘密纠纷案件移送至广东省高级人民法院。在此情况下，艾利丹尼森公司、艾利广州公司、艾利昆山公司、艾利中国公司等请求将本案移送至江苏省高级人民法院管辖，依据不足。依照《中华人民共和国民事诉讼法》第二十二条、第二十九条、第三十八条、《最高人民法院关于适用〈中华人民共和国民事诉讼法〉若干问题的意见》第33条之规定，裁定驳回艾利丹尼森公司、艾利中国公司、艾利广州公司、艾利昆山公司对本案管辖权的异议。

上诉人艾利丹尼森公司、艾利广州公司、艾利昆山公司、艾利中国公司上诉称：1. 根据反不正当竞争法的规定，侵犯商业秘密的行为不包括侵权产品销售者的行为。而且，在四维公司、四维深圳公司的起诉状中，只在“诉讼请求”部分要求里水印刷厂、汾江经营部停止销售侵权产品，在“事实与理由”部分没有涉及对该两原审被告行为的指控。因此，广东省佛山市中级人民法院对本案没有管辖权。而广东省高级人民法院是在2005年6月立案，该立案时间晚于江苏省高级人民法院对关联案件的立案时间。根据法律规定，本案应当移送至江苏省高级人民法院管辖。2. 本案移送至江苏省高级人民法院管辖，可以有效阻止四维公司的恶意诉讼阴谋。四维公司1999年在江苏省高级人民法院起诉艾利丹尼森公司等，又于2003年撤诉。2004年四维公司再向广东省佛山市中级人民法院起诉。如果不阻止四维公司无事实根据和正当理由的重复诉讼，将导致艾利丹尼森公司等无法从事商业活动，也势必浪费中国有限的司法资源。据此，请求本院撤销原审裁定、指定江苏省高级人民法院审理本案。

被上诉人四维公司、四维深圳公司答辩称：1. 里水印刷厂、汾江经营部既销售了侵权产品，也使用侵权设备和工艺进行分条、切张等，故佛山市既是侵权行为实施地，又是侵权结果发生地。根据民事诉讼法及其司法解释的规定，广东省佛山市中级人民法院对本案有管辖权。广东省佛山市中级人民法院因级别管辖将本案移至广东省高级人民法院，故本案的立案时间应以广东省佛山市中级人民法院的立案时间为准。江苏省高级人民法院基于广东省佛山市中级人民法院立案在先，裁定将关联案件移送至广东省高级人民法院审理，符合法律规定。2. 管辖权异议纠纷是程序问题，艾利丹尼森公司等提出的恶意诉讼问题与本上诉案没有关联性。

二审法院另查明，2004年4月8日，四维公司、四维深圳公司向广东省佛山市中级人民法院提交的起诉状中有关里水印刷厂、汾江经营部的内容是：请求法院判令里水印刷厂、汾江经营部立即停止销售和使用侵犯原告商业秘密所制造的侵权产品。艾利丹尼森公司等利用原告的商业秘密生产、制造、销售相关侵权产品，并销往中国各地，包括佛山市。

2005年6月6日，四维公司、四维深圳公司向广东省高级人民法院补充提交的起诉状中有关里水印刷厂、汾江经营部的内容是：请求法院判令里水印刷厂、汾江经营部立即停止销售侵犯原告商业秘密所制造的侵权产品。相关侵权产品的销售商包括佛山市的里水印刷厂、汾江经营部。

上诉人及被上诉人均确认，本案与江苏省高级人民法院受理的(2004)苏民三初字第003号案件是当事人基于同一法律事实而发生的纠纷。

裁判理由

二审法院认为，四维公司、四维深圳公司虽然在起诉状中指控里水印刷厂、汾江经营部销售侵犯原告商业秘密所制造的侵权产品，但根据反不正当竞争法第十条的规定，销售侵犯商业秘密所制造的侵权产品并不属于该法所列明的侵犯商业秘密的行为，故里水印刷厂、汾江经营部被控销售侵犯商业秘密所制造的侵权产品的行为不是反不正当竞争法规定的侵犯商业秘密的行为。因此，广东省佛山市中级人民法院不能因里水印刷厂、汾江经营部被控销售侵犯商业秘密所制造的侵权产品而具有本案的管辖权。一般而言，使用商业秘密的行为实施地和结果发生地是重合的。亦即，使用商业秘密的过程，通常是制造侵权产品的过程，当侵权产品制造完成时，使用商业秘密的侵权结果即同时发生，不宜将该侵权产品的销售地视为使用商业秘密的侵权结果发生地。因此，虽然四维公司、四维深圳公司指控上诉人艾利丹尼森公司等将被控侵权产品销往佛山市，但佛山市并不是上诉人艾利丹尼森公司等使用商业秘密行为的侵权结果发生地，广东省佛山市中级人民法院亦不能据此具有本案的管辖权。关于四维公司、四维深圳公司指控的里水印刷厂、汾江经营部使用侵犯原告商业秘密所制造的侵权产品，因该行为不属于反不正当竞争法规定的侵犯商业秘密的行为，故此不能成为佛山市中级人民法院管辖本案的依据。至于四维公司、四维深圳公司在二审答辩中提及的里水印刷厂、汾江经营部使用侵权设备和工艺进行分条、切张等，因起诉状没有相关记载且其未提交初步证据予以证明，故此亦不能成为佛山市中级人民法院管辖本案的依据。

因此，根据民事诉讼法及其司法解释的有关规定，广东省佛山市中级人民法院对本案没有管辖权，广东省高级人民法院对本案有管辖权。但因本案与江苏省高级人民法院受理的(2004)苏民三初字第003号案件是当事人基于同一法律事实而发生的纠纷，且江苏省高级人民法院的立案时间早于广东省高级人民法院的立案时间，故根据《最高人民法院关于在经济审判工作中严格执行〈中华人民共和国民事诉讼法〉的若干规定》第2条规定，本案应移至江苏省高级人民法院合并审理。原审法院对本案管辖权的认定有误，应予纠正。

第四章　侵权商品储藏地、扣押地管辖裁判要旨及解析

管辖依据

《中华人民共和国民事诉讼法》(2017 年修正)：

第二十八条　因侵权行为提起的诉讼，由侵权行为地或者被告住所地人民法院管辖。

《最高人民法院关于审理商标民事纠纷案件适用法律若干问题的解释》(2020 年修正)：

第六条　因侵犯注册商标专用权行为提起的民事诉讼，由商标法第十三条、第五十七条所规定侵权行为的实施地、侵权商品的储藏地或者查封扣押地、被告住所地人民法院管辖。

前款规定的侵权商品的储藏地，是指大量或者经常性储存、隐匿侵权商品所在地；查封扣押地，是指海关等行政机关依法查封、扣押侵权商品所在地。

《最高人民法院关于审理著作权民事纠纷案件适用法律若干问题的解释》(2020 年修正)：

第四条　因侵害著作权行为提起的民事诉讼，由著作权法第四十七条、第四十八条所规定侵权行为的实施地、侵权复制品储藏地或者查封扣押地、被告住所地人民法院管辖。

前款规定的侵权复制品储藏地，是指大量或者经常性储存、隐匿侵权复制品所在地；查封扣押地，是指海关、版权等行政机关依法查封、扣押侵权复制品所在地。

案件索引

1. 于春雨与宝洁公司侵害商标权纠纷权[浙江省高级人民法院(2017)浙民辖终 297 号]

2. 日照金通车辆制造有限公司与金杯汽车股份有限公司、金杯车辆制造集团有限公司侵犯商标专用权纠纷[最高人民法院(2012)民提字第 109 号]

裁判要旨

1. 侵权商品的储藏地，是指大量或者经常性储存、隐匿侵权商品所在地。涉及线上销售的侵权行为，在缺乏其他证据佐证的情况下，不能仅依据订单上的发货地址确定侵权商品储藏地。

2. 对侵权商品查封扣押的管辖确认上，不宜将消费者使用的被控侵权商品的扣押地认定为侵权商品的“查封扣押地”。

裁定书摘要

1. 于春雨侵害商标权纠纷管辖民事裁定书

审理法院：浙江省高级人民法院

案　　号：(2017)浙民辖终297号

案　　由：侵害商标权纠纷

基本案情

上诉人(原审被告)：于春雨，住所地：安徽省宿州市泗县

被上诉人(原审原告)：宝洁公司(THEPROCTER & GAMBLECOMPANY)，住所地：美利坚合众国俄亥俄州

于春雨上诉称：宝洁公司提供的证据不能证明被诉侵权商品发货地即为商品储藏地，原裁定在缺乏证据的情况下，以商品储藏地作为本案管辖连结点，存在不当。故请求撤销原裁定，将本案移送安徽省宿州市中级人民法院审理。

宝洁公司答辩称：被诉侵权商品的淘宝销售页面上显示配送地址为浙江省宁波市，库存量为2015件，故浙江省宁波市系侵权商品储藏地。此外，据了解，于春雨实际居住地在被诉侵权商品发货地“宁波市江北区洪塘街道洪塘工业区A区188号”附近，故原审法院对本案具有管辖权。综上，请求维持原裁定，驳回于春雨的上诉请求。

裁判理由

二审法院经审查认为，本案系侵害商标权纠纷。《最高人民法院关于审理商标民事纠纷案件适用法律若干问题的解释》第六条规定，因侵犯注册商标专用权行为提起的民事诉讼，由侵权行为的实施地、侵权商品的储藏地或者查封扣押地、被告住所地人民法院管辖。前款规定的侵权商品的储藏地，是指大量或者经常性储存、

隐匿侵权商品所在地；查封扣押地，是指海关、工商等行政机关依法查封、扣押侵权商品所在地。虽然宝洁公司提供的公证书显示，被诉侵权商品的淘宝销售网页标注“库存2015件”，但根据日常生活经验，网页显示的库存数量多系销售商为吸引消费者或出于网销便利而自行填写，与真实的库存数量往往不一致，库存的地点亦难以确定。在宝洁公司仅能证明有一件被诉侵权商品系从浙江省宁波市发货，未提供其他证据佐证的情况下，难以认定于春雨在浙江省宁波市范围内大量或者经常性储存、隐匿侵权商品。但根据宝洁公司提交的公证书记载，被诉侵权商品的发货地和收货地均位于浙江省宁波市，即于春雨除通过网络缔约外，其履行被诉侵权商品买卖合同的全过程均发生在该市范围内，故应认定浙江省宁波市系侵权行为实施地。综上，虽然宝洁公司提供的证据不足以证明浙江省宁波市系侵权商品储藏地，但原审法院作为侵权行为实施地人民法院，对本案仍依法享有管辖权。

2. 日照金通车辆制造有限公司与金杯汽车股份有限公司、金杯车辆制造集团有限公司侵犯注册商标专用权纠纷再审民事裁定书

审理法院：最高人民法院
案　　号：(2012)民提字第109号
案　　由：侵害商标权纠纷

基本案情

申请再审人(一审被告、二审上诉人)：日照金通车辆制造有限公司，住所地：山东省日照市兖州路

被申请人(一审原告、二审被上诉人)：金杯汽车股份有限公司，住所地：辽宁省沈阳市沈河区

一审被告：金杯车辆制造集团有限公司，住所地：山东省日照市山海路以北、204国道以东

2010年11月18日，金杯股份公司以金通公司和金杯集团公司侵犯其注册商标专用权为由，向沈阳市中级人民法院提起诉讼。金通公司在答辩期内对管辖权提出异议。金杯公司认为，《最高人民法院关于审理商标民事纠纷案件适用法律若干问题的解释》第六条(以下简称司法解释第六条)中的“查封扣押”应指对被控侵权人生产、销售被控侵权商品的查封扣押，而非对消费者使用被控侵权商品的查封扣押，沈阳市康平县工商行政管理局(以下简称康平县工商局)对消费者石月娇所购被控侵权车辆予以扣押的行为不属于上述情况，沈阳市并非该司法解释中的“查封扣押地”，沈阳市中级人民法院对本案没有管辖权。鉴于本案被告的住所地均在日照市，应将本案移送至日照市中级人民法院审理。

一审法院认为，司法解释第六条规定，因侵犯注册商标专用权行为提起的民事诉讼，由商标法第十三条、第五十二条所规定侵权行为的实施地、侵权商品的储藏地或查封扣押地、被告住所地人民法院管辖。前款规定的侵权商品的储藏地，是指大量或经常性储存、隐匿侵权商品所在地；查封扣押地，是指海关、工商等行政机关依法查封、扣押侵权商品所在地。因法律未对上述被查封扣押财产的主体作限制性规定，因此，该主体不应仅指被控侵权商品的生产者和销售者。另根据该条款的规定，侵权行为实施地与查封扣押地应系不同概念，而被控侵权人生产、销售被控侵权商品的地点应属侵权行为实施地范畴，如果将查封扣押地解释为仅指查封扣押被控侵权人生产、销售被控侵权商品的地点，则查封扣押地将与侵权行为实施地将发生混同。综上，被控侵权商品由康平县工商局予以扣押，沈阳市系该被控侵权商品的查封扣押地，沈阳市中级人民法院享有本案管辖权。沈阳市中级人民法院于2011年1月24日作出(2010)沈中民四初字第452号民事裁定，驳回金通公司的管辖权异议。金通公司不服一审裁定，提起上诉。

二审法院认为，根据康平县工商局出具的工商行政管理机关扣押(查封)财务通知书等证据，被诉侵权产品已被该局查封、扣押。依据司法解释第六条的规定，应认定沈阳市是被诉侵权商品的查封扣押地，是侵权结果发生地。沈阳市中级人民法院系被诉侵权商品的查封扣押地法院，对本案有管辖权。辽宁省高级人民法院于2011年11月23日作出(2011)辽立一民终字第73号民事裁定，驳回上诉，维持一审裁定。

金通公司不服二审裁定，申请再审，请求撤销一审、二审裁定，将本案移交至日照市中级人民法院审理。其主要理由是：第一，作为被告的金通公司和金杯集团公司的住所地均在日照市，且从未在沈阳地区从事过商标侵权行为，依照《中华人民共和国民事诉讼法》第二十九条的规定，沈阳市中级人民法院对本案没有管辖权。第二，司法解释第六条将“侵权商品的储藏地及查封扣押地”作为商标侵权案件管辖地，其立法本意是为了方便取证、保全侵权商品，以及便于确定侵权的后果及危害程度。“储藏”或“查封扣押”商品的主体必须是对侵犯商标权的商品实施制造、销售、储存、保管、运输等行为的侵权行为人，而不应包括购买涉嫌侵犯商标权商品的消费者。商品具有流动性，如果对查封扣押涉嫌侵权商品主体不做任何限定，将出现对同一侵权案件存在诸多地域管辖的情形。本案中，消费者石月娇购买并使用涉案车辆的行为并非侵犯商标权的行为。一审、二审法院依据康平县工商局对消费者石月娇购买的车辆进行扣押的事实，认定沈阳市为上述司法解释所规定的“侵犯商标权商品的查封扣押地”，属于对该司法解释的任意扩大解释。第三，康平县工商局对消费者石月娇购买车辆进行扣押的行为实际上是金杯股份公司在制造管辖。

金杯股份公司提交意见认为，司法解释第六条将“侵权商品的储藏地及查封扣押地”作为确定商标侵权案件地域管辖的依据，是为了保证商标权人可以更好地维护自己的商标权益，因而没有对被查封扣押的主体作限制性规定。金通公司关于上述司法解释中的查封扣押仅指对侵权人的查封扣押的解释，是对该规定的缩小解释。请求驳回金通公司的管辖权异议。

再审法院经审理查明，本案涉及的被扣押车辆仅一台，即康平县工商局所扣押的消费者石月娇所使用的被控侵权车辆。

裁判理由

再审法院认为，关于商标民事纠纷案件管辖的司法解释规定，是根据民事诉讼法的规定制定，同时考虑了商标民事纠纷案件的特点，确定了相应的管辖规则。法院对此类案件行使管辖权时，应严格适用司法解释第六条确定的由“侵权行为实施地、侵权商品储藏地或查封扣押地、被告住所地法院”管辖的规则。

本案中，能否将消费者使用的被控侵权商品的扣押地认定为司法解释第六条所指的“侵权商品的查封扣押地”，是争议的焦点。再审法院认为，从立法本意看，该规定以增强案件管辖的确定性，既方便当事人行使诉权，又方便法院审理为目的。如果将消费者使用被控侵权商品的扣押地理解为司法解释第六条规定的“侵权商品的查封扣押地”，将会增加当事人选择管辖法院的随意性，减损此类案件管辖的确定性，违背有关管辖规定的本意。本案一审、二审法院以消费者使用的被控侵权商品由康平县工商局予以扣押，沈阳市系该被控侵权商品的查封扣押地为由，确定沈阳市中级人民法院享有本案管辖权，属于适用法律错误，本院予以纠正。鉴于本案被告的住所地均在日照市，故日照市中级人民法院对本案依法享有管辖权。

第五章　确认不侵权之诉管辖裁判要旨及解析

管辖依据

《中华人民共和国民事诉讼法》(2017 年修正)：

第二十八条　因侵权行为提起的诉讼，由侵权行为地或者被告住所地人民法院管辖。

《最高人民法院关于本田技研工业株式会社与石家庄双环汽车股份有限公司、北京旭阳恒兴经贸有限公司专利纠纷案件指定管辖的通知》[〔2004〕民三他字第 4 号]：

一、确认不侵犯专利权诉讼属于侵权类纠纷，应当依照民事诉讼法第二十九条的规定确定地域管辖(备注：2017 年修订后的民事诉讼法第二十八条)。

《最高人民法院关于审理侵犯专利权纠纷案件应用法律若干问题的解释》[法释〔2009〕21 号]：

第十九条　权利人向他人发出侵犯专利权的警告，被警告人或者利害关系人经书面催告权利人行使诉权，自权利人收到该书面催告之日起一个月内或者自书面催告发出之日起二个月内，权利人不撤回警告也不提起诉讼，被警告人或者利害关系人向人民法院提起请求确认其行为不侵犯专利权的诉讼的，人民法院应当受理。

案件索引

1.《最高人民法院关于本田技研工业株式会社与石家庄双环汽车股份有限公司、北京旭阳恒兴经贸有限公司专利纠纷案件指定管辖的通知》[最高人民法院〔2004〕民三他字第 4 号]

2. 宜优比科技控股(珠海)有限公司与泰朴(上海)国际贸易有限公司确认不侵害专利权纠纷[最高人民法院(2019)最高法知民辖终 88 号]

3. 联奇开发股份有限公司与上海宝冶集团有限公司等侵害发明专利权纠纷[最高人民法院(2019)最高法知民辖终 2 号]

4. 红牛维他命饮料(江苏)有限公司与被天丝医药保健有限公司确认不侵害商标专用权纠纷[最高人民法院(2018)最高法民终341号]

裁判要旨

1. 确认不侵权之诉属于侵权类纠纷，由侵权行为地或者被告住所地人民法院管辖。侵权行为地是指原告实施的涉嫌侵害被告知识产权的行为，即原告的涉嫌侵犯知识产权的行为地确定为侵权行为地。

2. 涉及同一事实的确认不侵犯专利权诉讼和专利侵权诉讼，是当事人双方依照民事诉讼法为保护自己的权益在纠纷发生过程的不同阶段分别提起的诉讼，均属独立的诉讼，一方当事人提起的确认不侵犯专利权诉讼不因对方当事人另行提起专利侵权诉讼而被吸收。

3. 确定具体管辖法院，应从方便当事人诉讼、方便人民法院审理出发，综合考虑相关案件的案情、裁判文书的执行等因素，作出合法合理的处理。在尊重和保障当事人诉权的原则、便于当事人诉讼的原则、便于人民法院公正高效行使审判权的原则基础上考虑具体案件的情况处理。

4. 确认不侵害知识产权诉讼是制约权利人滥用权利、保护利害关系人免受是否侵害他人知识产权这一不确定状态干扰的补救性诉讼。提起确认不侵害知识产权诉讼必须符合相应的条件，即权利人向他人发出侵权的警告，被警告人或者利害关系人书面催告，权利人在收到书面催告后在合理期限内既未撤回警告也未提起诉讼。其中，书面催告是程序性要件，权利人既不撤回警告也不启动纠纷解决程序，导致利害关系人的利益受损是实质性要件。

裁定书摘要

1. 最高人民法院关于本田技研工业株式会社与石家庄双环汽车股份有限公司、北京旭阳恒兴经贸有限公司专利纠纷案件指定管辖的通知

发文机关：最高人民法院
文　　号：〔2004〕民三他字第4号
发文日期：2004年06月24日
施行日期：2004年06月24日

河北省高级人民法院、北京市高级人民法院：

河北省高级人民法院《关于石家庄双环汽车股份有限公司与本田技研工业株式会社确认不侵犯专利权纠纷一案管辖争议问题的请示报告》和北京市高级人民法院京高法发[2004]74号《关于本田技研工业株式会社诉石家庄双环汽车股份有限公司、北京旭阳恒兴经贸有限公司侵犯外观设计专利权纠纷一案管辖权问题的请示》收悉。经研究，现就有关案件管辖问题通知如下：

一、确认不侵犯专利权诉讼属于侵权类纠纷，应当依照民事诉讼法第二十九条的规定确定地域管辖。涉及同一事实的确认不侵犯专利权诉讼和专利侵权诉讼，是当事人双方依照民事诉讼法为保护自己的权益在纠纷发生过程的不同阶段分别提起的诉讼，均属独立的诉讼，一方当事人提起的确认不侵犯专利权诉讼不因对方当事人另行提起专利侵权诉讼而被吸收。但为了避免就同一事实的案件为不同法院重复审判，人民法院应当依法移送管辖合并审理。

二、本案当事人针对不同专利所提出的诉讼请求，不论其具体请求内容和依据的事实、理由如何，均系可分之诉，可以依法由有管辖权的人民法院分别审理。

三、河北省高级人民法院请示的由河北省石家庄市中级人民法院于2003年10月16日立案受理的石家庄双环汽车股份有限公司诉本田技研工业株式会社确认不侵犯专利权纠纷案（[2003]石民五初字第00131号），涉及本田技研工业株式会社名称为“汽车”的01319523.9号外观设计专利。北京市高级人民法院请示的由该院于2003年11月24日立案受理的本田技研工业株式会社诉石家庄双环汽车股份有限公司、北京旭阳恒兴经贸有限公司专利侵权纠纷案，涉及本田技研工业株式会社名称为“汽车”的01319523.9号外观设计专利和名称为“汽车保险杠”的01302609.7号和01302610.0号外观设计专利。河北省石家庄市中级人民法院在[2003]石民五初字第00131号案中还受理了石家庄双环汽车股份有限公司增加的确认不侵犯本田技研工业株式会社01302609.7号和01302610.0号外观设计专利的诉讼请求，并应北京旭阳恒兴经贸有限公司的申请通知其作为第三人参加该案诉讼。但从当事人未交纳案件受理费的事实和签收有关送达回证的日期看，不能表明河北省石家庄市中级人民法院在北京市高级人民法院立案受理专利侵权诉讼案件之前已经实际依法受理了该增加的诉讼请求。

四、河北省石家庄市中级人民法院受理的该确认不侵犯专利权诉讼和北京市高级人民法院受理的专利侵权诉讼，均涉及本田技研工业株式会社01319523.9号、01302609.7号和01302610.0号外观设计专利，均需要对是否存在有关的侵权法律关系分别作出认定，但两个法院就不同专利发生的纠纷立案受理的时间先后有所不同。根据《中华人民共和国民事诉讼法》第三十七条第二款和《最高人民法院关于在经济审判工作中严格执行〈中华人民共和国民事诉讼法〉的若干规定》第2条之规定，北京市高级人民法院应当将其受理的涉及本田技研工业株式会社01319523.9

号外观设计专利的诉讼移送河北省石家庄市中级人民法院合并审理，河北省石家庄市中级人民法院应当将其受理的涉及本田技研工业株式会社 01302609.7 号和 01302610.0 号外观设计专利的诉讼移送北京市高级人民法院合并审理。

五、请你们接到本通知后即分别向指定管辖的法院移送有关诉讼材料；如涉及级别管辖问题，依照民事诉讼法等有关规定处理。

2. 宜优比科技控股(珠海)有限公司、泰朴(上海)国际贸易有限公司确认不侵害专利权纠纷二审民事裁定书

审理法院：最高人民法院

案　　号：(2019)最高法知民辖终 88 号

案　　由：确认不侵害专利权纠纷

基本案情

上诉人(原审被告)：宜优比科技控股(珠海)有限公司，住所地：广东省珠海市横琴新区

被上诉人(原审原告)：泰朴(上海)国际贸易有限公司，住所地：上海市青浦区

宜优比公司上诉称：(一)在原审程序中审判员曾组织听证会，就本案是否构成重复起诉以及管辖权异议等问题进行了询问，但听证会后仅针对管辖权异议作出裁定，对本案是否构成重复起诉的问题未作出认定，违反法定程序。(二)本案是确认不侵权之诉，应由宜优比公司住所地人民法院管辖。综上，请求撤销原审裁定，将本案移送至珠海横琴新区人民法院审理。

泰朴公司答辩称：(一)判断本案是否构成重复起诉，需要认定被投诉的涉嫌侵权的被投诉产品与广州知识产权法院(2016)粤 73 民初 627 号判决(以下简称在先判决)中已被认定侵权的产品相同，原审法院认定该问题系案件实体审理范畴并无不妥。(二)原审法院上海知识产权法院作为被投诉的涉嫌侵权产品涉嫌侵权的被投诉产品的销售行为实施地对本案具有管辖权。

裁判理由

二审法院经审查认为，本案的争议焦点为：(一)原审法院是否违反法定程序。(二)本案应当如何确定管辖法院。对此，二审法院分析如下：

(一)关于原审法院是否违反法定程序

宜优比公司在原审期间对管辖权提出异议，原审法院经听证后对管辖权异议作出了裁定。至于本案是否构成重复起诉的问题，其实质是本案中被投诉的涉嫌侵权

产品是否与在先判决中的侵权产品相同的问题，涉及对产品使用的具体技术方案的查明与比对，系案件实体审理范畴，并不属于管辖异议阶段的审理范围。在此情况下，原审法院仅对管辖权异议作出认定和处理，并无不当。宜优比公司称原审法院违反法定程序，并无依据，其该点上诉理由不能成立。

（二）关于本案应当如何确定管辖法院

《中华人民共和国民事诉讼法》第二十八条规定，因侵权行为提起的诉讼，由侵权行为地或者被告住所地人民法院管辖。《最高人民法院关于审理专利纠纷案件适用法律问题的若干规定》第五条规定，因侵犯专利权行为提起的诉讼，由侵权行为地或者被告住所地人民法院管辖。侵权行为地包括：被诉侵犯发明、实用新型专利权的产品的制造、使用、许诺销售、销售、进口等行为的实施地。《最高人民法院关于北京、上海、广州知识产权法院案件管辖的规定》第一条第一项规定，知识产权法院管辖所在市辖区内的下列第一审案件：专利、植物新品种、集成电路布图设计、技术秘密、计算机软件民事和行政案件。《最高人民法院关于本田技研工业株式会社与石家庄双环汽车股份有限公司、北京旭阳恒兴经贸有限公司专利纠纷案件指定管辖的通知》（[2004]民三他字第4号）指出，确认不侵犯专利权诉讼属于侵权类纠纷。根据上述规定和通知的精神，确认不侵害专利权诉讼属于侵权类纠纷，对于该类案件的地域管辖和级别管辖，应当依照与之对应的侵害专利权纠纷案件的地域管辖和级别管辖的规定进行确定；被投诉的涉嫌侵权产品的销售行为实施地人民法院可管辖。

本案中，启动诉讼程序的泰朴公司请求确认其不侵害专利权，其提交的初步证据显示，泰朴公司系京东商城优必克官方旗舰店的经营者，该旗舰店销售的产品被宜优比公司投诉侵害涉案“电源分配装置”发明专利权，泰朴公司住所地位于上海市青浦区，据此可认定泰朴公司被投诉的销售行为实施地位于上海市青浦区，故上海知识产权法院对本案具有管辖权。

3. 联奇开发股份有限公司与上海宝冶集团有限公司等侵害发明专利权纠纷案

审理法院：最高人民法院

案　　号：（2019）最高法知民辖终2号

案　　由：侵害发明专利权纠纷

基本案情

上诉人（原审被告）：上海宝冶集团有限公司，住所地：上海市宝山区

被上诉人（原审原告）：联奇开发股份有限公司，住所地：台湾地区台南市新

市区

原审被告：超视堺国际科技(广州)有限公司，住所地：广东省广州市增城区

原审被告：中国建筑一局(集团)有限公司，住所地：北京市丰台区

原审被告：柏诚工程股份有限公司，住所地：江苏省无锡市隐秀路

原审被告：江西汉唐系统集成有限公司，住所地：江西省南昌市青山湖区

原审被告：中国电子系统工程第二建设有限公司，住所地：江苏省无锡市蠡溪路

宝冶公司上诉请求：依法撤销原审裁定，将本案移送上海知识产权法院审理。事实和理由：联奇公司住所地在台湾地区台南市，宝冶公司住所地在上海市宝山区，且上海知识产权法院已经受理上海惠亚铝合金制品有限公司(以下简称惠亚公司)诉联奇公司确认不侵害专利权纠纷一案，惠亚公司是本案被诉侵权产品的生产、销售商，本案应当移送上海知识产权法院一并审理。

联奇公司答辩：联奇公司提起的两起侵害发明专利权纠纷的侵权行为地和被告住所地都在广州市增城区，原审法院对该案具有管辖权。两个侵权之诉分别涉及产品专利和方法专利，与惠亚公司提起的确认不侵害专利权纠纷相比，双方当事人不同，侵权的形态不一样，适用的法律也不完全相同，所涉方法专利与惠亚公司提起的确认不侵害专利权纠纷并非同一专利，且原审法院已对涉案的“奇氏筒”产品进行了扣押，对于是否侵权可以作出更为客观的判断，两案不宜移送到上海知识产权法院并与其受理的确认不侵权纠纷案件合并审理。

原审法院经审查认为，两案均为侵害发明专利权纠纷，由于其中一被告超视堺公司的住所地位于广州市增城区，属于原审法院管辖范围之内，故原审法院对本两案均具有管辖权。况且，从本案的初步证据及证据保全情况来看，涉嫌侵权的“奇氏筒”施工方法及“奇氏筒”产品的使用地点均位于广东省广州市增城经济技术开发区内，依照《最高人民法院关于适用〈中华人民共和国民事诉讼法〉的解释》第二十四条之规定，广州市增城区为本两案的侵权行为地，原审法院亦依法对本两案具有管辖权。因此，宝冶公司所提管辖权异议缺乏事实及法律依据。该院裁定：驳回宝冶公司对本两案管辖权提出的异议。本两案管辖权异议案件受理费共200元(每案各100元)，均由宝冶公司负担。

二审法院查明，2018年11月14日，联奇公司向原审法院同时提起两起专利侵权诉讼：第一件为产品专利侵权诉讼，联奇公司请求判令被告停止侵犯其专利号为ZL200410048826.1、名称为“混凝土楼板预留开孔的成型装置”发明专利的行为，案号为(2018)粤73民初3448号，原审法院在该案中裁定查封或扣押了各被告位于广东省广州市增城经济技术开发区内的第10.5代TFT-LCD显示器生产线建设施工项目中所使用的“奇氏筒”产品。第二件为方法专利侵权诉讼，联奇公司请求判令被告停止侵犯其专利号为ZL200810083903.5、名称为“一种混凝土楼板预留开孔的

施工方法”发明专利的行为，案号为(2018)粤73民初3447号，原审法院在该案中裁定通过拍照、录音、录像、现场勘验、制作笔录等方式对各被告使用的“奇氏筒”施工方法进行了证据保全。另查明，惠亚公司于2018年7月24日向上海知识产权法院提起诉讼，请求确认其“奇氏筒”产品不落入联奇公司专利号为ZL200410048826.1、名称为“混凝土楼板预留开孔的成型装置”发明专利保护范围，案号为(2018)沪73民初753号。上海知识产权法院受理并进行了审理。

裁判理由

二审法院经审查认为，本案系侵害发明专利权纠纷，根据当事人的诉辩意见和查明的事实，本案争议焦点为原审法院对本案是否具有管辖权，以及本案是否需移送上海知识产权法院审理。

最高人民法院曾在[2004]民三他字第4号《关于本田技研工业株式会社与石家庄双环汽车股份有限公司、北京旭阳恒兴经贸有限公司专利纠纷案件指定管辖的通知》(简称《通知》)中指出：“涉及同一事实的确认不侵犯专利权诉讼和专利侵权诉讼，是当事人双方依照民事诉讼法为保护自己的权益在纠纷发生过程的不同阶段分别提起的诉讼，均属独立的诉讼，一方当事人提起的确认不侵犯专利权诉讼不因对方当事人另行提起专利侵权诉讼而被吸收。但为了避免就同一事实的案件为不同法院重复审判，人民法院应当依法移送管辖合并审理。”根据已查明的事实，联奇公司在本案中诉请保护的专利为“混凝土楼板预留开孔的成型装置”发明专利，与惠亚公司在上海知识产权法院起诉的(2018)沪73民初753号案件中请求确认不侵权的专利相同，且上海知识产权法院立案在先。若仅单纯考虑此两案上述情况，依照上述《通知》精神，本案因与上海知识产权法院受理的(2018)沪73民初753号案件涉及同一产品专利，可移送立案在先的上海知识产权法院合并审理。

但是，《中华人民共和国民事诉讼法》第八条规定：“民事诉讼当事人有平等的诉讼权利。人民法院审理民事案件，应当保障和便利当事人行使诉讼权利，对当事人在适用法律上一律平等。”人民法院行使审判权应遵循司法活动的基本规律和特点，坚持便于当事人诉讼，便于人民法院依法独立、公正和高效行使审判权的原则。

本案中，联奇公司诉请保护的专利为“混凝土楼板预留开孔的成型装置”发明专利，该发明涉及一种混凝土楼板预留开孔的成型装置，特别是指一种该成型装置的部分组件直接固定在混凝土楼板上，并且在该混凝土楼板上预留开孔的成型装置。同时，联奇公司还向原审法院提起了另一起专利侵权诉讼[案号为(2018)粤73民初3447号]，请求依法保护其专利名称为“一种混凝土楼板预留开孔的施工方法”的发明专利，该发明涉及一种混凝土楼板预留开孔的施工方法，特别是指将一种成型装置的部分组件直接固定在混凝土楼板上，并且在该混凝土楼板上预留开孔的施工方法。上述两专利分别为混凝土楼板预留开孔技术领域成型装置和施工方法发明专利，具有较为紧密的关联性。同时，原审法院依据当事人申请，在本案中裁定查封或扣押各原审被告位于广东省广州市增城经济技术开发区内的第 10.5 代 TFT-LCD 显示器生产线建设施工项目中所使用的“奇氏筒”产品；在(2018)粤 73 民初 3447 号案中裁定通过拍照、录音、录像、现场勘验、制作笔录等方式对各原审被告使用的“奇氏筒”施工方法进行了证据保全。有鉴于此，综合考虑本案案情及上述三个关联案件的实质性联系，若将本案移送上海知识产权法院合并审理，同样将出现关联案件分别被不同法院审理的情况。

本案如何确定管辖法院，应从方便当事人诉讼、方便人民法院审理出发，综合考虑相关案件的案情、裁判文书的执行等因素，作出合法合理的处理。第一，从尊重和保障当事人诉权的原则出发，惠亚公司在上海知识产权法院提起的确认不侵犯专利权之诉、联奇公司在广州知识产权法院提起的两起专利侵权之诉，均是当事人依法自主行使诉权的行为，且均符合民事诉讼法关于诉讼管辖的相关规定，依法均应予以尊重和保护。第二，从便于当事人诉讼的原则出发，从三起案件当事人的具体情况来看，上海知识产权法院受理的确认不侵犯专利权诉讼，当事人为原告惠亚公司、被告联奇公司，广州知识产权法院受理的两起专利侵权诉讼，原告均为联奇公司，被告均为宝冶公司、超视堺公司、中建一局、柏诚公司、汉唐公司、中电二建等六家单位，若将本案移送至上海知识产权法院审理，因方法专利侵权诉讼仍应由广州知识产权法院审理，将产生上述六被告以及联奇公司都分别在上海、广州两地参加诉讼的情况，当事人为参加诉讼都将投入更多的时间和更高的经济成本。如果两起专利侵权诉讼均在广州知识产权法院审理，相对而言更有利于节约当事人诉讼成本，符合诉讼经济原则，也更便于多数当事人参加诉讼。第三，从便于人民法院公正高效行使审判权的原则出发，考虑到广州知识产权法院还受理了与本案成型装置专利关联度较高的有关该成型装置专利施工方法的侵权案件，且已在其辖区内对该项目中使用的“奇氏筒”产品和施工方法进行了证据保全，本案由原审法院审理既便于当事人诉讼，也便于人民法院查明案件事实并依法裁判和执行，从而确保公正、高效地审结案件。第四，《通知》所确立的基本精神是基于同一事实的确认不侵犯专利权诉讼与专利侵权诉讼均属独立的诉讼，不应相互吸收。至于具体案件如何确定管辖，则应在此基础上考虑具体案件的情况。因本案之外还存在两个关联紧密的诉讼，这与《通知》所针对和处理的案件情况存在较大差别，应综合考虑三个案件的实际情况，做出相对最为合理的处理。因此，依据民事诉讼法及司法解释的相关规定，综合考虑本案实际情况，广州知识产权法院受理上述两起专利侵权案件符合民事诉讼法关于地域管辖的规定，其对本案具有管辖权。同时从有利于保障和便利当事人诉讼，有利于人民法院公正高效审理案件出发，本案不宜移送至上海知识产权法院审理。至于上海知识产权法院和广州知识产权法院就确认不侵犯专利权纠纷与侵犯专利权纠纷分别审理是否会出现冲突，因其上诉统一由最高人民法院知识产权法庭审理，这一可能出现的问题能够通过上诉机制解决。

4. 红牛维他命饮料(江苏)有限公司确认不侵害商标权纠纷二审民事裁定书

审理法院：最高人民法院
案　　号：(2018)最高法民终341号
案　　由：确认不侵害商标权纠纷

基本案情

上诉人(原审原告)：红牛维他命饮料(江苏)有限公司，住所地：中华人民共和国江苏省宜兴经济技术开发区

被上诉人(原审被告)：天丝医药保健有限公司(T. C. PHARMACEUTICALINDUSTRIESCO，LTD.)，住所地：泰国曼谷班波区班波分区

江苏红牛上诉请求：撤销一审裁定，指定本案与(2016)浙民初12号案件合并审理。事实和理由：1. 本案符合提起确认不侵权之诉的情形。参考《最高人民法院关于审理侵犯专利权纠纷案件应用法律若干问题的解释》第十八条规定，确认不侵害知识产权诉讼应当以权利人在合理期限内不撤回警告也不提起诉讼为受理的前提条件。本案中天丝公司分别于2014年9月及10月向江苏红牛发送了关于停止侵权的警告函，在江苏红牛于2016年9月21日向江苏省无锡市中级人民法院提起确认不侵权之诉前，天丝公司从未撤回其向江苏红牛发出的警告函。此外，截至起诉时，江苏红牛并未收到天丝公司已起诉江苏红牛侵权的相关文件。2. 最高人民法院在(2004)民三他字第4号通知第一款中明确，涉及同一事实的确认不侵犯专利权诉讼和专利侵权诉讼，是当事人双方依照民事诉讼法为保护自己的权益在纠纷发生过程的不同阶段分别提起的诉讼，均属独立的诉讼，一方当事人提起的确认不侵犯专利权诉讼不因对方另案提起专利侵权诉讼而被吸收。一审裁定严重违反相关规定。3. 本案已生效的其他民事裁定已确认本案符合立案受理条件，一审裁定与生效裁定严重矛盾，应予纠正。江苏省无锡市中级人民法院将本案移送浙江省高级人民法院，前提条件即认为对本案应予实体审理。4. 本案与天丝公司提起的侵权诉讼涉及的诉讼请求及所基于的事实不完全重合。

天丝公司辩称：1. 江苏红牛提起的确认不侵害商标权诉讼，不符合最高人民法院关于确认不侵权诉讼的立案条件，根据最高人民法院相关司法解释，一审裁定

驳回江苏红牛的起诉完全符合法律规定。江苏红牛针对天丝公司的侵权警告函，从未实施任何书面催告行为；天丝公司起诉江苏红牛侵害商标权及不正当竞争诉讼立案在先，江苏红牛提起确认不侵权诉讼在后，不符合起诉条件和受理条件。2. 江苏红牛提起本案确认不侵权诉讼有悖确认不侵害知识产权诉讼的立法目的及宗旨，一审裁定驳回其起诉完全正确。确认不侵权制度的前提在于权利人不积极主动地通过行使诉权等方式解决争议，如果权利人已经通过起诉方式积极主动地解决争议，则利害关系人没有任何必要再提起所谓的确认不侵权诉讼。3. 江苏红牛滥用确认不侵害知识产权制度，其主观动机缺乏正当性，目的在于阻碍天丝公司起诉在先、立案在先的侵害商标权及不正当竞争案件的正常审理。4. 江苏红牛已经在天丝公司起诉的侵权案件中进行了实体答辩，并提交了二千页的证据材料用以说明其不构成商标侵权和不正当竞争，说明江苏红牛已经在侵权案件中充分完整地提出了不侵权的抗辩主张，足以证明本案没有任何独立存在的必要性。5. 江苏红牛基于故意曲解法律而提起的各项上诉理由缺乏事实基础及法律依据，均不能成立，应当予以驳回。6. 在与本案案情完全相同的关联案件中，广州知识产权法院于 2018 年 5 月 11 日二审裁定，广东红牛维他命饮料有限公司针对天丝公司提起的确认不侵害商标权及不正当竞争的案件，不符合起诉及立案条件，二审裁定驳回上诉，维持原裁定。

江苏红牛向一审法院起诉请求：确认江苏红牛未侵害天丝公司注册商标专用权，且未实施天丝公司指控的不正当竞争行为。

一审法院经审查认为：本案系江苏红牛提起的确认不侵害商标权及不构成不正当竞争之诉，对于确认不侵害专利权之外的其他确认不侵害知识产权之诉，应当首先参照《最高人民法院关于审理侵犯专利权纠纷案件应用法律若干问题的解释》第十八条规定，审查该起诉是否具备法定条件以及是否符合法定程序，即人民法院受理当事人提起的确认不侵权之诉，应以利害关系人受到警告，而权利人未在合理期限内依法启动纠纷解决程序为前提。

经查，2014 年 9 月 24 日和 10 月 22 日，天丝公司曾委托中国国际贸易促进委员会专利商标事务所向江苏红牛发函，主张江苏红牛未经授权使用天丝公司的商标及其他知识产权，并敦促其尽快提出解决方案。2016 年 8 月 30 日，天丝公司以江苏红牛为被告之一向本院提起侵害商标权及不正当竞争之诉，请求判令江苏红牛停止商标侵权及不正当竞争行为，并赔偿因上述侵权行为而给天丝公司造成的经济损失。依据的事实是江苏红牛涉嫌未经许可在其生产的红牛维他命饮料产品上突出使用与天丝公司注册商标相同或近似的商标标识行为，以及未经许可使用“红牛”商标作为企业字号的不正当竞争行为。而江苏红牛在天丝公司起诉后再提起确认不侵权诉讼，该两个诉讼系基于相同的事实和法律关系，针对的侵权行为具有一致性。

故一审法院认为，在天丝公司已经启动诉讼程序，江苏红牛是否构成侵权已处于法院审理的情况下，江苏红牛不应当就相同的法律关系再提起确认不侵权诉讼，江苏红牛的起诉不符合法定条件，应裁定驳回其起诉。

裁判理由

二审法院认为，《最高人民法院关于审理侵犯专利权纠纷案件应用法律若干问题的解释》第十八条规定：权利人向他人发出侵犯专利权的警告，被警告人或者利害关系人经书面催告权利人行使诉权，自权利人收到该书面催告之日起一个月内或者自书面催告发出之日起二个月内，权利人不撤回警告也不提起诉讼，被警告人或者利害关系人向人民法院提起确认其行为不侵犯专利权的诉讼的，人民法院应当受理。人民法院审理其他类型的确认不侵害知识产权诉讼，应当参照上述司法解释的规定处理。

确认不侵害知识产权诉讼是制约权利人滥用权利、保护利害关系人免受是否侵害他人知识产权这一不确定状态干扰的补救性诉讼。提起确认不侵害知识产权诉讼必须符合相应的条件，即权利人向他人发出侵权的警告，被警告人或者利害关系人书面催告，权利人在收到书面催告后在合理期限内既未撤回警告也未提起诉讼。其中书面催告是程序性要件，权利人既不撤回警告也不启动纠纷解决程序，导致利害关系人的利益受损是实质性要件。在本案中，天丝公司确曾向江苏红牛发出过侵权警告，但江苏红牛在受到侵权警告后并未向天丝公司进行过书面催告，而且天丝公司已向人民法院提起侵害商标权和不正当竞争诉讼。因此，江苏红牛提起的本案确认不侵权诉讼，既不符合确认不侵害知识产权诉讼的程序要件，也不符合确认不侵害知识产权诉讼的实质要件，江苏红牛所持其起诉符合法律规定的上诉理由，二审法院不予支持。

关于江苏红牛提到的确认不侵权诉讼与侵权诉讼各自独立的问题。(2004)民三他字第 4 号通知针对的是在确认不侵权诉讼及侵权诉讼各自成立的情况下二者的关系问题。本案解决的是确认不侵权诉讼是否成立的问题，与前通知意见没有关系，对江苏红牛的该项上诉理由，二审法院不予支持。

关于本案诉讼是否有生效裁定予以认定的问题。《最高人民法院关于适用中华人民共和国民事诉讼法的解释》第二百零八条第三款规定，立案后发现不符合起诉条件或者属于民事诉讼法第一百二十四条规定情形的，裁定驳回起诉。本案系江苏省无锡市中级人民法院移送至一审法院而来，受移送法院在收到案件后经审查，认为不符合立案条件的，裁定驳回起诉，于法有据。移送裁定仅解决管辖问题，不影响受移送法院对案件是否符合立案条件的认定，对江苏红牛的该项上诉理由，二审法院不予支持。

第六章 侵权与违约竞合管辖裁判要旨及解析

管辖依据

《中华人民共和国民法典》：

第一百八十六条 因当事人一方的违约行为，损害对方人身权益、财产权益的，受损害方有权选择请求其承担违约责任或者侵权责任。

《中华人民共和国民事诉讼法》(2017 年修正)：

第二十八条 因侵权行为提起的诉讼，由侵权行为地或者被告住所地人民法院管辖。

案件索引

1. 陈建新等侵犯技术秘密纠纷案[最高人民法院(2008)民三终字第 9 号]

2. 中山市隆成日用制品有限公司与湖北童霸儿童用品有限公司侵害实用新型专利权纠纷[最高人民法院(2013)民提字第 116 号]

裁判要旨

1. 因合同而引起的纠纷，在涉及违约责任与侵权责任的竞合时，原告有权选择提起合同诉讼还是侵权诉讼，法院也应当根据原告起诉的案由依法确定能否受理案件以及确定案件的管辖。对于因劳动者与用人单位之间的竞业限制约定引发的纠纷，如果当事人以违约为由主张权利，则属于劳动争议，依法应当通过劳动争议处理程序解决；如果当事人以侵犯商业秘密为由主张权利，则属于不正当竞争纠纷，法院可以依法直接予以受理。

2. 违约行为应当是指对基础交易合同约定义务的违反而引起的纠纷，而不是指对侵权行为发生之后当事人就如何承担赔偿责任所作约定的违反。权利人与侵权人就侵权损害赔偿数额作出的事先约定，不构成权利人与侵权人之间的交易合同，故侵权人应承担的民事责任仅为侵权责任，不属于侵权责任与违约责任竞合的情形。因侵权行为提起的诉讼，由侵权行为实施地、侵权结果发生地或者被告住所地人民法院管辖。另外，权利人与侵权人就侵权损害赔偿数额作出的事先约定，是双方就未来发生侵权时权利人因被侵权所受到的损失或者侵权人因侵权所获得的利益所预先达成的一种计算方法，法院可直接以权利人与侵权人的事先约定作为确定侵权损害赔偿数额的依据。

裁定书摘要

1. 陈建新等侵犯技术秘密纠纷案

审理法院：最高人民法院
案　　号：(2008)民三终字第9号
案　　由：侵犯技术秘密纠纷

基本案情

上诉人(原审被告)：陈建新，住所地：江苏省南通市光明新村

被上诉人(原审原告)：化学工业部南通合成材料厂，住所地：江苏省南通市跃龙南路

被上诉人(原审原告)：南通星辰合成材料有限公司，住所地：江苏省南通开发区

被上诉人(原审原告)：南通中蓝工程塑胶有限公司，住所地：江苏省南通经济技术开发区

原审被告：南通市东方实业有限公司，住所地：江苏省南通市外环北路

原审被告：周传敏，住所地：江苏省南通市新桥北村

原审被告：陈晰，住所地：江苏省南通市新桥北村附

原审被告：李道敏，住所地：江苏省南通市跃龙南路

原审被告：戴建勋，住所地：江苏省南通市朝晖花园

合成厂、星辰公司、中蓝公司于2008年3月17日以东方公司、周传敏、陈建新、陈晰、李道敏、戴建勋侵犯其技术秘密和经营秘密为由，向江苏省高级人民法院起诉请求判令：1. 被告东方公司立即停止侵害原告商业秘密的侵权行为；2. 被告周传敏、陈建新、陈晰、李道敏和戴建勋立即停止披露侵害原告商业秘密的侵权行为；3. 被告东方公司赔偿原告侵权损失人民币4500万元，由被告周传敏、陈建新、陈晰、李道敏和戴建勋承担连带赔偿责任；4. 六被告承担本案的诉讼费用。

被告陈建新在答辩期内提出管辖权异议称：1. 本案的争议主要是劳动争议，

应当由南通市劳动仲裁委员会裁决。2. 即便通过诉讼解决，依法也应由南通市中级人民法院受理。请求将本案移送有管辖权的机关处理。

江苏省高级人民法院经审理认为：首先，原告合成厂、星辰公司、中蓝公司指控包括陈建新在内的六被告侵犯其商业秘密，争议的实质是原告是否合法拥有诉称的商业秘密、侵权行为是否成立及侵权民事责任的承担，而非用人单位与劳动者间因劳动用工关系所发生的权利义务之争，故本案不属劳动争议案件，不存在劳动仲裁前置问题。其次，根据民事诉讼法第二十九条的规定，侵权纠纷案件由侵权行为地或者被告住所地人民法院管辖。本案中，被控侵权行为地及被告住所地均在江苏省南通市。同时，根据最高人民法院(2005)民立他字第69号文的规定，江苏省高级人民法院受理的第一审知识产权纠纷案件的标的额为人民币4000万元以上，而本案的诉讼标的额为人民币4500万元。因此，江苏省高级人民法院受理本案既符合我国民事诉讼法关于地域管辖的规定，也符合有关级别管辖的规定。综上所述，被告陈建新提出的管辖权异议理由不能成立，其请求不予支持。该院依照《中华人民共和国民事诉讼法》第三十八条之规定，裁定如下：驳回被告陈建新对本案提出的管辖权异议。

陈建新不服上述裁定，提起上诉称：1. 因劳动关系产生的争议首先应经劳动仲裁程序审理，不应直接诉至法院，更不应在异地法院审理。我只与合成厂签有劳动合同和保密协议，其他两被上诉人无权诉我。我与合成厂的基础法律关系就是劳动关系，我也不存在泄密的情况，所以应先仲裁。即使通过诉讼解决，根据民事诉讼法规定，合同纠纷应在被告住所地和合同履行地管辖，我和其他被告的住所地均在江苏省南通市，保密协议履行地在南通市，且被上诉人住所地也在南通市，被上诉人应在南通市起诉。2. 即使按一审法院的观点，该案属于商业秘密侵权案件，因被上诉人有意加大起诉标的额，明显属于滥诉。(1)被上诉人于2005年3月22日向南通市公安局报案的材料中自认的损失为128万元，后南通市公安局闸港区分局对上述报案最终认为“情节显著轻微，危害不大，不构成犯罪”，并作出了撤案决定，说明公安机关通过刑事侦查程序，认定本案给商业秘密权利人造成直接经济损失数额不超过50万元。(2)东方公司2004年至2006年三年净利润合计1775.89万元，按照其2005年《资产评估报告》和《无形资产投资评估计算过程》，生产工艺和生产配方作为无形资产对企业年利润的贡献率仅为20%，因此本案原告可主张的利益充其量为355万元，其并不存在其所主张的巨额损失。(3)法院立案时特别是在当事人提出质疑后应审查是否有初步证据证明可能有原告主张的损失，不能按起诉时的标的额确定管辖，否则，被告就不得不迁就原告，按原告的程序设计去参加诉讼活动，人为加大了诉讼成本。(4)本案一审在江苏省南通市中级人民法院审理，对各方当事人都便利。3. 本案三被上诉人均为独立法人，若认为其知识产权被侵犯，应当分别起诉。三被上诉人将三案作为一案起诉，目的也是规避有关级别管辖的规定，而且有的被上诉人根本就不是涉案秘密的拥有者，无权主张相应损失。综上，请求将本案移送南通市劳动仲裁机关先行仲裁或者移送江苏省南通市中级人民法院审理，并由各被上诉人承担因管辖权异议上诉而产生的一切费用。

被上诉人合成厂、星辰公司、中蓝公司共同答辩称：1. 各被上诉人所提诉讼符合民事诉讼法的规定，属于人民法院受理范围。各被上诉人是关联企业，实际都属于中国化工集团。陈建新、周传敏等人原均系各被上诉人处的高层管理人员，陈建新原是各被上诉人处主管生产技术的副厂级领导，陈建新直接接触和掌握了各被上诉人处 PBT 改性产品的所有配方，而这些 PBT 改性产品的配方属于各被上诉人的商业技术秘密。2003 年 9 月至 2004 年 2 月，陈建新、周传敏等人先后从各被上诉人处辞职，到周传敏成立的东方公司工作，而东方公司在成立不到三个月的时间里，于 2004 年 2 月便生产出与各被上诉人相同的 PBT 改性产品，给各被上诉人造成了巨大经济损失。陈建新、周传敏等人利用自己在各被上诉人处的职务便利获得各被上诉人的商业秘密，重新成立企业，使用各被上诉人的商业技术秘密，生产与各被上诉人相同的产品，属于侵权行为，依法应当承担民事责任。陈建新等人与各被上诉人属于侵权民事法律关系，人民法院对于本案应当予以受理。退一步讲，即便按照上诉人陈建新所说是违反竞业禁止协议，属于劳动合同纠纷，那也是违约与侵权两种责任的竞合，各被上诉人有权利选择侵权救济方式。2. 江苏省高级人民法院管辖本案符合侵权案件地域管辖和级别管辖的原则。本案被告周传敏、东方公司的住所地都是在江苏省南通市。根据东方公司在工商机关的登记备案的营业报表，其 2004 年至 2007 年的主营业务利润之和应为 4500 万元以上。结合我国以争议诉讼标的额确定级别管辖的原则，根据最高人民法院的有关文件，江苏省高级人民法院受理标的额在 4000 万元以上的知识产权案件，本案争议标的额在 4500 万元以上，应由江苏省高级人民法院管辖本案。综上，上诉人陈建新所提的管辖权异议不能成立，应当依法驳回。

原审被告东方公司和周传敏共同陈述意见称：1. 被上诉人合成厂与所有本案自然人被告签订有保密合同，对合成厂与这些自然人被告的争议，均涉及劳动争议，应当由劳动争议仲裁委员会处理。合成厂与东方公司的争议可以由人民法院受理，但也应该中止审理，等待劳动争议仲裁结果。2. 被上诉人使用主营业务利润计算侵权损失是错误的。司法解释明确规定一般以营业利润计算，而东方公司 2004 年至 2007 年四年的营业利润是 3041 万元。因此，同意上诉人有关级别管辖问题的意见。

原审被告陈晰、李道敏、戴建勋未到庭参加诉讼，亦未提交意见。

二审法院经审理查明：2001 年 1 月 8 日，合成厂（甲方）与陈建新（乙方）签订劳动合同书，第十二条为商业秘密保护条款，其中第 3 项约定，“乙方违反约定，甲方有权提起劳动争议仲裁……”；第十五条为劳动争议处理条款，其中第 1 项约定因履行本合同发生的争议可以申请调解或仲裁，对仲裁裁决不服的可提起诉讼，第2项约定劳动争议应向劳动争议仲裁委员会申请仲裁。2004年2月24日，合成厂(甲方)与陈建新(乙方)签订《保守秘密、限制竞业协议书》，就争议解决问题约定，“双方发生争议，应协商解决，协商不成，可向甲方所在地劳动仲裁委员会提交仲裁，仲裁不成，向甲方所在地人民法院提起诉讼”；就竞业限制期限约定为，“乙方在甲方工作期限，乙方离职、退休、离厂后5年内(从离职离厂之日起算)”。其他自然人被告均与合成厂签订了内容一样的协议。

本案三被上诉人在起诉状中主张，其作为关联企业，共同从事塑料及相关产品的研发和生产，拥有本案涉及的商业秘密，六被告构成对其商业秘密的共同侵权。三被上诉人在起诉时提供了证明三被上诉人存在关联关系的证据材料。在开庭审理时，三被上诉人确认本案据以主张权利的商业秘密为其共同财产。合成厂提供的星辰公司2002年12月25日的委派书载明：星辰公司委派周传敏、陈建新等人为中蓝公司董事，其中周传敏为董事长，星辰公司同时推荐陈建新为总经理。东方公司成立于2003年10月21日，周传敏的父亲在其中持股，周传敏是总经理，戴建勋、陈晰在该公司工作。根据合成厂提供的公证书，陈建新在该公司任办公室副总经理。

合成厂提供的东方公司的利润表表明，东方公司2004年至2007年的主营业务利润为52148726.92元，营业利润为30419401.8元。被上诉人一审证据2.7被上诉人于2005年3月22日向江苏省南通市公安局提交的《关于周传敏等人和南通东方实业公司涉嫌侵犯商业秘密罪的报告》中称：“周传敏等人和南通东方实业公司实施了涉嫌侵犯工程塑料改性产品商业秘密罪的行为，且给权利人造成了128万元的经济损失。”被上诉人一审证据6.1至6.3南通东方实业公司2004年和2006年《公司年检报告书》和2005年《企业会计报表》载明，南通东方实业公司2004年至2006年三年净利润合计1775.89万元。

裁判理由

二审法院认为，本案在二审中当事人争议的主要问题是：人民法院能否直接受理本案；本案是否违反了有关级别管辖的规定；本案三被上诉人能否作为共同原告提起诉讼。

(一)关于人民法院能否直接受理本案

《中华人民共和国合同法》第一百二十二条规定：“因当事人一方的违约行为，侵害对方人身、财产权益的，受损害方有权选择依照本法要求其承担违约责任或者依照其他法律要求其承担侵权责任。”据此规定，因合同而引起的纠纷，在涉及违约责任与侵权责任的竞合时，原告有权选择提起合同诉讼还是侵权诉讼，人民法院也应当根据原告起诉的案由依法确定能否受理案件以及确定案件的管辖。劳动争议是劳动者与用人单位因劳动合同法律关系发生的争议，我国法律并未特别要求劳动合同当事人只能依据劳动合同提起劳动争议，违反劳动合同的行为同时构成侵权行为的，法律并不排除当事人针对侵权行为要求行为人承担侵权责任。因此，对于因劳动者与用人单位之间的竞业限制约定引发的纠纷，如果当事人以违约为由主张权利，则属于劳动争议，依法应当通过劳动争议处理程序解决；如果当事人以侵犯商业秘密为由主张权利，则属于不正当竞争纠纷，人民法院可以依法直接予以受理。

本案原告合成厂与各自然人被告之间存在劳动合同关系，并签订了《保守秘密、限制竞业协议书》，其中也约定了仲裁条款。但本案的案由是侵犯技术秘密和经营秘密纠纷，原告的诉讼请求是要求各自然人被告以及被告东方公司承担停止侵害其商业秘密并赔偿其损失的侵权民事责任，本案的诉讼标的是原告与各被告之间的侵权法律关系，并非原告与各自然人之间的劳动合同法律关系。因此，本案不属于劳动争议案件，作为侵权案件，人民法院可以直接受理。

（二）关于本案是否违反有关级别管辖的规定

本案作为侵权案件，无论依据被告住所地还是依据侵权行为地，江苏省高级人民法院和江苏省南通市中级人民法院均对本案拥有地域管辖权，如何确定本案的具体管辖法院关键取决于有关江苏省各级人民法院知识产权民事纠纷案件级别管辖的规定。经本院批准(（2005）民立他字第 69 号文)，江苏省高级人民法院于 2005 年 12 月 5 日发布了《江苏省高级人民法院关于调整全省各级人民法院受理第一审民事纠纷案件级别管辖标准的通知》。据此，自 2006 年 1 月 1 日起，江苏省高级人民法院受理第一审知识产权民事纠纷案件的诉讼标的额为 4000 万元以上。本案原告起诉要求被告赔偿侵权损失 4500 万元，由江苏省高级人民法院作为本案一审法院，符合有关的级别管辖规定。本案原告以被告东方公司 2004 年至 2007 年四年的主营业务利润之和为依据提出前述请求额并提交了初步证据，至于其主张能否得到支持，包括能否依据主营业务利润计算本案的损害赔偿额以及应否按照原告其他有关损失数额的证据计算本案的损害赔偿额，应当根据案件的实体审理情况予以确定，上诉人就此提出的有关问题已经超出了管辖权异议案件的审理范围。

（三）关于本案三被上诉人能否作为共同原告提起诉讼

人民法院在立案受理环节对原告资格只进行初步审查，而且这种审查主要是形式审查。在起诉状中列有多个原告的情况下，只要原告声明并有初步证据表明原告之间在本案中的诉讼标的是共同的，人民法院即可以作为共同诉讼予以受理。结合本案三被上诉人的起诉状中有关其作为关联企业共同研发涉案产品的主张和二审中对其共同拥有涉案商业秘密的确认以及在起诉时提供的证明其存在关联关系的证据材料，可以初步认定三被上诉人之间在本案中的诉讼标的是共同的，三被上诉人可以作为共同原告提起诉讼。至于三被上诉人是否真正属于关联企业并共同拥有涉案商业秘密，还应当通过实体审理予以最终认定。

2. 中山市隆成日用制品有限公司与湖北童霸儿童用品有限公司侵害实用新型专利权纠纷案

审理法院：最高人民法院

案　　号：(2013)民提字第116号

案　　由：侵害实用新型专利纠纷

基本案情

再审申请人(一审原告、二审上诉人)：中山市隆成日用制品有限公司，住所地：广东省中山市东升镇葵兴大道

被申请人(一审被告、二审上诉人)：湖北童霸儿童用品有限公司，住所地：湖北省汉川市城东开发区

2011年5月，隆成公司向武汉市中级人民法院提起诉讼称：其是专利号为ZL01242571.0，名称为“前轮定位装置”实用新型专利(以下简称涉案专利)的权利人。2008年4月，隆成公司曾以童霸公司侵犯涉案专利为由向武汉市中级人民法院提起诉讼，法院以(2008)武知初字第144号民事判决书判决童霸公司停止侵权并赔偿损失。童霸公司不服上述判决而提起上诉。二审期间，经法院主持调解，双方达成调解协议并由湖北省高级人民法院制作了(2009)鄂民三终字第42号民事调解书，其主要内容为：童霸公司保证不再侵犯隆成公司的专利权，如发现一起侵犯隆成公司实用新型专利权的行为，自愿赔偿隆成公司人民币100万元。但童霸公司仍继续大规模地从事侵犯隆成公司涉案专利权的行为。(2009)中证内字第5846号公证书、(2010)中证内字第938号公证书，可证明童霸公司通过网络继续许诺销售，并实际生产、销售侵权产品。2009年10月23日至25日，童霸公司参加中国进出口商品交易会，展出侵权产品并大量派发载有侵权产品图片的产品宣传册。2010年3月，隆成公司通过湖北省汉川市公证处办理了相关侵权产品的购买公证。综上，隆成公司请求法院判令童霸公司赔偿隆成公司100万元并承担本案的诉讼费用。

童霸公司辩称：(2009)鄂民三终字第42号案件经湖北省高级人民法院调解结案后，隆成公司利用不正当手段到童霸公司取证。2011年3月，隆成公司派外商连同公证人员到童霸公司购买被控侵权产品。童霸公司的业务员告知对方，没有被控侵权产品，与隆成公司存在侵权纠纷，需等隆成公司的专利失效后再进行生产。但对方坚持订货，称先拿几个样品回去，等专利失效后再大批量订货生产。因此，童霸公司的业务员就向对方提供了几个样品。此外，隆成公司请求赔偿100万元没

有法律依据。

武汉市中级人民法院一审查明：

(一)涉案专利权概况

涉案专利的申请日为2001年7月10日，授权日为2002年5月15日，年费缴纳至2011年7月10日。涉案专利的原权利人为中山隆顺日用制品有限公司，2004年7月30日，权利人变更为隆成公司。涉案专利权利要求书记载：1. 一种前轮定位装置，装设于婴儿车之前脚管末端，其特征在于，包括：垂直转轴，下端与前轮之轮轴结合，上端与该前脚管末端枢接并保持同轴转动的连接状态；及一控制前轮是否能够转向的卡掣机构，设置于前述垂直转轴上端与该前脚管末端之间。2. 如权利要求第1项所述之前轮定位装置，其特征在于：该前脚管末端具有一供该卡掣机构卡入后定位的定位孔。3. 如权利要求第1项所述之前轮定位装置，其特征在于，该卡掣机构包括：固定销；及控制该固定销之升降或移动的升降机构。4. 如权利要求第3项所述之前轮定位装置，其特征在于，该升降机构为一对转盘，该转盘之间有一旋斜面，该转盘之一端与该固定销连接。5. 如权利要求第4项所述之前轮定位装置，其特征在于：该转盘之一侧设有便于旋转该转盘的把手。2008年8月11日，国家知识产权局专利复审委员会作出第12067号《无效宣告请求审查决定》，宣告涉案专利权利要求1~3项无效，在权利要求4、5的基础上维持涉案专利权继续有效。

(二)指控侵权情况

2009年10月16日，隆成公司的委托代理人徐畅在广东省中山市公证处，由公证员蔡国华、陈剑波监督，从互联网进入阿里巴巴网站页面，在该页面经搜索进入童霸公司网站并对该网站相关页面进行截屏，页面内容包括童霸公司简介和多种型号婴儿推车照片。广东省中山市公证处对上述过程出具了(2009)中证内字第5846号公证书。2010年2月24日，隆成公司委托代理人林雁英在广东省中山市公证处，由公证员蔡国华监督，从互联网进入童霸公司网站，浏览童霸公司简介及多种型号婴儿推车照片，并进行截屏。广东省中山市公证处对上述过程出具(2010)中证内字第938号公证书。上述两公证书对童霸公司网站网页所作截屏，没有涉案被控侵权产品的内容。

2010年3月10日，湖北省汉川市公证处出具(2010)川证字第125号公证书，该公证书记载：公民林雁英称因工作需要，在童霸公司处购买了一箱童车，为防止争议，于2010年3月9日向湖北省汉川市公证处申请，对其从被告处取出童车的过程及箱内的童车拍照进行保全证据。当日，该公证处公证员蔡俊萍和公证工作人员徐娟与林雁英一起到童霸公司门前，林雁英从童霸公司处取出包装箱型号为TBT85-670#的童车一箱，该包装箱运至湖北省汉川市公证处开箱、拍照后封存。2010年3月9日，童霸公司向隆成公司出具由开票人陈利华签名的销售结算单一份，该结算单写明所售产品型号为 TB85。

质证及庭审中，合议庭对湖北省汉川市公证处(2010)川证字第 125 号公证书封存的被控侵权童车进行了拆封，双方当事人对封存情况无异议。被控侵权童车的包装箱上显示型号为 TBT85-670#，启封后包装箱内没有被控侵权童车的说明书或合格证等任何资料，童霸公司当庭表示童车型号以包装箱内童车实物为准。启封后，隆成公司经比对认为被控侵权产品完全落入了涉案专利权的保护范围，童霸公司认可隆成公司的比对意见。

(三)相关案件处理情况

2008 年 4 月 2 日，隆成公司以童霸公司侵害其涉案专利权为由，向武汉市中级人民法院提起民事诉讼。2009 年 6 月 16 日，武汉市中级人民法院作出(2008)武知初字第 144 号民事判决书，判决：1. 童霸公司立即停止制造、许诺销售、销售侵犯隆成公司“前轮定位装置”实用新型专利权的 B858C-B 型手推车产品，并清除童霸公司网站与产品宣传册上关于该型号手推车产品的宣传内容；2. 童霸公司赔偿隆成公司 80000 元；3. 驳回隆成公司其他诉讼请求。童霸公司不服该判决，提起上诉。2009 年 9 月 2 日，湖北省高级人民法院以(2009)鄂民三终字第 42 号民事调解书调解结案，调解协议的内容为：1. 童霸公司于调解协议签字之日起立即停止制造、许诺销售、销售 B858C-B 型号童车产品，清除童霸公司网站上关于该型号童车产品的图片及产品宣传册中关于该型号童车产品的文字与图片介绍，并保证不再侵犯隆成公司的专利权。如发现一起侵犯隆成公司外观设计专利权的行为，童霸公司自愿赔偿人民币 50 万元，如发现一起侵犯隆成公司实用新型专利权的行为，童霸公司自愿赔偿人民币 100 万元。2. 童霸公司于调解协议签字之日起十日内赔偿隆成公司经济损失 55000 元，并支付隆成公司垫付的一审案件受理费 3300 元、证据保全费 30 元。3. 双方均放弃基于本案事实的其他诉讼请求。

(四)其他事实

一审庭审中，隆成公司明确本案依据专利侵权诉讼起诉，不选择合同违约之诉，但侵权赔偿数额请求按双方约定的违约金标准计算。

武汉市中级人民法院一审认为，本案争议焦点为：隆成公司是否享有涉案专利的专利权；童霸公司是否实施了侵权行为；如何确定童霸公司的民事责任。

(一)隆成公司是否享有涉案专利的专利权

“前轮定位装置”(专利号为 ZL01242571.0)实用新型专利的专利权人原系中山隆顺日用制品有限公司，2004 年 7 月 30 日变更为隆成公司。2008 年 8 月 11 日，国家知识产权局专利复审委员会作出第 12067 号《无效宣告请求审查决定》，宣告涉案专利权利要求 1~3 项无效，在权利要求 4、5 的基础上维持涉案专利权继续有效。涉案专利申请日是 2001 年 7 月 10 日，年费缴纳至 2011 年 7 月 10 日，本案公证证明的侵权时间为 2010 年 3 月 9 日，在涉案专利有效期内。因此，涉案专利的第 4、5 项权利要求在本案中受法律保护。

（二）童霸公司是否实施了侵权行为

湖北省汉川市公证处出具（2010）川证字第 125 号公证书证明，2010 年 3 月 9 日公民林雁英从童霸公司处取出包装箱型号为 TBT85-670#的童车一箱，当日童霸公司出具销售结算单一份，且质证及庭审中童霸公司称隆成公司曾带外商来购买被控侵权童车，承认隆成公司所指控的侵权童车由童霸公司销售。鉴于童霸公司的生产经营性质、生产能力，及对产品的宣传介绍，结合本案其他证据，一审法院认定童霸公司存在生产、销售被控侵权产品的行为。

关于隆成公司指控侵权产品的型号，（2010）川证字第 125 号公证书证明，林雁英从童霸公司处取出童车的包装箱型号为 TBT85-670#，但童霸公司出具的销售结算单上写明型号为 TB86，双方当事人为童车型号发生分歧。一审庭审中，启封勘验公证封存的被控侵权童车，包装箱内没有说明书或合格证等能够说明童车型号的资料，童霸公司当庭表示童车的型号以包装箱内的童车实物为准，一审法院将童车实物与童霸公司的产品宣传册比对，童车实物与宣传册上的 TBT86 型号产品一致，故认定侵权公证封存的童车型号为 TBT86。

庭审中将涉案专利权利要求与被控侵权 TBT86 型号童车进行比对，TBT86 型号童车的技术方案体现了涉案专利权利要求第 4、5 项所记载的全部必要技术特征，且童霸公司对被控侵权产品落入涉案专利保护范围没有异议，也未提交证据证明其有法定的免责事由，因此，童霸公司生产、销售的 TBT86 型号童车侵害了隆成公司享有的涉案专利权，应依法承担相应民事责任。

关于隆成公司指控童霸公司许诺销售问题，隆成公司提交（2009）中证内字第 5846 号公证书、（2010）中证内字第 938 号公证书及光盘、中国进出口商品交易会《参展商名录》、《产品宣传册》，用以证明童霸公司有许诺销售行为。经审查，上述两份公证书所作童霸公司网站网页截屏及《参展商目录》没有被控侵权童车内容，仅《产品宣传册》上有若干童车照片及简要文字介绍，无法对童车的形状、构造及其结合方式等技术特征与涉案专利的权利要求进行比对，因此，隆成公司关于童霸公司许诺销售被控侵权产品的主张，证据不足，不予支持。

（三）如何确定童霸公司的民事责任

隆成公司当庭明确本案系侵权之诉，要求童霸公司承担侵权赔偿责任，赔偿标准以双方在（2009）鄂民三终字第 42 号民事调解书中的约定为准。一审法院认为，侵权民事责任与违约民事责任的事实基础和法律基础不同，产生于不同的法律关系。《中华人民共和国合同法》（以下简称合同法）第一百二十二条规定，因当事人一方的违约行为，侵害对方人身、财产权益的，受损害方有权选择依照合同法要求其承担违约责任或者依照其他法律要求其承担侵权责任。本案中隆成公司既然明确选择对被控侵权行为提起侵权之诉，就应根据侵权责任法确定赔偿数额。隆成公司关于本案为侵权之诉，赔偿标准以(2009)鄂民三终字第42号民事调解书的约定为准，与合同法的上述规定相冲突，不予支持。本案中因隆成公司主张侵权之诉，导致童霸公司不能就违约之诉的违约事实及违约金是否过高提出抗辩，违约之诉也无法纳入法庭调查和辩论的范围。法院出具的调解书是对当事人已发生的行为所产生的责任的约定，并不具有对将来未发生行为的责任进行预判及强制执行的效力，如发生调解书中当事人约定的于将来发生的违约情形，该违约条款仍需当事人按合同法的相关规定另行诉讼，并经人民法院确定违约的事实及区分违约情节后判定违约责任。本案中，在隆成公司未主张违约之诉的情况下，法院无须就当事人双方是否有违约行为及违约责任作出判断，故不宜简单适用当事人约定的违约赔偿金，本案赔偿数额仍应根据童霸公司侵权行为的性质，依据《中华人民共和国专利法》(以下简称专利法)关于法定赔偿的规定加以确定。童霸公司关于隆成公司主张赔偿100万元依据不足的抗辩理由成立。

隆成公司在本案中没有提交证据证明其实际损失或童霸公司的侵权获利，一审法院依法适用法定赔偿。考虑涉案专利权现已到期，前轮定位装置在被控侵权童车整车中属辅助部件之一，整车售价不高，销售数量无法确定，且隆成公司亦认可在国内市场无法购买到被控侵权童车等因素，同时结合童霸公司系再次侵权，一审法院确定在前案判赔数额的基础上适当加重对童霸公司的赔偿处罚力度。

隆成公司、童霸公司不服一审判决，向湖北省高级人民法院提起上诉。

湖北省高级人民法院二审查明，一审查明的事实属实，依法予以确认。另查明，2010年3月9日，隆成公司为购买涉案TBT86型号童车产品支付260元。

湖北省高级人民法院二审认为，结合双方当事人上诉请求、理由，本案二审争议焦点为：童霸公司与隆成公司签订调解协议后是否实施了涉案侵权行为；如何确定童霸公司的民事责任。

(一)童霸公司与隆成公司签订调解协议后是否实施了涉案侵权行为

2009年9月2日，涉案双方签订调解协议。调解协议签订后，隆成公司指控童霸公司存在的侵权事实或行为包括三个方面：一是2009年10月23日至25日，在中国进出口产品交易会上展出侵权产品并派发相关产品宣传册；二是通过网络许诺销售侵权产品；三是2010年3月再次对侵权行为进行调查取证，并通过公证处办理了被控侵权产品的实物公证。

隆成公司在一审中提交了4份证据用于证明童霸公司存在许诺销售行为，即(2009)中证内字第5846号公证书、(2010)中证内字第938号公证书、《参展商名录》、《产品宣传册》。经查，上述两份公证书所作网页截屏没有被控侵权童车内容，且提交的网页图片本身不够清晰；《参展商名录》仅有童霸公司名称；《产品宣传册》仅有TBT86童车的一幅照片及简要文字介绍，且其来源不明、印刷时间不详。故一审对隆成公司指控的许诺销售行为不予认定，具有事实依据。

隆成公司在一审中提交的证据(2010)川证字第 125 号公证书及销售结算单，用于证明童霸公司存在生产、销售被控侵权产品行为。经查，(2010)川证字第 125 号公证书载明“取出童车一箱”，其包装箱外侧部显示“ITEMNO. TBT85-670#”，外包装箱上未标明具体生产日期。同时，销售结算单上标明的一款品名为“TB86”，另一款则不清晰。一审将公证购买的童车与童霸公司产品宣传册的相关产品型号比对，实际与“TBT86”型号产品一致。据此，至少可以认定童霸公司在 2010 年 3 月 9 日提供给隆成公司的童车型号中有一款型号系 TBT86，但该款产品的具体生产时间并不明确。由于双方当事人达成调解协议的时间为 2009 年 9 月 2 日，故隆成公司提交的现有证据并不能证明童霸公司在签订调解协议之后实施了生产侵权行为。

虽然隆成公司公证购买的 TBT86 型号童车产品的具体生产时间并不明确，但隆成公司为此支付了 260 元的对价，且童霸公司出具了相应的销售结算单。同时，基于童霸公司之前在调解协议中的自愿保证，其对自身涉案行为应有较为明确的认知，故可认定童霸公司存在销售被控侵权产品的行为。

综上，童霸公司存在销售被控侵权产品的行为，但无证据证明其存在生产、许诺销售行为。一审法院认定公证封存的被控侵权童车型号为 TBT86，将其与涉案专利进行比对，并判定其落入涉案专利权保护范围，具有事实和法律依据。

(二)如何确定童霸公司的民事责任

双方当事人曾因专利侵权纠纷在人民法院的主持下达成调解协议，协议约定赔偿经济损失的条件是童霸公司存在新的侵权行为。因此，侵权行为成立与否是本案双方当事人权利义务关系的基础，而不能直接以调解协议的内容作为双方权利义务关系的基础。

2009 年 9 月 2 日，童霸公司与隆成公司在涉案专利侵权的前案中达成调解协议，该案的被控侵权童车产品型号为 B858C-B，协议约定“如发现一起侵犯隆成公司外观设计专利权的行为，童霸公司自愿赔偿人民币 50 万元，如发现一起侵犯隆成公司实用新型专利权的行为，童霸公司自愿赔偿人民币 100 万元”。就该协议内容而言，由于其具体针对的被控侵权产品型号为 B858C-B，而非本案被控侵权产品 TBT86，故在被控侵权产品型号不相同的情况下，前述调解协议中约定的赔偿数额不能适用于本案。并且，现有证据仅表明童霸公司存在销售侵权行为，因此，专利侵权赔偿数额的确定不能忽略本案的实际情况，特别是涉案专利部分在整车中的价值份额，以及被控侵权产品本身并未进入市场销售，不管是国内市场还是国外市场；而且，并无任何直接证据显示童霸公司存在隆成公司诉称的“仍然大规模、不间断地从事侵犯涉案专利权的行为”。故一审法院依据专利法第六十五条的规定酌定童霸公司赔偿隆成公司经济损失 14 万元，符合本案实际。隆成公司要求直接按照调解书的约定确定赔偿数额，其事实和法律依据不足，法院不予支持。

关于一审案件受理费的负担问题。《诉讼费用交纳办法》第二十九条规定，诉讼费用由败诉方负担，胜诉方自愿承担的除外。部分胜诉、部分败诉的，人民法院根据案件的具体情况决定当事人各自负担的诉讼费用数额。一审法院根据本案的具体情况，在认定童霸公司侵权事实成立的情况下，决定由童霸公司负担本案全部案件受理费，具有事实和法律依据。童霸公司关于一审法院判决其承担全部案件受理费有失公平的上诉理由不能成立。

综上，隆成公司的上诉请求及理由均不能成立，依法予以驳回。童霸公司关于其未在调解协议签订后再生产被控侵权产品的理由成立，一审法院对此认定有误，依法予以纠正；童霸公司的其他上诉请求及理由不能成立，依法予以驳回。一审判决认定事实清楚，适用法律正确，实体处理并无不当，依法应予维持。二审法院判决：驳回上诉，维持原判。二审案件受理费 13800 元，由隆成公司负担 11040 元，童霸公司负担 2760 元。

隆成公司不服二审判决，申请再审称：(一)二审法院认定事实错误。1. 童霸公司没有否认被控侵权产品系其生产的事实，二审法院对此认定错误。2. 童霸公司许诺销售被控侵权产品的事实清楚，二审法院对此认定错误。(二)二审法院适用法律错误。1. 二审法院未适用(2009)鄂民三终字第 42 号民事调解书约定的赔偿标准，属于适用法律错误。本案作为专利侵权纠纷，一审法院在认定民事赔偿责任的承担时，引用合同法第一百二十二条的规定，并认为按照(2009)鄂民三终字第 42 号民事调解书的约定来确定本案赔偿数额，与合同法的规定相冲突，因此不予支持。二审法院亦没有纠正一审法院的该项错误。专利法第六十五条规定的前三种赔偿数额确定方式，均依赖于诉讼中当事人单方提供的证据，而本案中的民事调解书是双方意思表示一致的司法确认。本案适用民事调解书确定赔偿责任，不会与专利法、合同法的规定发生冲突。2. 二审法院以本案被控侵权产品型号“TBT86”与调解书中所涉侵权产品型号“B858C-B”不同为由，否定调解书约定赔偿标准的适用，属于明显错误。相对于前案，只要有证据证明童霸公司再次实施了侵权行为，调解书约定赔偿的条件就已成就。隆成公司依据《中华人民共和国民事诉讼法》第二百条第二项、第六项的规定申请再审，请求本院依法撤销一审、二审判决，改判支持其一审提出的诉讼请求，并判决童霸公司承担本案诉讼费用。

童霸公司提交意见称：(一)二审法院认定事实清楚。1. 二审法院认定童霸公司没有实施生产被控侵权产品的行为，认定事实清楚。2. 二审法院认定童霸公司没有实施许诺销售被控侵权产品的行为，认定事实清楚。(二)二审法院适用法律正确。1. 人民法院有权依据合同法第一百二十二条规定的责任竞合的处理原则，判断本案应否采纳调解书确定的赔偿计算方法，二审法院适用法律正确。本案是隆成公司提起的侵权诉讼，应依侵权法规定的赔偿方式确定赔偿数额。当侵权责任与违约责任竞合时，隆成公司可选择侵权之诉或违约之诉进行维权，但其选择侵权之诉后，就不能再依据调解书提出违约赔偿请求。隆成公司要求按照调解书约定的赔偿数额计算方法确定本案赔偿责任，其实质就是在侵权诉讼中主张违约责任，违反了民事责任竞合的处理原则。2. 专利法没有就事先约定赔偿作出规定，一审、二审法院依据专利法第六十五条规定的法定赔偿方式确定赔偿数额，同时，在适用法定赔偿时考虑了童霸公司再次侵权的主观过错等因素，适当加重了对童霸公司的赔偿制裁力度，判决确定的赔偿数额合理适当，适用法律正确。3. 二审法院因本案被控侵权产品型号与调解书所涉侵权产品型号不同，进而认定调解书中约定的赔偿数额不能适用于本案，认定事实清楚，适用法律正确。再审法院审理查明，原一、二审法院查明的事实基本属实，再审法院予以确认。

再审法院另查明：

(一)在先案件与民事调解书的情况

2008 年 4 月，隆成公司以童霸公司生产、销售的婴儿车侵犯隆成公司的专利权为由，向武汉市中级人民法院提起三个诉讼。

隆成公司诉童霸公司侵犯“婴儿车收合关节”外观设计(专利号为 ZL02322197.6)一案，涉案侵权产品为 D900 型号婴儿车，武汉市中级人民法院作出(2008)武知初字第 143 号民事判决，认定侵权成立，判决童霸公司停止侵权并承担赔偿责任。宣判后，双方当事人均未上诉。

隆成公司诉童霸公司侵犯“婴儿车可单手收合结构”实用新型专利(专利号为 ZL00228933.4)一案，涉案侵权产品为 D900 型号婴儿车，武汉市中级人民法院作出(2008)武知初字第 142 号民事判决，认定侵权成立，判决童霸公司停止侵权并承担赔偿责任。童霸公司不服一审判决，向湖北省高级人民法院提起上诉。二审期间，当事人自愿达成调解协议，其主要内容为：1. 童霸公司于调解协议签字之日起立即停止制造、许诺销售、销售 D900 型号婴儿车产品，清除童霸公司网站上该型号婴儿车产品的图片及产品宣传册中对该型号产品的介绍，并保证不再侵犯隆成公司的专利权，如发现一起侵犯隆成公司外观设计专利权的行为，童霸公司自愿赔偿人民币 50 万元，如发现一起侵犯隆成公司实用新型专利权的行为，童霸公司自愿赔偿人民币 100 万元；2. 童霸公司于调解协议签字之日起十日内赔偿隆成公司经济损失 55000 元，并支付隆成公司垫付的一审案件受理费 3300 元、证据保全费 30 元；3. 双方均放弃基于本案事实的其他诉讼请求。湖北省高级人民法院对该调解协议进行审查确认后，于 2009 年 9 月 2 日制作(2009)鄂民三终字第 41 号民事调解书。

隆成公司诉童霸公司侵犯“前轮定位装置”实用新型专利(专利号为 ZL01242571.0)一案，涉案侵权产品为 B858C-B 型号婴儿车，武汉市中级人民法院作出(2008)武知初字第 144 号民事判决，认定侵权成立，判决童霸公司停止侵权并承担赔偿责任。童霸公司不服一审判决，向湖北省高级人民法院提起上诉。二审期间，当事人自愿达成调解协议，除涉及的侵权婴儿车产品型号由 D900 变化为

B858C-B 外，其内容与(2009)鄂民三终字第 41 号民事调解书确认的调解协议的内容一致。湖北省高级人民法院对该调解协议进行审查确认后，于 2009 年 9 月 2 日制作(2009)鄂民三终字第 42 号民事调解书。

(二)调解协议解释的有关情况

就调解协议"如发现一起侵犯隆成公司实用新型专利权的行为，童霸公司自愿赔偿人民币 100 万元"这一约定，隆成公司在本院庭审中主张，"一起侵犯隆成公司实用新型专利权的行为"是指侵犯隆成公司一项实用新型专利权的行为，既不限于前案中特定型号的侵权产品，也不限于前案中所涉的实用新型专利权，若侵犯"几项"实用新型专利权，就构成"几起"侵权行为；童霸公司在提交给本院的书面答辩意见中主张，"一起侵犯隆成公司实用新型专利权的行为"，是针对前案特定型号侵权产品的有关侵权行为，后在庭审中主张，按调解协议的字面理解，有关侵权行为应不限于前案特定型号的侵权产品，案外其他产品如构成侵犯实用新型专利权，同样满足调解协议约定的条件。

裁判理由

再审法院认为，结合本案再审申请人的申请再审理由和被申请人的答辩意见，本案的争议焦点在于：童霸公司在调解协议签订后是否实施了制造、许诺销售被控侵权产品的行为；如何确定童霸公司的赔偿责任。

(一)童霸公司在调解协议签订后是否实施了制造被控侵权产品的行为

在一审程序中，隆成公司为证明童霸公司再次实施了制造被控侵权产品的行为，向法院提交了(2010)川证字第 125 号公证书、童霸公司出具的销售结算单以及公证封存的被控侵权产品。由于(2010)川证字第 125 号公证书与销售结算单仅能证明童霸公司销售被控侵权产品的时间为 2010 年 3 月 9 日，无法证明童霸公司制造被控侵权产品的时间，而一审庭审勘验结果亦不能证明童霸公司在调解协议签订之后实施了制造被控侵权产品的行为，故依据《中华人民共和国民事诉讼法》第六十四条第一款以及最高人民法院《关于民事诉讼证据的若干规定》第二条第一款、第二款的规定，二审法院关于无证据证明童霸公司在调解协议签订后实施制造被控侵权产品行为的认定，并无不当。隆成公司该项申请再审理由不能成立，再审法院不予支持。

(二)童霸公司在调解协议签订后是否实施了许诺销售被控侵权产品的行为

在一审程序中，隆成公司为证明童霸公司再次实施了许诺销售被控侵权产品的行为，向法院提交了(2009)中证内字第 5846 号公证书、(2010)中证内字第 938 号公证书、《中国进出口商品交易会参展商名录》以及童霸公司的《产品宣传册》。

由于(2009)中证内字第 5846 号公证书、(2010)中证内字第 938 号公证书所作网页截屏没有本案被控侵权产品 TBT86 婴儿车的相关内容，《中国进出口商品交易会参展商名录》上仅列有童霸公司的名称、地址与联系方式，并无产品信息，故上述证据不能证明童霸公司实施了许诺销售被控侵权产品的行为。

关于证据《产品宣传册》，童霸公司在一审质证程序中对该份证据的真实性、合法性、关联性均无异议。据此，一审法院在庭审中将公证封存的婴儿车实物与《产品宣传册》上的婴儿车图片进行比对，从而确定了本案被控侵权产品为 TBT86；但另一方面，一审法院又认为，“《产品宣传册》上仅有若干童车照片及简要文字介绍，无法对童车的形状、构造及其结合方式等技术特征与涉案专利的权利要求进行比对”，进而对童霸公司的许诺销售侵权行为不予认定，前后说理存在自相矛盾之处。就此问题，二审法院认为，“《产品宣传册》来源不明、印刷时间不详”，故对童霸公司的许诺销售侵权行为不予认定。再审法院认为：第一，由于一审法院已在庭审中将公证封存的婴儿车实物与《产品宣传册》上的婴儿车图片进行比对，并据此确定本案被控侵权产品为 TBT86，故可以认定《产品宣传册》包含有被控侵权产品的销售推广信息；第二，童霸公司对《产品宣传册》的质证意见显示，其对《产品宣传册》的真实性、合法性、关联性均无异议，故“来源不明”的判理不能成立；第三，《产品宣传册》的印刷时间，对于本案认定童霸公司是否在调解协议签订后实施许诺销售被控侵权产品的行为，不具有法律意义，即使印刷时间在调解协议签订前，也不影响将调解协议签订后传播、散发《产品宣传册》的行为认定为许诺销售。因此，结合一审法院庭审中的勘验比对情况与童霸公司对《产品宣传册》的质证意见，可以认定童霸公司在调解协议签订后实施了许诺销售被控侵权产品的行为。隆成公司该项申请再审理由成立，应予支持。二审法院对此认定错误，本院予以纠正。

（三）如何确定童霸公司的赔偿责任

1. 关于双方在前案中达成的调解协议的效力

由于调解协议系双方自愿达成，其内容仅涉及私权处分，不涉及社会公共利益、第三人利益，也不存在法律规定的其他无效情形，且湖北省高级人民法院对调解协议进行审查确认后制作了民事调解书，故双方在前案中达成的调解协议合法有效。

2. 关于本案能否适用双方在调解协议中约定的赔偿数额确定方法

首先，再审法院认为，本案中童霸公司应承担的民事责任，不属于侵权责任与违约责任竞合之情形。合同法第一百二十二条所规定的侵权与违约责任的竞合，其法律要件是“因当事人一方的违约行为，侵害对方人身、财产权益”。就该规定来看，违约责任与侵权责任发生竞合的前提是当事人双方之间存在一种基础的交易合同关系。基于该交易合同关系，一方当事人违反合同约定的义务，该违约行为侵害了对方权益而产生侵权责任。因此，该规定中的违约行为应当是指对基础交易合同约定义务的违反，且该违约行为同时侵害了对方权益，而不是指对侵权行为发生之后当事人就如何承担赔偿责任所作约定的违反。合同法第一百二十二条中的违约行为与侵权行为是同一法律行为，而一方的侵权行为与侵权行为发生后双方对赔偿责任计算方式和数额的约定则是两个法律行为。就调解协议的内容来看，该协议并非隆成公司与童霸公司之间的基础交易合同，而是对侵权行为发生后如何承担侵权赔偿责任(包括计算方法和数额)的约定。因此，本案中童霸公司应承担的民事责任，不属于合同法第一百二十二条规定的侵权责任与违约责任竞合的情形。

其次，应当明确，本案中童霸公司应承担的民事责任系侵权责任。一方面，前已述及，隆成公司与童霸公司之间并不存在基础合同关系；另一方面，调解协议的法律意义与效果，不在于对童霸公司的合同交易义务作出约定，而在于对侵权责任如何承担作出约定。即使没有调解协议，童霸公司基于法律规定也同样负有不侵权的义务。当事人双方将童霸公司将来侵权行为发生后的具体赔偿方法和数额写进调解协议，只是为了便于进一步约定当童霸公司再次侵权时其侵权责任应如何承担。

第三，《中华人民共和国侵权责任法》、《中华人民共和国专利法》等法律，并未禁止被侵权人与侵权人就侵权责任的方式、侵权赔偿数额等预先作出约定；这种约定的法律属性，可认定为双方就未来发生侵权时权利人因被侵权所受到的损失或者侵权人因侵权所获得的利益，预先达成的一种简便的计算和确定方法。再审法院认为，基于举证困难、诉讼耗时费力不经济等因素的考虑，双方当事人在私法自治的范畴内完全可以对侵权赔偿数额作出约定，这种约定既包括侵权行为发生后的事后约定，也包括侵权行为发生前的事先约定。因此，本案适用调解协议中双方约定的赔偿数额确定方法，与专利法第六十五条的有关规定并不冲突。值得注意的是，最高人民法院《关于审理著作权民事纠纷案件适用法律若干问题的解释》第二十五条第三款规定，双方当事人基于权利人的实际损失或者侵权人的违法所得，就赔偿数额达成协议的，法院应当准许。该规定即为法院对当事人就涉案侵权责任赔偿数额作出的“事后约定”的认可。

综上，本案可以适用隆成公司与童霸公司在调解协议中约定的赔偿数额确定方法。

3. 关于本案如何适用双方在调解协议中约定的赔偿数额确定方法

本案具体如何适用调解协议中约定的赔偿数额确定方法，取决于对调解协议中“如发现一起侵犯隆成公司实用新型专利权的行为，童霸公司自愿赔偿人民币 100 万元”这一约定内容的解释。根据查明的事实，(2009)鄂民三终字第 41 号民事调解书与(2009)鄂民三终字第 42 号民事调解书所涉案件均为侵害实用新型专利权案，但在调解协议中却同时包含童霸公司不得再侵害隆成公司外观设计与实用新型专利权的内容，结合隆成公司与童霸公司之间曾发生多起侵害专利权纠纷案件，以及本院庭审中双方当事人就这一问题发表的意见等相关情况，可以认定调解协议中关于童霸公司不得再实施侵权行为以及相应赔偿数额的约定为一揽子约定，即第一，上述约定中的“一起侵权行为”，不限于前案中所涉特定型号的侵权婴儿车；第二，上述约定中的“一起侵权行为”，不限于前案中所涉的专利权；第三，上述约定中的“一起侵权行为”，是指侵害隆成公司一项专利权的行为。因此，童霸公司在本案中应当赔偿隆成公司 100 万元。隆成公司该项申请再审理由成立，应予支持。二审法院就童霸公司的赔偿责任如何确定这一问题适用法律错误，应予纠正。

第七章　反垄断纠纷管辖裁判要旨及解析

管辖依据

《中华人民共和国民事诉讼法》(2017 年修正)：

第二十八条　因侵权行为提起的诉讼，由侵权行为地或者被告住所地人民法院管辖。

《最高人民法院关于适用〈中华人民共和国民事诉讼法〉的解释》(2020 年修正)：

第二十四条　民事诉讼法第二十八条规定的侵权行为地，包括侵权行为实施地、侵权结果发生地。

《最高人民法院关于审理因垄断行为引发的民事纠纷案件应用法律若干问题的规定》(2020 年修正)：

第四条　垄断民事纠纷案件的地域管辖，根据案件的具体情况，依照民事诉讼法及相关司法解释有关侵权纠纷、合同纠纷等的管辖确定。

《中华人民共和国仲裁法》(2017 年修正)：

第二条　平等主体的公民、法人和其他组织之间发生的合同纠纷和其他财产权益纠纷，可以仲裁。

第五条　当事人达成仲裁协议，一方向人民法院起诉的，人民法院不予受理，但仲裁协议无效的除外。

案件索引

1. 浙江天猫网络有限公司、浙江天猫技术有限公司、阿里巴巴集团控股有限公司与北京京东世纪贸易有限公司、北京京东叁佰陆拾度电子商务有限公司滥用市场支配地位纠纷[最高人民法院(2019)最高民辖终 130 号]

2. VISCAS 株式会社、国网上海市电力公司垄断协议纠纷[最高人民法院(2019)最高法知民辖终 356 号]

3. 山西昌林实业有限公司、壳牌(中国)有限公司滥用市场支配地位纠纷[最

高人民法院(2019)最高法民申 6242 号]

4. 甘肃银光聚银化工有限公司与梦百合家居科技股份有限公司横向垄断协议纠纷[最高人民法院(2019)最高法院知民辖终 316 号]

裁判要旨

1. 垄断民事纠纷案件的地域管辖，根据案件的具体情况，依照民事诉讼法及相关司法解释有关侵权纠纷、合同纠纷等的管辖确定。

2. 垄断纠纷是一种特殊类型的纠纷。如果垄断纠纷发生在共同实施垄断行为，例如横向垄断协议的双方当事人之间，一方诉请确认垄断协议无效，该纠纷类似合同纠纷，可依照合同纠纷的管辖规定确定管辖；如果垄断纠纷发生在垄断行为受害人与垄断行为实施者之间，一方诉请法院确认另一方实施垄断行为、责令停止垄断行为或者请求损害赔偿救济，该纠纷类似侵权纠纷，可依照侵权纠纷的管辖规定确定管辖。

3. 涉及协议约定的垄断纠纷中，如双方争议与协议约定权利义务密不可分，该纠纷类似合同纠纷，协议中约定的有效仲裁条款可排除诉讼管辖。

4. 经营者达成垄断协议构成垄断行为的，达成垄断协议的地点构成横向垄断协议纠纷的侵权行为地。

裁定书摘要

1. 浙江天猫网络有限公司、浙江天猫技术有限公司滥用市场支配地位纠纷二审民事裁定书

审理法院：最高人民法院

案　　号：(2019)最高民辖终 130 号

案　　由：滥用市场支配地位纠纷

基本案情

上诉人(一审被告)：浙江天猫网络有限公司，住所地：中华人民共和国浙江省杭州市余杭区

上诉人(一审被告)：浙江天猫技术有限公司，住所地：中华人民共和国浙江省杭州市余杭区

上诉人(一审被告)：阿里巴巴集团控股有限公司，住所地：英属开曼群岛大

开曼岛资本大厦

被上诉人(一审原告)：北京京东世纪贸易有限公司，住所地：中华人民共和国北京市北京经济技术开发区

被上诉人(一审原告)：北京京东叁佰陆拾度电子商务有限公司，住所地：中华人民共和国北京市北京经济技术开发区

天猫网络公司、天猫技术公司和阿里巴巴公司上诉请求：撤销一审裁定，裁定将本案移送至浙江省高级人民法院审理。事实和理由：(一)一审裁定认为，被控滥用市场支配地位行为对市场竞争秩序的影响不限于被告住所地和直接行为地，在反垄断意义上，被控侵权行为对一审法院管辖的北京市产生了影响，因此一审法院对本案有管辖权，属法律适用错误。1. 被控滥用市场支配地位行为产生影响地不同于法定的侵权结果发生地，不能作为管辖确定标准，应按一般侵权纠纷的管辖原则确定管辖，而不应不适当地进行扩大解释。2. 以侵权行为影响地确定管辖或将侵权结果发生地解释为包括侵权行为影响地会导致管辖泛化，使有关法律规定失去其制度价值。上诉人作为被控侵权人，其可以控制侵权行为在何处发生；而对于被控侵权行为的直接结果发生地，被控侵权人也有或应有合理的预期。本案被控侵权行为的实施地和侵权行为的直接结果发生地都有明确的地理范围，不能认为全国任意地区都是侵权行为地。因此，以侵权行为影响地确定管辖过分扩大了有管辖权法院的范围，实际上架空了《中华人民共和国民事诉讼法》(以下简称民事诉讼法)中管辖的规定，破坏了民事诉讼法对双方当事人权益、诉讼负担的平衡，导致管辖泛化，损害了上诉人的诉讼权利，可能难以保证案件得到公正审理。同时，以侵权行为影响地确定管辖有可能产生管辖法院与被告住所地、案件基础事实发生地无实质联系，不便于被告应诉和法院查明事实，也无法实现管辖制度便利当事人诉讼、便利法院审理案件的目的。(二)一审裁定仅根据被上诉人的主张即认定北京地区属于被诉侵权行为的实施地和侵权结果发生地，属于事实认定不清，并因此得出错误的结论。(三)一审法院既非被告住所地人民法院，也非侵权行为地人民法院，对本案无管辖权，本案应移送至浙江省高级人民法院。

京东贸易公司、京东叁佰陆拾度公司辩称：(一)本案被上诉人已提出充分的证据证明北京为本案被控“二选一”侵权行为实施地，已满足当前司法实践在管辖权异议阶段提交证明确立地域管辖连接点事实的初步证据要求。1. 本案被控“二选一”侵权行为系以商家为媒介、针对被上诉人实施的一系列形式多样、手段丰富的行为组成的集合，上诉人将本案被控“二选一”侵权行为仅仅理解为签订独家合作协议、认为侵权行为实施地仅仅在杭州完全是错误的。2. 本案管辖权异议一审中，被上诉人提交了上诉人与朗姿股份有限公司(以下简称朗姿公司)旗下品牌阿卡邦、万家帘品、Chemist Warehouse 等品牌在北京签订独家合作；二审中还补充提交了上诉人与户外品牌商家 Discovery Expedition 在北京签订独家协议的新闻报道。上诉人

作为在中国大陆 B2C 网上零售平台市场具有市场支配地位的经营者，通过与大量商家签署独家合作协议、公开宣布达成独家战略合作，限定商家只能和上诉人进行交易，直接致使大量商家不能上线京东平台或从京东平台下线，排除、限制了被上诉人在中国大陆 B2C 网上零售平台市场的竞争，显然属于本案被控“二选一”侵权行为。因此通过被上诉人提交前述新闻报道已充分证明上诉人在北京实施了被控“二选一”侵权行为。(二)本案直接、主要侵权结果位于北京，以北京作为侵权结果发生地确定北京市高级人民法院对本案的管辖权具有充分法律依据。上诉人脱离本案实际情况毫无依据地提出本案侵权结果发生地与侵权行为实施地为杭州市的主张，没有任何依据。一审法院认定其对本案具有管辖权具有充分的事实基础和法律依据，符合民事诉讼管辖的两便原则。上诉人的上诉主张不能成立，请求二审法院予以驳回，依法维护被上诉人的合法权益。

京东贸易公司、京东叁佰陆拾度公司向一审法院起诉称，京东叁佰陆拾度公司为 www.jd.com 网站的所有者和移动版 App 的著作权人，京东贸易公司是京东网站的技术服务提供者，两原告在京东开放平台——京东商城为第三方商家提供网上零售的平台和相关技术服务。天猫网络公司为 www.tmall.com 网站所有者，天猫技术公司为天猫手机 App 版权所有者，两被告共同运营天猫平台——天猫商城，为第三方商家提供网上零售的平台和相关技术服务。阿里巴巴公司是在英属开曼群岛注册的控股公司，其在中国等地注册的关联公司负责具体开展在中国的经营业务。阿里巴巴公司是天猫网络公司、天猫技术公司的最终实际控制主体，也是天猫网络公司、天猫技术公司经营的天猫平台以及淘宝平台的最终实际控制主体。2013 年以来，三被告不断以各种手段实施包括但不限于要求在天猫商城开设店铺的服饰、家居等众多品牌商家不得在两原告运营的京东商城参加 618、双 11 等促销活动，不得在京东商城开设店铺进行经营，甚至只能在天猫商城一个平台开设店铺进行经营行为(以下简称“二选一”行为)。三被告在中国大陆 B2C 网上零售平台市场上具有市场支配地位，实施了包括“二选一”行为在内的滥用市场支配地位行为，损害了中国 B2C 网上零售平台市场的正常竞争秩序，侵犯了两原告、商家及广大消费者的合法权益，三被告应当对其滥用市场支配地位的侵权行为承担相应的法律责任。据此，请求法院：1. 确认三被告在本案所确定的相关市场具有市场支配地位；2. 判令三被告停止滥用市场支配地位的行为，包括停止限定商家只能与被告进行交易、停止限定商家不得与两原告进行交易等行为；3. 判令三被告向两原告连带赔偿因其实施的滥用市场支配地位行为给两原告造成的经济损失人民币 10 亿元；4. 判令三被告向两原告赔礼道歉、消除影响，具体形式包括三被告在官网域名为 tmall.com、taobao.com 的相关网站首页，以及相应 App 主页上刊登经法院认可的道歉及消除影响声明；5. 判令三被告连带承担两原告在本案中为维权而支付的合理开支，包括公证费、经济分析费用、律师费等暂计人民币 200 万元。

天猫网络公司、天猫技术公司、阿里巴巴公司在提交答辩状期间，对管辖权提出异议称，一审法院并非本案被告住所地人民法院，亦非被控侵权行为实施地和侵权行为结果地人民法院，一审法院对本案没有行使管辖权的基础和法律依据，本案应当移送浙江省高级人民法院管辖。

一审法院经审查认为，民事诉讼法第二十八条规定："因侵权行为提起的诉讼，由侵权行为地或被告住所地人民法院管辖。"第三十五条规定："两个以上人民法院都有管辖权的诉讼，原告可以向其中一个人民法院起诉；原告向两个以上有管辖权的人民法院起诉的，由最先立案的人民法院管辖。"《最高人民法院关于适用〈中华人民共和国民事诉讼法〉的解释》第二十四条规定："民事诉讼法第二十八条规定的侵权行为地，包括侵权行为实施地、侵权结果发生地。"

本案是京东贸易公司、京东叁佰陆拾度公司认为天猫网络公司、天猫技术公司、阿里巴巴公司滥用市场支配地位而提起的民事诉讼，界定滥用市场支配地位侵权纠纷的侵权行为地和侵权结果地，应当根据纠纷的法律关系性质进行具体判断。《中华人民共和国反垄断法》的立法目的系为预防和制止垄断行为，保护市场公平竞争，维护消费者利益和社会公共利益，禁止具有市场支配地位的经营者滥用其市场支配地位。本案中，京东贸易公司、京东叁佰陆拾度公司主张天猫网络公司、天猫技术公司、阿里巴巴公司所实施的"二选一"行为，虽然行为的直接对象是在网络平台开设店铺进行经营行为的各品牌商家，但基于网络平台特性，其对市场竞争秩序的影响则不限于各被告的住所地或各被告实施上述行为的直接行为地，在反垄断法意义上，上述行为将对该相关市场内的自由竞争产生影响，这当然涵盖了一审法院管辖的北京市。同时，京东贸易公司、京东叁佰陆拾度公司亦主张天猫网络公司、天猫技术公司、阿里巴巴公司不仅在北京地区实际实施了被控的"二选一"行为，而且上述行为的后果也已经及于北京地区，从而进一步证明北京地区属于被诉侵权行为的实施地和侵权结果发生地。综上，基于北京地区是本案被控侵权行为实施地和被控侵权行为结果发生地，故一审法院对本案具有管辖权。在京东贸易公司、京东叁佰陆拾度公司已向一审法院提起诉讼的情况下，天猫网络公司、天猫技术公司、阿里巴巴公司所提管辖权异议均不成立，一审法院依法不予支持。依照民事诉讼法第二十八条、第一百二十七条、第一百五十四条第一款第二项、《最高人民法院关于适用〈中华人民共和国民事诉讼法〉的解释》第二十四条之规定，一审法院裁定：驳回天猫网络公司、天猫技术公司、阿里巴巴公司对本案管辖权提出的异议。

在二审审理过程中，上诉人提交了四份证据：1. 天猫与 Chemist Warehouse 在北京签约事宜问询；2. 阿卡邦与天猫合作事宜问询；3.（2019）浙杭禹证民字第2045号公证书；4.《2016—2017年度天猫家装战略商家框架协议书》。其中对于证据4，上诉人称因涉及其商业秘密，申请对该证据不公开质证，仅当庭出示保密证据原件供庭审质证，不提供保密证据复印件，保密证据仅供被上诉人律师查阅，被上诉人代理律师不得以任何方式复制、摘抄，被上诉人及其工作人员不得以任何方式查阅、复制、摘抄保密证据，请求被上诉人代理律师具结保密承诺书。

对于前述证据，京东贸易公司的质证意见主要为：1. 对证据 1 的真实性、合法性和关联性不予认可，对该问询函形成与真实性存疑。2. 对证据 2 的真实性、合法性和关联性不予认可，该证据无法证明阿卡邦未与上诉人签署独家战略合作协议。3. 对证据 3 的真实性、合法性和关联性不予认可，上诉人与商家能够选择以新闻发布会的形式，将双方的独家合作安排公之于众，这种形式本身就说明双方已达成独家合作的合意，形成了具有法律约束力的合同。并且相较而言，新闻发布会向更为广泛的群体公布了独家的“二选一”安排，这本身也是被控侵权行为的一种重要手段，而其确凿无疑地发生于北京市。4. 对证据 4 的真实性、合法性和关联性不予认可。上诉人提交遮蔽的协议作为证据，不符合完整性的要求。签署纸质版协议并不是合同订立的唯一方式，双方选择以新闻发布会的形式，将双方的独家合作安排公之于众，这种形式本身就说明双方已达成独家合作的合意，形成了具有法律约束力的合同。发布独家合作本身也是被控侵权行为的一种重要手段，确凿无疑地发生于北京市。该份协议未遮蔽部分显示，上诉人与万家帝品的合同有效期是自 2016 年 10 月 24 日生效，当日也是新闻报道双方签署独家合作协议并召开新闻发布会的日期，这说明在该日已经产生了限定交易的侵权后果。该协议未显示协议签订地为杭州市，而且公司公章被携带外出的情况并不少见，该份证据不能证明上诉人的主张。

对于前述证据，京东叁佰陆拾度公司的质证意见主要为：

1. 对证据 1 的真实性、合法性、关联性不予认可，该问询函形成过程的真实性存在疑问，不能实现上诉人的证明目的。

2. 对证据 2 的关联性不予认可，不能实现上诉人的证明目的：被上诉人提交的新闻报道明确与天猫达成独家战略合作的是朗姿公司旗下的阿卡邦品牌，而非朗姿公司本身。上诉人仅以朗姿公司单方面出具的问询函即欲主张阿卡邦品牌未与天猫签订独家协议，从行为主体上即存在瑕疵，不能证明除朗姿公司外，其旗下阿卡邦品牌等其他主体未与天猫达成独家战略合作、签订独家合作协议。

3. 对证据 3 的真实性、合法性予以认可；对证据的关联性不予认可，不能实现上诉人的证明目的。首先，该证据不能证明该名为黄爱珠的女士确实系 2015 年时任天猫生活快消事业部总经理，确实系出席于 2015 年 9 月 22 日在北京朗姿大厦举行的阿卡邦 Agabang 携手天猫战略发布仪式的主体。其次，该证据内容也明显与事实不符。从被上诉人提交新闻报道来看，种种事实表明该发布会是天猫与商家共同举行的、旨在对外广而告之发布双方达成独家合作、商家独家入驻天猫平台消息的高配版发布会。以上事实 Agabang 商家方面亦予以认可并通过其官方渠道对外发布。

4. 对证据4的真实性、合法性不予认可：上诉人对该项证据进行了大面积遮盖，不具有基本的证明内容，仅凭遮盖后的协议无法证明其是否系上诉人与商家签订的独家合作协议。对证据的关联性不予认可，不能实现上诉人的证明目的。首先，从协议名称来看，根据被上诉人提交的管辖权异议一审证据10，上诉人与万家帘品在战略合作发布会上签署的协议是《战略合作协议》（第二段第六行），而上诉人提交该证据名称为《天猫家装战略商家框架协议》，二者名称明显不一致。因此上诉人仅提交该证据即主张这是上诉人与万家帘品签署的唯一的协议没有任何证明力，不能排除上诉人与万家帘品在发布会等场合还签署了《战略合作协议》等其他约定独家合作事宜协议的事实。其次，根据前述证据十，上诉人与万家帘品通过举办战略合作发布会，并专门设置独家合作协议签约仪式等环节，对外广而告之上诉人与万家帘品达成独家合作，更是上诉人实施被控“二选一”行为的典型体现。再次，上诉人该证据第七条显示协议有效期起始日为2016年10月24日，亦与被上诉人证据所示独家合作发布会召开日期相吻合，上诉人以该协议主张其未与商家在发布会上签署合作协议明显不能成立。

针对被上诉人前述质证意见，上诉人回应意见主要为：对于证据1真实性、合法性的说明，问询函系由上诉人天猫网络公司、天猫技术公司准备并提出需要问询的问题，连同《天猫国际与Chemist Warehouse在京签署独家战略合作协议》的新闻报道一并通过邮件发送给被问询主体即淘宝中国公司，再由其填写答复内容并盖章后邮寄给上诉人。上诉人在收到经被问询主体盖章的问询函答复原件后，比对确定答复函已经回答了此前上诉人向其发出的问询函中的全部问题后，加盖了天猫网络公司和天猫技术公司的公章。最后，问询和答复内容出现在同一页并不影响证据的真实性。对于证据关联性的说明，上诉人提交的淘宝中国公司出具的问询函确认，被上诉人证据中所报道的发布会涉及的内容属于淘宝中国公司的业务，故不属于被上诉人在本案中主张的由上诉人实施的侵权行为，因此，其实施地无论在何处，均与本案无关，不能作为本案确定管辖的依据。

对于证据2，关于真实性、合法性的说明，上诉人认为，阿卡邦的这一问询函的问询内容由上诉人准备并提出需要问询的问题，连同《阿卡邦Agabang携手天猫发布仪式举行》的新闻报道一并通过邮件发送给被问询主体即朗姿公司，再由朗姿公司填写答复内容并盖章后邮寄给上诉人。上诉人在收到经被问询主体盖章的问询函答复原件后，比对确定答复函已经回答了此前上诉人向其发出的问询函中的全部问题后，加盖了天猫网络公司和天猫技术公司的公章。对于证据关联性的说明，问询函未标注出具时间并不影响朗姿公司答复的内容和真实性。

关于证据3，有关证据真实性、合法性的说明。证据3中的《关于2015年阿卡邦·天猫战略合作发布会的情况说明》系黄爱珠女士在浙江省杭州市禹航公证处公证员的面前完成的签名、捺印。该证据形式属于书证，而非被上诉人所说的证人证言。被上诉人不认可证据3的主张没有任何合理性。关于证据4，有关证据真实性、合法性的说明，如上诉人在庭审阶段所述，上诉人提交证据4的目的在于说明上诉人与商家并未在北京签署独家合作协议。显然，证据4中遮盖的其他内容与该争议焦点并无任何关系。上诉人认为在管辖权异议程序审理阶段，目前上诉人所提交的证据已经涵盖了协议的签署信息，该等信息已经足以证明行为实施地并非被上诉人主张的北京市。如上诉人在质证意见中所述，鉴于该份协议并无签字，仅有盖章，明显与被上诉人提供的新闻照片显示的“签字动作”不一致。而合同一方绍兴乐加的营业地点为绍兴市，根据一般惯例，公司公章通常应当被保存在其主营业地，而不会随身携带，因此，绍兴乐加对合同的盖章地应为绍兴市。此外，证据4系上诉人和商家签署的商业合作协议，且证据4的第四条对双方的保密义务进行了严格限制：除非经合同各方书面确认，任何一方不得将协议内容透露给第三方。受该保密义务所限，上诉人有义务对证据中的商业信息进行保密。有关证据关联性的说明，如上诉人在庭审阶段所述，经上诉人内部核查，上诉人与万家帘品并未签署过任何被上诉人证据中所述的《战略合作协议》。唯一和万家帘品签署过的，可能与被上诉人提交的证据所指向的协议相关的即该份《2016—2017年度天猫家装战略商家框架协议》。被上诉人作为诉讼的原告方，如果其认为除该份协议外，被告确实与万家帘品签署过其他约定独家合作事宜的协议，应当提供真实有效的证据进行证明，而非由被告来举证证明没有签署过该等协议这一消极事实。

关于前述证据的质证意见和回应意见，二审法院认为，因本案系管辖权异议上诉纠纷，在管辖权异议案件中，法院只需审理与建立案件管辖连接点相关的事实。如果与建立管辖连接点相关的事实同时涉及案件实体争议内容的，只需审查案件初步证据是否能够证明一个可争辩的管辖连接点事实即可，一般不对案件实体争议内容作出明确认定，因此仅针对北京是否构成管辖连接点其中之一事实进行审理。本案中，上诉人提交了证据4——《2016—2017年度天猫家装战略商家框架协议》，拟证明上诉人与万家帘品于2016年10月24日在北京市举行的发布会上未签署合作协议，上诉人与万家帘品协议签订地为浙江省杭州市。上诉人庭审之前提交的证据册对该证据相关内容进行了遮盖并申请对该证据不公开质证。在二审法院主持对该证据进行不公开质证时，上诉人出示了该证据未经遮盖的原件，但称“我们对这份证据，是仅露出的部分，非遮盖部分才是我们要提交的内容”。二审法院与上诉人核实哪部分涉及其商业秘密时，其称遮盖部分、未遮盖部分均涉及其商业秘密。二审法院认为，当事人向人民法院提交证据，一般情况下应提交完整的证据供对方当事人质证及法庭查验。因本案系管辖权异议纠纷，仅需审理建立管辖连接点相关的事实即可，该证据遮盖部分涉及实体内容，对本案实体争议内容的审理非本案审理范围，故在管辖权异议审理阶段，尊重当事人提交证据的形式及内容。对于该证据，经当庭查验，该证据未遮盖部分未写明签署地点。上诉人在其对该证据的质证回应意见中称："鉴于该份协议并无签字，仅有盖章，明显与被上诉人提供的新闻照片显示的'签字动作'不一致。而合同一方绍兴乐加的营业地点为绍兴市，根据一般惯例，公司公章通常应当被保存在其主营业地，而不会随身携带，因此，绍兴乐加对合同的盖章地应为绍兴市。"因上诉人提交该证据拟证明上诉人与万家帘品协议签订地位于浙江省杭州市（见上诉人证据目录证据四证明内容），由于二审法院已经当庭查验该协议并未记载签署地点，上诉人的前述回应认为合同的盖章地应为绍兴市，并称系根据惯例推论。在未有证据佐证的情况下，仅根据惯例推论，二审法院认为该证据不能证明《2016—2017 年度天猫家装战略商家框架协议》系在杭州市签署。

此外，根据被上诉人提供的一审证据 10，二审法院补充查明，2016 年 10 月 25 日 14：39，搜狐焦点记载"天猫窗帘 & 万家帘品独家战略合作发布会在京顺利召开。10 月 24 日下午，'天猫窗帘 & 万家帘品独家战略合作发布会'在北京钓鱼台大酒店顺利召开……发布会进入后半场，天猫家装行业总监江帆先生和万家帘品总经理杨卫先生代表合作双方郑重签署了战略合作协议，并且一同敲响开市锣……"

裁判理由

二审法院认为，根据被上诉人在一审中的诉讼请求，其认为三上诉人在中国大陆 B2C 网上零售平台市场上具有市场支配地位，实施了包括"二选一"行为在内的滥用市场支配地位行为，损害了中国 B2C 网上零售平台市场的正常竞争秩序，侵犯了两被上诉人、商家及广大消费者的合法权益，三上诉人应当对其滥用市场支配地位的侵权行为承担相应的法律责任。本案系滥用市场支配地位的侵权纠纷，《最高人民法院关于审理因垄断行为引发的民事纠纷案件应用法律若干问题的规定》第四条规定："垄断民事纠纷案件的地域管辖，根据案件的具体情况，依照民事诉讼法及相关司法解释有关侵权纠纷、合同纠纷等的管辖确定。"民事诉讼法第二十八条规定："因侵权行为提起的诉讼，由侵权行为地或者被告住所地人民法院管辖。"《最高人民法院关于适用〈中华人民共和国民事诉讼法〉的解释》第二十四条规定："民事诉讼法第二十八条规定的侵权行为地，包括侵权行为实施地、侵权结果发生地。"根据前述法律和司法解释规定，被诉侵权行为实施地、侵权结果发生地、被告住所地人民法院均有权管辖。因此，本案中焦点问题是北京高级人民法院对此案是否具有管辖权，即被诉侵权行为实施地或被诉侵权行为结果发生地或被告住所地是否在北京市高级人民法院管辖范围之内。

本案中，根据被上诉人提供的证据，可以证明相关新闻报道对上诉人与朗姿公司旗下品牌阿卡邦、万家帘品、Chemist Warehouse 等品牌在北京签订独家合作协议的相关情况进行了报道。其中，被上诉人一审证据 10 载明"发布会进入后半场，天猫家装行业总监江帆先生和万家帘品总经理杨卫先生代表合作双方郑重签署了战略合作协议”，明确表明了双方当事人系在北京签署战略合作协议。虽然上诉人称《2016—2017 年度天猫家装战略商家框架协议》系在杭州签订，但根据二审法院查明的事实，上诉人提供的证据不能证明相关协议系在杭州签署，上诉人亦未提供其他证据推翻前述战略合作协议系在北京签订，因此北京市高级人民法院认定北京市属于被诉侵权行为地，对本案具有管辖权并无不当。

此外，上诉人还上诉称北京市高级人民法院以侵权行为影响地确定管辖或将侵权结果发生地解释为包括侵权行为影响地会导致管辖泛化。二审法院认为，因在管辖权异议案件中，只需审理与建立案件管辖连接点相关的事实之一即可，因此对能否以侵权结果地确定管辖不再予以评述。综上，北京市高级人民法院对此案有管辖权。

2. VISCAS 株式会社、国网上海市电力公司垄断协议纠纷二审民事裁定书

审理法院：最高人民法院
案　　号：(2019)最高法知民辖终 356 号
案　　由：垄断协议纠纷

基本案情

上诉人(原审被告)：VISCAS 株式会社，住所地：日本国东京都大田区

被上诉人(原审原告)：国网上海市电力公司，住所地：中华人民共和国中国(上海)自由贸易试验区

VISCAS 株式会社上诉请求：撤销原审裁定，裁定驳回原告起诉；本案诉讼费用均由原告承担。主要事实与理由：(一)原审法院依据《最高人民法院关于审理因垄断行为引发的民事纠纷案件应用法律若干问题的规定》(以下简称垄断纠纷司法解释)第四条，认为本案应参照侵权纠纷的管辖规定确定管辖。原审法院的上述事实认定及法律适用错误。1. 本案属于合同纠纷，依法应当按照合同约定的争议解决方式即仲裁方式解决纠纷。根据垄断纠纷司法解释第四条的规定，本案应参照合同纠纷的管辖规定确定管辖。本案中，双方已经明确在《中华人民共和国上海220KV 浦建站进线项目合同》(以下简称涉案合同)第 32.1 条约定，双方与合同实施或与合同有关的一切争端应通过双方协商解决，协商不成，争端应提交仲裁。因此，本案依法应当由仲裁解决。2. 即使本案被认定为侵权纠纷，本案亦是基于合同关系而产生的侵权纠纷，与一般侵权纠纷不同，会产生请求权的竞合，依法应依据当事人的约定行使请求权，即通过仲裁方式解决本案纠纷。最高人民法院 2005

年12月印发的《第二次全国涉外商事海事审判工作会议纪要》第7条规定："涉外商事合同的当事人之间签订的有效仲裁协议约定了因合同发生的或与合同有关的一切争议均应通过仲裁方式解决，原告就当事人在签订和履行合同过程中发生的纠纷以侵权为由向人民法院提起诉讼的，人民法院不享有管辖权。"本案中，国网上海公司的诉讼请求是确认VISCAS株式会社对国网上海公司实施了垄断协议行为，该行为基于合同发生，属于合同纠纷案件。(二)原审法院认为本案不仅涉及对相关市场竞争的影响，也涉及对消费者利益的影响，因而不受涉案合同仲裁条款的约束，事实认定和法律适用均有错误。1. 原审法院将行为产生的后果与其发生的原因混为一谈。不管被诉行为是否涉及对相关市场竞争的影响，或者是否涉及对消费者利益的影响，均是因涉案合同引起的争议，应当受合同仲裁条款的约束。2. 垄断协议纠纷属于可仲裁事项。《中华人民共和国仲裁法》(以下简称仲裁法)第二条规定："平等主体的公民、法人和其他组织之间发生的合同纠纷和其他财产权益纠纷，可以仲裁。"据此，发生垄断争议的双方通常均为平等主体，垄断纠纷可以诉诸仲裁。(三)原审法院认为"其他证据"显示双方的涉案合同所涉产品已于2008年底完成交付，即合同履行期限跨越《中华人民共和国反垄断法》(以下简称反垄断法)实施之日，因而适用反垄断法受理本案，事实认定和法律适用均有错误。1.《最高人民法院关于民事诉讼证据的若干规定》第四十七条规定："未经质证的证据，不能作为认定案件事实的依据。""其他证据"即证据六系在VISCAS株式会社提出管辖权异议后补充提交的涉及"上海世博500KV交联聚乙烯电缆项目"的证据，原审法院未经质证就将该"其他证据"作为认定案件事实的依据，违反了上述规定。2. VISCAS株式会社有证据证明"上海世博500KV交联聚乙烯电缆项目"中，VISCAS株式会社在竞标排名中排名靠后，该项目不可能受横向垄断协议的影响。

国网上海公司答辩称，原审法院对本案有管辖权，请求驳回VISCAS株式会社的上诉。(一)本案系VISCAS株式会社实施垄断行为引起的纠纷，属于侵权纠纷，不能因为双方之间有贸易关系认为本案为合同纠纷。根据侵权纠纷管辖的法律规定，原审法院有管辖权。在本案为侵权纠纷的基础上，本案并非基于合同关系而产生的侵权纠纷，不会产生请求权竞合问题。(二)涉案争议已超出了合同相对人之间的权利义务关系，不属于法律规定的可仲裁的范围。(三)管辖权异议问题并非实体问题，无需对证据组织质证，原审法院直接作出裁定不存在程序错误。

原审法院认为，(一)国网上海公司起诉VISCAS株式会社达成并实施了横向垄断协议，该垄断行为给国网上海公司造成了损失，故本案本质上属于侵权诉讼。国网上海公司住所地属于侵权结果发生地，因国网上海公司住所地位于上海市浦东新区，位于原审法院管辖区域内，原审法院据此对本案具有管辖权。(二)关于VISCAS株式会社提出的本案系因合同引起的争议，应受涉案合同仲裁条款约束的主张。原审法院认为，本案被诉垄断行为系指VISCAS株式会社与案外人达成并实施了横向垄断协议，控制和垄断了高压电缆产品市场，国网上海公司作为高压电缆产品的购买方，受到了 VISCAS 株式会社实施的垄断行为的影响，涉案合同系初步证明国网上海公司与 VISCAS 株式会社间存在贸易关系，国网上海公司受到垄断行为影响的证据。因此，本案系因 VISCAS 株式会社实施横向垄断协议引起的纠纷，不仅涉及对相关市场竞争的影响，还涉及对消费者利益的影响，并非因涉案合同引起的争议，故不受涉案合同仲裁条款的约束。(三)关于 VISCAS 株式会社提出的因涉案合同的签署早于反垄断法的实施，本案争议不应适用反垄断法的主张。原审法院认为，涉案合同仅系证明双方存在贸易关系及国网上海公司受到垄断行为影响的初步证据，国网上海公司提供的其他证据亦显示双方 2006 年 12 月签订的合同所涉产品于 2008 年底完成交付，即合同履行期限跨越反垄断法实施之日，故 VISCAS 株式会社该主张不能成立。据此，原审法院裁定：驳回 VISCAS 株式会社对本案管辖权提出的异议。本案管辖异议受理费人民币 100 元，由 VISCAS 株式会社负担。

裁判理由

二审法院认为，本案主要争议焦点问题为：(一)地域管辖连结点语境下本案纠纷的法律性质；(二)涉案合同的仲裁条款能否排除人民法院的管辖权；(三)本案的法律适用问题是否影响案件管辖权的确定。对此，本院分析如下：

(一)地域管辖连结点语境下本案纠纷的法律性质

垄断纠纷司法解释第四条规定："垄断民事纠纷案件的地域管辖，根据案件具体情况，依照民事诉讼法及相关司法解释有关侵权纠纷、合同纠纷等的管辖规定确定。"垄断纠纷是一种特殊类型的纠纷，在确定地域管辖连结点时，可以根据个案具体情况的不同，分别适用有关侵权纠纷、合同纠纷等的管辖规定。如果垄断纠纷发生在共同实施垄断行为例如横向垄断协议的双方当事人之间，一方诉请确认垄断协议无效，该纠纷类似于合同纠纷，可依照合同纠纷的管辖规定确定管辖；如果垄断纠纷发生在垄断行为受害人与垄断行为实施者之间，一方诉请法院确认另一方实施垄断行为、责令停止垄断行为或者请求损害赔偿救济，该纠纷类似于侵权纠纷，可依照侵权纠纷的管辖规定确定管辖。本案中，国网上海公司的原审诉讼请求为确认 VISCAS 株式会社对其实施了垄断协议行为，其提供的初步证据表明，欧盟委员会于 2014 年 4 月认定，自 1999 年起至 2009 年 1 月欧盟委员会开始调查止，VISCAS 株式会社等高压电缆厂商在全球范围内对 110 千伏及以上的地下电缆、33 千伏及以上海底电缆产品、工程、服务(以下简称高压电缆产品)达成固定价格、划分销售区域和客户市场的卡特尔协议即垄断协议行为并付诸实施，欧盟委员会因此作出总额达 3.02 亿欧元的处罚决定。同时，国网上海公司还提供了其与 VISCAS 株式会社的涉案合同，初步证明其与 VISCAS 株式会社存在贸易关系并受到被诉垄断行为的影响。可见，涉案证据初步表明，国网上海公司系 VISCAS 株式会社与他人共同实施的横向垄断协议行为的受害者，国网上海公司与 VISCAS 株式会社的涉案合同仅仅是 VISCAS 株式会社实施其垄断行为的载体和具体表现方式。在地域管辖连结点语境下，本案具有侵权纠纷的法律性质。原审法院依照侵权纠纷的管辖规定确定本案管辖，并无不当。VISCAS 株式会社关于本案应适用有关合同纠纷管辖规定的上诉理由不能成立，二审法院不予支持。

（二）涉案合同的仲裁条款能否排除人民法院的管辖权

VISCAS 株式会社主张，本案系基于合同关系产生的侵权纠纷，属于请求权竞合，原告选择侵权之诉的，仍应适用合同约定的仲裁条款；垄断协议纠纷属于可仲裁事项，本案纠纷受到合同仲裁条款的约束，该仲裁条款可以排除人民法院的管辖权。对此，二审法院分析如下：首先，前已述及，本案属于垄断协议行为受害人提起的确认垄断行为之诉。因横向垄断协议引发的确认垄断行为或者请求损害赔偿之诉与因一般合同关系发生的当事人可以选择的合同之诉或者侵权之诉不同。在一般合同关系中，如果当事人一方的违约行为侵害对方人身、财产权益，该侵权行为通常也是合同约定的履行行为，该侵权行为原则上不会超出合同范围或者合同当事人可以预想的范围。与此不同的是，在因横向垄断协议引发的侵害他人权益的诉讼中，受害人与垄断行为人之间缔结的合同仅是垄断行为人实施垄断行为的载体或者工具，垄断行为人之间缔结的横向垄断协议才是侵权行为的本源和侵害发生的根源，对横向垄断行为的认定与处理完全超出了受害人与垄断行为人之间的权利义务关系。基于此，因横向垄断协议引发的侵害他人权益的诉讼所涉及的内容和审理对象，远远超出了受害人与垄断行为人之间的约定仲裁条款所涵盖的范围。其次，作为规范市场竞争秩序的法律，反垄断法具有明显的公法性质。在横向垄断协议的认定与处理完全超出了合同相对人之间的权利义务关系的情况下，本案当事人在合同中约定的仲裁条款不能成为排除人民法院管辖横向垄断协议纠纷的当然和绝对依据。因此，本案合同的仲裁条款不能当然排除人民法院对本案的管辖权。最后，合同约定的仲裁协议能否排除人民法院的纠纷管辖权应该根据纠纷的具体情况予以确定。本案中，由于横向垄断协议的认定与处理超出了垄断行为人与受害人之间合同的权利义务，也超出了垄断行为人与受害人之间合同约定的仲裁条款的范围，当横向垄断协议的受害人针对横向垄断行为人提起诉讼时，不再受到其与垄断行为人之间合同约定的仲裁条款的约束。此时，该仲裁协议不能排除人民法院的管辖权。在案件符合人民法院受理条件的情况下，该人民法院对案件具有管辖权。VISCAS 株式会社有关本案应受合同仲裁条款约束因而排除人民法院管辖权的上诉理由不能成立，二审法院不予支持。

（三）本案的法律适用问题是否影响案件管辖权的确定

在本案属于原审法院管辖的情况下，案件所应适用的实体法可以在实体审理阶段再予解决。因此，本案的实体法律适用不影响案件管辖权的确定。VISCAS株式会社关于“上海世博500KV交联聚乙烯电缆项目”证据未经质证、本案不能适用反垄断法等上诉理由，均与本案管辖权的确定无直接关联性，二审法院不予支持。

3. 山西昌林实业有限公司、壳牌(中国)有限公司滥用市场支配地位纠纷再审审查与审判监督民事裁定书

审理法院：最高人民法院
案　　号：(2019)最高法民申6242号
案　　由：滥用市场支配地位纠纷

基本案情

再审申请人(一审原告、二审被上诉人)：山西昌林实业有限公司，住所地：山西省太原市高新区

被申请人(一审被告、二审上诉人)：壳牌(中国)有限公司，住所地：北京市朝阳区建国门外大街

昌林公司申请再审称：(一)二审法院认为本案垄断纠纷应通过仲裁途径解决，系适用法律错误。根据《最高人民法院关于审理因垄断行为引发的民事纠纷案件应用法律若干问题的规定》的规定，垄断民事纠纷是指“因垄断行为受到损失以及因合同内容等违反《反垄断法》发生争议而向人民法院提起的民事诉讼”。垄断民事诉讼中首先要认定被诉垄断侵权行为是否违反《中华人民共和国反垄断法》的规定，该认定不限于平等主体之间的权利义务关系，而涉及社会公共利益。因此，二审法院裁定驳回昌林公司的起诉错误。(二)二审法院未告知昌林公司合议庭组成人员、未询问是否对审判人员申请回避、剥夺昌林公司辩论权，径行以书面形式进行审理，程序违法。(三)二审裁定结果与最高人民法院(2019)最高法知民辖终46号、47号民事裁定及多地法院现有判决存在冲突。综上，请求依法再审，撤销二审裁定，维持一审裁定。

壳牌公司提交意见称，二审法院程序合法，适用法律正确，其他案件的裁判结果对本案没有约束力。请求驳回昌林公司的再审申请。

裁判理由

再审法院认为，本案争议焦点是二审裁定驳回昌林公司的起诉是否存在适用法律错误的问题。根据昌林公司起诉状的内容及壳牌公司在原审中提出的意见，昌林公司提出的有关请求确认壳牌公司实施并请求其停止滥用市场支配地位行为等诉讼

请求及理由与双方之间签订的《经销商协议》约定的特许销售权利义务内容存在密切关联，双方纠纷实质仍属于因履行《经销商协议》而产生的争议。昌林公司与壳牌公司签订的《经销商协议》第22条约定的仲裁事项为“因本协议引起的任何争议”，该约定有效，据此，无论壳牌公司在履行《经销商协议》中是否存在昌林公司所主张的垄断行为，该仲裁条款符合《中华人民共和国仲裁法》(以下简称《仲裁法》)第二条关于“平等主体的公民、法人和其他组织之间发生的合同纠纷和其他财产权益纠纷，可以仲裁”的规定，双方纠纷应受该仲裁条款的约束。二审法院基于该有效仲裁条款的约定，裁定驳回昌林公司的起诉，符合《仲裁法》第五条“当事人达成仲裁协议，一方向人民法院起诉的，人民法院不予受理，但仲裁协议无效的除外”的规定，并不存在适用法律错误的情形。昌林公司的此项申请再审理由不能成立，再审法院不予支持。

至于原审法院是否存在程序违法问题，本案原审法院系基于诉讼程序问题而进行裁决，并未进行实体审理，故二审法院书面审理不存在违反法律规定，剥夺昌林公司辩论权的情形；昌林公司关于二审法院未告知其合议庭组成人员、未询问是否对审判人员申请回避的申请再审理由，均不属于《中华人民共和国民事诉讼法》第二百条规定的人民法院应当再审的情形。其他案件的案由、诉讼请求及具体案情与本案不同，其裁判结果与本案不存在必然联系，昌林公司的相应申请再审理由亦缺乏法律依据，不能成立。

4. 甘肃银光聚银化工有限公司、梦百合家居科技股份有限公司横向垄断协议纠纷二审民事裁定书

审理法院：最高人民法院

案　　号：(2019)最高法知民辖终316号

案　　由：横向垄断协议纠纷

基本案情

上诉人(原审被告)：甘肃银光聚银化工有限公司，住所地：甘肃省白银市高新技术产业园区

被上诉人(原审原告)：梦百合家居科技股份有限公司，住所地：江苏省如皋市丁堰镇皋南路

原审被告：福建省福化工贸股份有限公司。住所地：福建省福州市鼓楼区

原审被告：沧州大化股份有限公司，住所地：河北省沧州市运河区

原审被告：烟台巨力精细化工股份有限公司，住所地：山东省莱阳市经济开发区

原审被告：甘肃银光化学工业集团有限公司，住所地：甘肃省白银市高技术产业园区

甘肃聚银公司上诉请求：撤销原审裁定，本案移送至上诉人或原审被告住所地有管辖权的法院审理。事实和理由：梦百合公司提交的初步证据无法充分证明一审法院管辖范围是侵权行为实施地或侵权结果发生地，本案不宜适用侵权行为地作为管辖连接点，而是应由被告住所地人民法院管辖。一、梦百合公司称甘肃聚银公司、福化工贸公司、沧州大化公司、烟台巨力公司、甘肃银光公司达成并实施横向垄断协议，造成其巨额经济损失，请求判令被告停止涉案横向垄断行为，并赔偿原告经济损失。故本案的诉讼法律关系为侵权之诉，应适用《中华人民共和国民事诉讼法》(以下简称《民事诉讼法》)第二十八条，以侵权行为地或被告住所地作为管辖连接点。二、梦百合公司提交的证据仅可能证明甘肃聚银公司、福化工贸公司、沧州大化公司、烟台巨力公司、甘肃银光公司在宁波举办了TDL行业研讨会，无法证明被告达成并实施了垄断行为，仅达成垄断协议并不构成侵权行为。三、六方当事人住所地均不在宁波，根据诉讼便利原则，本案由被告住所地法院审理，能有效减少当事人讼累，更好地保障当事人合法利益。

裁判理由

二审法院经审查认为，本案为横向垄断协议纠纷管辖权异议上诉案件。《最高人民法院关于审理因垄断行为引发的民事纠纷案件应用法律若干问题的规定》第四条规定，垄断民事纠纷案件的地域管辖，根据案件具体情况，依照民事诉讼法及相关司法解释有关侵权纠纷、合同纠纷等的管辖规定确定。本案中，甘肃聚银公司和梦百合公司均认为本案为侵权之诉，应适用《民事诉讼法》第二十八条规定，由侵权行为地或者被告住所地人民法院管辖。

《中华人民共和国反垄断法》第三条第一项规定，本法规定的垄断行为包括：(一)经营者达成垄断协议；(二)第十三条第二款规定，本法所称垄断协议，是指排除、限制竞争的协议、决定或者其他协同行为。二审法院认为，根据经营者达成垄断协议属于垄断行为的法律规定，达成垄断协议的地点构成横向垄断协议纠纷的侵权行为地。本案中，有证据表明甘肃聚银公司、福化工贸公司、沧州大化公司、烟台巨力公司、甘肃银光公司在浙江省宁波市举办了TDI行业市场研讨会，梦百合公司起诉上述五家公司在会议上达成“TDI上涨的一致性意见”，构成横向垄断协议。作为侵权行为地人民法院，浙江省宁波市中级人民法院对本案具有管辖权。至于甘肃聚银公司上诉称无法证明达成并实施了垄断行为，属于实体审理范畴，不在本案管辖异议审查范围。因此，甘肃聚银公司的上诉理由不能成立，二审法院不予支持。

第八章　技术合同管辖裁判要旨及解析

管辖依据

《中华人民共和国民事诉讼法》(2017年修正)：

第二十三条　因合同纠纷提起的诉讼，由被告住所地或者合同履行地人民法院管辖。

《最高人民法院关于适用〈中华人民共和国民事诉讼法〉的解释》(2020年修正)：

第十八条　合同约定履行地点的，以约定的履行地点为合同履行地。

合同对履行地点没有约定或者约定不明确，争议标的为给付货币的，接收货币一方所在地为合同履行地；交付不动产的，不动产所在地为合同履行地；其他标的，履行义务一方所在地为合同履行地。即时结清的合同，交易行为地为合同履行地。

合同没有实际履行，当事人双方住所地都不在合同约定的履行地的，由被告住所地人民法院管辖。

最高人民法院关于审理技术合同纠纷案件适用法律若干问题的解释(2020年修正)：

第四十三条　技术合同纠纷案件一般由中级以上人民法院管辖。

各高级人民法院根据本辖区的实际情况并报经最高人民法院批准，可以指定若干基层人民法院管辖第一审技术合同纠纷案件。

其他司法解释对技术合同纠纷案件管辖另有规定的，从其规定。

合同中既有技术合同内容，又有其他合同内容，当事人就技术合同内容和其他合同内容均发生争议的，由具有技术合同纠纷案件管辖权的人民法院受理。

案件索引

1. 山东赛米机电设备有限公司与烟台核晶陶瓷新材料有限公司纠纷[山东省烟台市中级人民法院(2021)鲁06民辖终57号]

2. 山东欧润德环保节能科技有限公司与北京欧润德聚合物保温材料技术中心技术转让合同纠纷[北京知识产权法院(2021)京73民辖终17号]

裁判要旨

1. 技术合同纠纷属于知识产权纠纷，依据知识产权合同案件处理管辖受理范围，由被告住所地或者合同履行地的知识产权管辖权的人民法院管辖。根据《最高人民法院关于审理技术合同纠纷案件适用法律若干问题的解释》第43条规定，技术合同纠纷案件一般由中级以上人民法院管辖。经各高级人民法院根据本辖区的实际情况并报经最高人民法院批准的基层人民法院可以管辖第一审技术合同纠纷案件。

2. 当事人将技术合同和其他合同内容或者将不同类型的技术合同内容订立在一个合同中的，应当根据当事人争议的权利义务内容，确定案件的性质和案由。再者，法院对合同中既有技术合同内容，又有其他合同内容的，当事人就技术合同内容和其他合同内容均发生争议的，由具有技术合同纠纷案件管辖权的人民法院受理。

裁定书摘要

1. 山东赛米机电设备有限公司、烟台核晶陶瓷新材料有限公司买卖合同纠纷二审民事裁定书

审理法院：山东省烟台市中级人民法院

案　　号：(2021)鲁06民辖终57号

案　　由：买卖合同纠纷

基本案情

上诉人(原审被告)：山东赛米机电设备有限公司，住所地：山东省淄博市张店区

被上诉人(原审原告)：烟台核晶陶瓷新材料有限公司，住所地：栖霞市迎宾路

上诉人上诉称：一、上诉人与被上诉人之间系技术委托开发合同关系，双方订立合同的目的是研发特定技术内容和要求的坩埚高纯喷涂机器人生产线，该技术不为双方所掌握，目前市场上不存在同类技术成果。接受委托后，双方在合同中约定

了技术目标、技术内容等内容，而且合同双方明确定位委托方和受托方，属于典型的技术委托开发合同。二、技术委托开发合同中关于“向山东省栖霞市人民法院起诉”的管辖约定，因违反级别管辖规定而无效。《山东省高级人民法院关于知识产权纠纷案件受理范围的意见》第一条将技术委托开发合同纠纷纳入了知识产权纠纷案件受理范围。根据《最高人民法院关于审理技术合同纠纷案件适用法律若干问题的解释》第 43 条“技术合同纠纷案件一般由中级以上人民法院管辖。各高级人民法院根据本辖区的实际情况并报经最高人民法院批准，可以指定若干基层人民法院管辖第一审技术合同纠纷案件。……合同中既有技术合同内容，又有其他合同内容，当事人就技术合同内容和其他合同内容均发生争议的，由具有技术合同纠纷案件管辖权的人民法院受理”的规定，技术合同纠纷案件一般由中级人民法院管辖，栖霞市人民法院不属于最高人民法院批准的管辖第一审技术合同纠纷案件的基层法院，上诉人与被上诉人对于管辖的约定，因违法级别管辖规定而无效。三、因前述约定管辖无效，本案应根据《民事诉讼法》第 23 条的规定，由被告住所地或合同履行地的淄博市当地法院管辖，栖霞市人民法院无管辖权。被告即上诉人住所地为淄博市张店区。另外根据《最高人民法院关于印发全国法院知识产权审判工作会议关于审理技术合同纠纷案件若干问题的纪要的通知》第 24 条“当事人对技术合同的履行地点没有约定或者约定不明确，依照合同法第六十一条的规定不能达成补充协议的，技术开发合同以研究开发人所在地为履行地. 但依据合同法第三百三十条第四款订立的合同以技术成果实施地为履行地；技术转让合同以受让人所在地为履行地；技术咨询合同以受托人所在地为履行地；技术服务合同以委托人所在地为履行地。但给付合同价款、报酬、使用费的，以接收给付的一方所在地为履行地”的规定，因上诉人为研发开发人，本案应由上诉人所在地法院管辖。根据《淄博市知识产权案件管辖规定》，标的额在 50 万元以上的第一审一般知识产权民事案件由淄博市中级人民法院受理。请求撤销原审裁定，将本案移送至淄博市中级人民法院审理。

裁判理由

二审法院经审查认为，上诉人与被上诉人签订的《用于坩埚高纯喷涂工艺的机器人生产线合同》约定，甲方即被上诉人作为委托方的义务，包括支付生产线开发经费，提供技术资料及完成协作事项等；乙方即上诉人作为受托方的义务，包括保证项目研发周期内完成研究开发工作并交付等。根据上述合同内容，双方因履行该合同所发生的本案纠纷应定性为技术委托开发合同纠纷。《最高人民法院关于审理技术合同纠纷案件适用法律若干问题的解释》第 43 条规定，技术合同纠纷案件一般由中级以上人民法院管辖。各高级人民法院根据本辖区的实际情况并报经最高人民法院批准，可以指定若干基层人民法院管辖第一审技术合同纠纷案件。《山东省高级人民法院关于知识产权纠纷案件受理范围的意见》亦明确了技术委托开发合同纠纷属于知识产权纠纷案件的受理范围。根据山东省高级人民法院鲁高法[2017]123号文的规定，有权审理第一审一般知识产权民事案件的基层人民法院管辖诉讼标的额在50万元以下。本案诉讼标的额为145万元以上，属于中级人民法院管辖范围。双方在涉案合同中约定的诉讼管辖为栖霞市人民法院，双方当事人的该约定地域管辖明确且与争议具有实际联系，虽栖霞市人民法院对本案不具有管辖权，但栖霞市人民法院所属行政区域内的中级人民法院可依法对本案行使管辖权，故本案应当由二审法院管辖。上诉人上诉请求将本案移送至淄博市中级人民法院审理依法不能成立。原审法院将本案定性为买卖合同纠纷，并依据双方合同约定的管辖条款裁定对本案具有管辖权不当，依法应予纠正。

2. 山东欧润德环保节能科技有限公司与北京欧润德聚合物保温材料技术中心技术转让合同纠纷民事裁定书

审理法院：北京知识产权法院
案　　号：(2021)京73民辖终17号
案　　由：技术转让合同纠纷

基本案情

上诉人(原审被告)：山东欧润德环保节能科技有限公司，住所地：山东省德州市临邑县恒源开发区

被上诉人(原审原告)：北京欧润德聚合物保温材料技术中心，住所地：北京市房山区

山东欧润德公司上诉称：一、一审法院认定事实错误。我方与北京欧润德中心签订的《战略合并协议书》并非技术转让合同，也不包含技术转让内容，合同中的技术部分是北京欧润德中心对新厂的技术出资，不是向我方转让技术。二、一审法院法律适用错误。一审法院认定《战略合并协议书》符合《最高人民法院关于审理技术合同纠纷案件适用法律若干问题的解释》第四十二条、第四十三条的规定错误，《战略合并协议书》不能够被视为技术转让合同。一审法院认定应按《最高人民法院关于适用〈中华人民共和国民事诉讼法〉的解释》(以下简称民事诉讼法解释)第十八条的规定，以接收货币一方所在地为合同履行地确定管辖属法律适用错误。合同履行地应该是厂址所在地，且北京欧润德中心起诉证据中提出的技术配方清单、设备装卸照片也能表明实际履行地。本案争议焦点亦非货币。三、本案由一审法院审理不利于查明案件真实情况。本案全部需查明事实均不发生在北京，我方有理由相信一审法院不会进行实地考察，会增加我方举证难度，不利于查明事实保障我方诉权。本案全部事实均发生在山东省德州市临邑县，应依据合同性质确定管辖法院为

临邑县人民法院。综上，请求撤销一审法院作出的一审裁定，将本案移送至山东省德州市临邑县人民法院审理。

裁判理由

二审法院经审查认为：首先，本案中，双方当事人签订的《战略合并协议书》第八条解决问题的途径约定“甲、乙双方在执行以上协议的过程中如发生争议，应友好协商解决。解决无果时，可向北京市知识产权法法庭提起诉讼”。但该条款约定不明确，无法据此确定管辖法院，因此应该依照《中华人民共和国民事诉讼法》(以下简称《民事诉讼法》)的规定确定管辖。《民事诉讼法》第二十三条的规定，因合同纠纷提起的诉讼，由被告住所地或者合同履行地人民法院管辖。《民事诉讼法》解释第十八条规定，合同约定履行地点的，以合同约定的履行地点为合同履行地。合同对履行地点没有约定或者约定不明的，争议标的为给付货币的，接收货币一方所在地为合同履行地。本案中，双方当事人并未在《战略合并协议书》中明确约定合同履行地，北京欧润德中心提起诉讼请求时其所指向的山东欧润德公司的合同义务内容为货币给付，因此，北京欧润德中心作为接受货币一方，其住所地可视为合同履行地。

其次，《最高人民法院关于审理技术合同纠纷案件适用法律若干问题的解释》第四十二条规定，当事人将技术合同和其他合同内容或者将不同类型的技术合同内容订立在一个合同中的，应当根据当事人争议的权利义务内容，确定案件的性质和案由。第四十三条规定，合同中既有技术合同内容，又有其他合同内容，当事人就技术合同内容和其他合同内容均发生争议的，由具有技术合同纠纷案件管辖权的人民法院受理。本案中，《战略合并协议书》涉及山东欧润德公司对北京欧润德中心无形资产的认知认可和界定以及所有权变更程序，其内容包含对“技术标的内容界定”等，且根据北京欧润德中心起诉书载明的要求返还技术转让款，并在事实与理由中说明对有关技术转让事宜及款项支付存在争议，因此，北京欧润德中心以技术转让合同纠纷为由提起诉讼并无不当。

最后，根据《最高人民法院关于同意北京市高级人民法院调整北京市基层人民法院知识产权案件管辖权的批复》，北京市丰台区人民法院管辖本辖区并跨区域管辖北京市房山区人民法院辖区内的第一审知识产权民事案件。由于本案属于知识产权民事案件，故一审法院对本案具有管辖权。山东欧润德公司的上诉请求缺乏事实及法律依据，二审法院不予支持。

第九章　涉外知识产权管辖裁判要旨及解析

管辖依据

《中华人民共和国民事诉讼法》(2017 年修正)：

第二百六十五条　因合同纠纷或者其他财产权益纠纷，对在中华人民共和国领域内没有住所的被告提起的诉讼，如果合同在中华人民共和国领域内签订或者履行，或者诉讼标的物在中华人民共和国领域内，或者被告在中华人民共和国领域内有可供扣押的财产，或者被告在中华人民共和国领域内设有代表机构，可以由合同签订地、合同履行地、诉讼标的物所在地、可供扣押财产所在地、侵权行为地或者代表机构住所地人民法院管辖。

最高人民法院关于适用《中华人民共和国民事诉讼法》的解释(2020 年修正)：

第五百三十三条　中华人民共和国法院和外国法院都有管辖权的案件，一方当事人向外国法院起诉，而另一方当事人向中华人民共和国法院起诉的，人民法院可予受理。判决后，外国法院申请或者当事人请求人民法院承认和执行外国法院对本案作出的判决、裁定的，不予准许；但双方共同缔结或者参加的国际条约另有规定的除外。

外国法院判决、裁定已经被人民法院承认，当事人就同一争议向人民法院起诉的，人民法院不予受理。

案件索引

1. 康文森无线许可有限公司、中兴通讯股份有限公司标准必要专利许可纠纷[最高人民法院(2019)最高法知民辖终 157 号]

2. 瑞典爱立信有限公司、爱立信(中国)有限公司与 TCL 集团股份有限公司、TCL 通讯科技控股有限公司、TCL 通讯(深圳)有限公司、惠州 TCL 移动通信有限公司滥用市场支配地位纠纷案[最高人民法院(2019)最高法知民辖终 32 号](无法找到裁定书)

3. 交互数字技术公司、交互数字通信有限公司、交互数字公司与华为技术有

限公司滥用市场支配地位纠纷[广东省高级人民法院(2012)粤高法立民终字第160号]

裁判要旨

1. 标准必要专利许可纠纷既非典型的合同纠纷，又非典型的侵权纠纷，而是一种特殊的纠纷类型。判断被告在中国没有住所和办事机构的标准必要专利许可纠纷是否与中国存在适当联系，可以考虑许可标的所在地、专利实施地、合同签订地、合同履行地等是否在中国境内。只要前述地点之一在中国境内，则应认为该案件与中国存在适当联系，中国法院对该案件具有管辖权。

2. 当事人因境外垄断行为在中国境内受到损失而提起诉讼的，该被诉境外垄断行为对中国境内市场竞争产生排除、限制影响的结果地可以作为案件管辖连结点。

裁定书摘要

1. 康文森无线许可有限公司、中兴通讯股份有限公司专利合同纠纷二审民事裁定书

审理法院：最高人民法院

案　　号：(2019)最高法知民辖终157号

案　　由：专利合同纠纷

基本案情

上诉人(原审被告)：康文森无线许可有限公司(Conversant Wireless Licensing S. àr. l.)，住所地：卢森堡大公国卢森堡市让简英格灵

被上诉人(原审原告)：中兴通讯股份有限公司，住所地：中华人民共和国广东省深圳市南山区

康文森公司上诉称：原审裁定缺乏依据，原审法院不应就本案行使管辖权。事实和理由为：

(一)原审裁定以中兴公司无线通信产品的研发地和生产地、合同谈判地及履行地确定本案管辖，缺乏依据。1. 无线通信产品的研发地和生产地不是合同履行地。首先，是否允许制造无线通信产品并非本案合同内容。在标准必要专利使用费的合同关系中，专利权人的义务是遵守公平、合理、无歧视(即FRAND)承诺，制

造者的义务是支付专利使用费，该权利义务关系中不涉及是否停止无线通信产品的生产。因此，是否允许制造者继续制造是专利权人和制造者谈判行为的法律后果，而非标准必要专利使用费谈判的内容。支付许可费才是合同履行的内容。无线通信产品的生产地和研发地均不是合同履行地。其次，本案合同履行地应为康文森公司住所地。根据《最高人民法院关于适用〈中华人民共和国民事诉讼法〉的解释》第十八条的规定，合同对履行地点没有约定或者约定不明确，争议标的为给付货币的，接收货币一方所在地为合同履行地。标准必要专利许可的标的仅仅是给付货币，接收货币的一方即康文森公司住所地为合同履行地。2. 合同谈判地并非确定民事诉讼案件管辖的因素。同时，中兴公司也没有提供任何证据证明合同谈判地在广东省深圳市。

（二）中兴公司的诉讼请求与康文森公司在英国诉讼中的诉讼请求存在重叠。1. 中兴公司关于“就康文森公司持有的中国标准必要专利确定符合 FRAND 义务的实施许可条件”的诉讼请求已为康文森公司在英国诉讼中的诉讼请求所包含。康文森公司在英国诉讼中的诉讼请求包括就康文森公司的中国专利组合确定 FRAND 费率。原审法院继续审理本案将导致中英两国法院对相同事项进行审理，并可能作出不一致的判决。即使原审法院在本案中仅仅基于康文森公司的中国专利来确定符合 FRAND 义务的费率，仍有可能需要先确定全球 FRAND 费率，所述的重叠问题仍不可避免。2. 鉴于中兴公司关于“就康文森公司持有的中国标准必要专利确定符合 FRAND 义务的实施许可条件”的诉讼请求因已包含在康文森公司的英国诉讼中而不应由原审法院审理，中兴公司关于“宣告中国法院适合对康文森公司就其声称为已经符合无线通信标准、由康文森公司持有且有权对他人进行授权的中国专利而提出的许可条件，作出符合 FRAND 义务的实施许可条件的决定”的诉讼请求，不再具有意义。3. 中兴公司关于“康文森公司承担本案诉讼费”的诉讼请求，并非当事人可请求的事项。民事诉讼案件诉讼费用的承担由人民法院根据案件审理结果确定。

（三）英国法院是管辖本案更适宜的法院。考虑到在中兴公司向原审法院起诉大约 6 个月之前、康文森公司收到原审法院送达的诉讼文件近 12 个月之前，关联的英国诉讼已经开始并已取得显著进展，双方均为推动诉讼花费了大量的时间和金钱成本，由英国法院确定基于康文森公司中国专利的符合 FRAND 原则的许可费率，并将其作为英国法院确定的基于康文森公司全球专利组合的 FRAND 费率的一部分更为适当。

综上，请求撤销原审裁定，确认本案不宜由原审法院管辖，驳回中兴公司的起诉。

中兴公司答辩称：原审法院对本案具有管辖权，康文森公司的上诉理由缺乏事实和法律依据，原审裁定认定事实清楚，适用法律正确，应当予以维持。

（一）原审法院对本案具有管辖权。1. 中兴公司的原审诉讼请求具体、明确，符合法律规定的受理案件条件，人民法院应当依法受理。2. 原审法院对本案具有地域管辖权。本案为标准必要专利许可纠纷，并非单纯认定涉案专利许可费纠纷，亦非简单的合同纠纷。广东省深圳市不仅是涉案专利实施地，还是双方许可谈判地及预期合同履行地。中兴公司注册地址和主要营业地址均位于广东省深圳市，康文森公司的许可谈判行为均与中兴公司进行，因此广东省深圳市是双方谈判行为发生地，也是预期签订地、履行地。中兴公司的诉讼请求为确定涉案专利实施许可条件而非单纯的许可费，故履行义务一方即中兴公司的住所地应为合同履行地。

（二）康文森公司的上诉理由缺乏事实和法律依据。1. 康文森公司主张原审法院没有地域管辖权，缺乏事实和法律依据。FRAND 承诺不具有合同性质，康文森公司与中兴公司之间尚未订立生效许可合同。2. 中兴公司的本案诉讼请求与康文森公司在英国法院的诉讼请求不一致，两者没有重叠或者包含关系。

（三）中国法院更适合管辖本案。1. 中国法院方便管辖本案。本案诉讼请求所涉及的专利全部为中国专利，并不涉及英国专利，中国法院依法对中国专利的实施许可条件拥有管辖权。中兴公司的生产、制造、销售等行为主要发生在中国，中兴公司的行为与中国具有实质联系，而与英国的联系较弱，中国法院更方便就本案行使管辖权。2. 康文森公司在江苏省南京市中级人民法院应诉其与华为技术有限公司、华为终端有限公司、华为软件技术有限公司（以下统称华为方）之间的确认不侵害专利权及标准必要专利许可纠纷案，并未提出管辖权异议，实质上已经承认中国法院具有管辖权。上述案件中的部分诉请与本案实质相同，康文森公司对本案提出管辖权异议，行为自相矛盾。

原审法院认定事实：中兴公司是在中国广东省深圳市注册成立的研发、生产、销售无线通信产品及设备的企业。康文森公司称其在全球范围内拥有 2G、3G、4G 标准必要专利，同时，亦在中国拥有 2G、3G、4G 标准必要专利。康文森公司仅以专利授权许可获利作为其经营模式，不从事专利实施生产行为。中兴公司与康文森公司就标准必要专利许可费问题进行了长期谈判，但至今未就许可费率达成一致意见。

二审程序中，康文森公司提交了有关康文森公司与中兴公司在英国法院诉讼的两份裁决及其中文译文，即英格兰和威尔士高等法院（以下简称英国高等法院）2018 年 4 月 16 日作出的［2018］EWHC808 号裁决及英国上诉法院于 2019 年 1 月 30 日作出的［2019］EWCACiv38 号裁决及其相应的中文译文，用以证明本案与双方当事人发生在英国的诉讼在诉讼请求方面存在重叠，本案所涉争议由英国法院审理更为适宜。中兴公司对上述两份裁决的真实性无异议。二审法院认为，上述两份裁决与本案存在关联性，将在查明相关事实时予以考虑。

中兴公司提交了中兴公司与康文森公司在中国境内进行电话会议以及面对面会谈的情况列表，用以证明双方在中国进行过多次谈判。康文森公司质证认为，该组证材料实际为中兴公司对其与康文森公司谈判情况的整理，不属于证据；同时，该证据显示的部分电话会议时间不准确，面对面会谈的次数和地点有所遗漏。二审法院认为，上述证据材料系中兴公司对其与康文森公司谈判时间和地点的简要归纳，属于当事人陈述。康文森公司对中兴公司提交的上述属于当事人陈述的证据材料的真实性无异议，同时对谈判时间和地点予以补充，二审法院将结合双方的意见陈述对相关事实予以认定。

结合上述证据以及原审材料，二审法院查明如下事实：

（一）关于中兴公司与康文森公司之间的磋商情况。就涉案专利许可事宜，中兴公司与康文森公司曾于 2013 年 10 月至 2015 年 4 月期间召开过多次电话会议，并曾于 2012 年 7 月至 2017 年 9 月期间在中国南京、上海、深圳以及日本东京等地进行过多次面谈。

（二）关于中兴公司的诉讼请求及其依据的事实与理由。中兴公司在原审法院起诉后曾变更诉讼请求，变更后的最终诉讼请求为：1. 宣告中国法院适合，对康文森公司就其声称为已经符合无线通信标准、由康文森公司持有且有权对他人进行授权的中国专利而提出的许可条件，作出如诉讼请求 2 之符合 FRAND 义务的实施许可条件的决定；2. 就康文森公司持有的中国标准必要专利确定符合 FRAND 义务的实施许可条件；3. 判令康文森公司承担本案诉讼费用。事实和理由为：中兴公司是注册在中国的全球领先的通信设备生产厂商，通过设立在不同国家或地区的子公司，与全球 231 个运营商有着紧密的合作，专利资产累计超过 6.8 万件，全球授权专利数量超过 2.9 万件。康文森公司是一家根据卢森堡法律注册成立的有限责任公司，专门从事专利组合运营，并不从事生产制造活动。康文森公司于 2011 年购买了诺基亚公司约 2000 项专利及专利申请，其中包括部分涉及移动通信标准的专利和申请中的专利。康文森公司作为标准必要专利的权利人，有义务按照公平、合理、无歧视的原则授予中兴公司专利许可。尽管中兴公司作为善意被许可人试图与其达成许可，但是康文森提供的报价不符合 FRAND 义务。双方谈判期间，康文森公司向英国法院起诉中兴公司侵犯其部分专利权，并进一步请求英国法院就其全球专利组合裁定许可条件。康文森公司的前述行为违反了其 FRAND 义务。

（三）关于康文森公司与中兴公司的英国诉讼情况。2017 年 7 月 24 日，康文森公司在英国高等法院起诉包括中兴公司在内的 4 个被告。康文森公司的诉讼请求包括：1. 确认中兴公司等被告的行为侵害了康文森公司拥有的 4 个标准必要专利的专利权；2. 确认康文森公司对中兴公司提出的条件符合其 FRAND 义务；3. 确认中兴公司不符合其 FRAND 义务；4. 请求法院就包含其中国专利的全球专利组合裁定一个符合 FRAND 原则的许可条件以及费率等。

中兴公司等被告对英国高等法院的管辖权提出异议，认为英国法院对于那些在实质和效果上主张侵害外国专利权但该外国专利权有效性正在诉争之中的诉讼请求不具有管辖权，或者英国法院应当拒绝对康文森公司的诉讼请求行使管辖权，因为英国法院不是合适的法院（不方便法院），中国法院才是“自然的法院”。2018 年 4 月 16 日，英国高等法院作出裁决，认为英国法院可以审理康文森公司的全部诉讼请求，驳回了中兴公司等的管辖权异议。中兴公司等被告不服该裁决，上诉至英国上诉法院。2019 年 1 月 30 日，英国上诉法院作出裁决，驳回上诉，维持原审裁决。中兴公司不服英国上诉法院的裁决，向英国最高法院提出上诉。2019 年 4 月，英国最高法院同意该上诉申请，并于 2019 年 10 月开庭审理。

上述英国高等法院裁决第 10 段记载：“被告的辩词首先阐述了他们的业务‘以中国为中心的性质’。对于被告华为，中国占到华为集团全球销售额的 56%……相比之下，英国只占到康文森主张许可费全球销售的 1%。对于被告中兴，手机制造在中国进行，在 2017 年前六个月中兴集团的经营收入 60%来自中国。相比之下，中兴集团在英国的业务很少，其英国营业额只占 0.07%。”

（四）关于康文森公司所称中国标准必要专利的效力状态。中兴公司等已针对康文森公司所声称的全部中国标准必要专利提起了无效宣告请求。国家知识产权局已作出无效宣告请求审查决定，认定其中大部分专利全部无效，少量专利部分有效，少量专利全部有效。目前有关专利处于专利授权确权行政诉讼程序或者新的无效宣告程序中。

（五）关于华为方与康文森公司在江苏省南京市中级人民法院的关联诉讼。2019 年 9 月 16 日，江苏省南京市中级人民法院就华为方诉康文森公司确认不侵害专利权及标准必要专利许可纠纷三案作出一审判决：一是不支持华为方关于确认不侵权的请求；二是支持华为方关于适用“自上而下法”计算有关许可费率的主张，确定了在单模或者多模 2G、3G、4G 移动终端产品中使用康文森公司中国标准必要专利的许可费率。该三案中，康文森公司的 15 件涉案中国专利中仅有 1 件被认定构成有效的标准必要专利。康文森公司已对上述判决提出上诉。

裁判理由

二审法院经审查认为，本案系标准必要专利许可纠纷。根据当事人的上诉请求、答辩情况及案件事实，本案在二审阶段的主要争议焦点问题有三：其一，中国法院对本案是否具有管辖权；其二，如果中国法院对本案具有管辖权，原审法院对本案行使管辖权是否适当；其三，本案是否应驳回起诉，告知原审原告向更方便的外国法院起诉。

（一）中国法院对本案是否具有管辖权

康文森公司系外国企业，且其在中国境内没有住所和代表机构。针对在中国境内没有住所和代表机构的被告提起的涉外民事纠纷案件，中国法院是否具有管辖权，取决于该纠纷与中国是否存在适当联系。判断标准必要专利许可纠纷与中国是否存在适当联系，应结合该类纠纷的特点予以考虑。

第一，标准必要专利许可纠纷的发生原因。此类纠纷中，标准必要专利权利人对其持有的专利组合通常已向标准制定组织作出过公平、合理、无歧视(FRAND)的许可承诺。尽管如此，仅有公平、合理、无歧视(FRAND)的许可承诺并不意味着合同已经成立，还需要进一步确定具体的许可条件。因此，标准必要专利权利人与标准实施者一般需要先就标准必要专利许可进行协商谈判。标准必要专利许可谈判通常需要经过如下几个阶段：标准必要专利权利人向标准实施者发出侵权通知函或者谈判邀请；签署保密协议；技术澄清与讨论；标准必要专利权利人提出许可要约方案；标准实施者提出反要约；商务协商签署许可协议；协议履行。在上述过程中，双方纠纷的发生原因是多方面的：既可能是在技术澄清阶段，就许可标的或其中部分标的是否属于标准必要专利、该标准必要专利是否有效等发生争议；也可能在许可条件谈判阶段，因许可的具体条件(例如许可费、许可范围等)发生争议；还可能在许可协议达成后，因许可协议的履行发生争议。

第二，标准必要专利许可纠纷的核心。标准必要专利许可纠纷的核心是诉请法院确定特定许可条件或者内容，促使双方最终达成许可协议或者履行许可协议。在具体案件中，法院通常需要根据纠纷发生原因的不同，有针对性地确定许可标的、许可条件等。例如，在双方就许可标的发生争议时，法院需要审查所涉标准必要专利是否真正为实施特定标准所必需及其有效性如何。

第三，标准必要专利许可纠纷的特殊性。由上述分析可知，该类纠纷既具有专利侵权纠纷的某些特点，例如可能需要判断作为许可标的的专利是否属于标准必要专利或者标准实施者是否实施了该专利、该专利的有效性如何；又具有合同纠纷的某些特点，例如可能需要根据磋商过程确定双方关于包括许可费率在内的许可条件存在的分歧或已达成的部分合意等。可见，标准必要专利许可纠纷既非典型的合同纠纷，又非典型的侵权纠纷，而是一种特殊的纠纷类型。

第四，标准必要专利纠纷的国际管辖。关于标准必要专利许可纠纷这一特殊纠纷是否与中国存在适当联系的判断，可以考虑许可标的所在地、专利实施地、合同签订地、合同履行地等是否在中国境内。只要前述地点之一在中国境内，则应认为该案件与中国存在适当联系，中国法院对该案件具有管辖权。本案中，非常明确的是，作为许可标的的标准必要专利为中国专利，作为许可标的的标准必要专利实施地也在中国，中国法院对本案具有管辖权。康文森公司关于标准必要专利使用费许可纠纷为合同纠纷、标准实施者的义务是支付专利使用费等主张忽视了标准必要专利许可纠纷的特殊性，其在此基础上以合同履行地不在中国境内为由，否定中国法院对本案的管辖权，理据不足，二审法院不予支持。

(二)原审法院对本案行使管辖权是否适当

康文森公司主张，原审裁定以中兴公司无线通信产品的研发地和生产地、合同谈判地及履行地确定本案管辖，缺乏依据；本案合同履行地应为康文森公司住所地，原审法院对本案不具有管辖权。对此，二审法院分析如下：

第一，标准必要专利许可纠纷具有特殊性。前已述及，标准必要专利许可纠纷是兼具合同纠纷和专利侵权纠纷特点的特殊纠纷类型。当对许可标的或者许可条件发生争议时，审理法院可能需要审查许可专利的法律效力、该专利是否为实施标准所必需、标准实施者实施相关标准及专利的情况、协议的具体内容等事实问题。因此，标准必要专利纠纷应由中国哪个法院管辖，可以根据具体情况考虑许可标的所在地、专利实施地、合同签订地、合同履行地等连结点。本案中，中兴公司位于广东省深圳市，其在该地实施本案所涉标准必要专利。原审法院作为专利实施地法院，对本案具有管辖权。产品研发地、生产地属于专利实施地，原审法院以此确定本案管辖权，并无不当。康文森公司关于原审裁定以中兴公司产品研发地和生产地确定本案管辖缺乏依据的主张，本质上是将标准必要专利许可纠纷作为纯粹的合同纠纷对待，与标准必要专利许可纠纷的特质不符，二审法院不予支持。

第二，关于标准必要专利许可纠纷的合同履行地问题。首先，本案中双方当事人尚未达成许可协议。因此，本案不适宜将合同履行地作为案件管辖连结点。其次，本案中双方当事人争议的对象不仅可能涉及许可费用的支付，还可能涉及作为许可标的的专利是否属于真正的标准必要专利及其有效性问题。在争议对象不仅涉及许可费用的确定与支付时，难以适用《最高人民法院关于适用〈中华人民共和国民事诉讼法〉的解释》第十八条的规定，将接收货币一方所在地作为合同履行地。康文森公司关于本案合同履行地应为其公司住所地并以此确定管辖法院的上诉理由不能成立，二审法院不予支持。

(三)本案是否应驳回起诉，并告知原审原告向更方便的外国法院起诉

康文森公司主张，中兴公司的诉讼请求与康文森公司在英国诉讼中的诉讼请求存在重叠；在先英国诉讼已取得显著进展且双方均为推动诉讼耗费了大量成本，英国法院是管辖本案更适宜的法院。对此，二审法院分析如下：

第一，国外正在进行的平行诉讼不影响中国法院对案件的管辖权。《最高人民法院关于适用〈中华人民共和国民事诉讼法〉的解释》第五百三十三条第一款规定："中华人民共和国法院和外国法院都有管辖权的案件，一方当事人向外国法院起诉，而另一方当事人向中华人民共和国法院起诉的，人民法院可予受理。判决后，外国法院申请或者当事人请求人民法院承认和执行外国法院对本案作出的判决、裁定的，不予准许；但双方共同缔结或者参加的国际条约另有规定的除外。"根据上述规定，即便某个案件的平行诉讼正在外国法院审理，只要中国法院对该案件依法具有管辖权，外国法院的平行诉讼原则上不影响中国法院对该案予以受理。据此，无论本案与关联的英国诉讼是否存在重叠，均不影响原审法院对本案予以受理。康文森公司的相关上诉理由不能成立，二审法院不予支持。

第二，本案不符合不方便法院原则的适用条件。《最高人民法院关于适用〈中华人民共和国民事诉讼法〉的解释》第五百三十二条规定："涉外民事案件同时符合下列情形的，人民法院可以裁定驳回原告的起诉，告知其向更方便的外国法院提起诉讼：(一)被告提出案件应由更方便外国法院管辖的请求，或者提出管辖异议；(二)当事人之间不存在选择中华人民共和国法院管辖的协议；(三)案件不属于中华人民共和国法院专属管辖；(四)案件不涉及中华人民共和国国家、公民、法人或者其他组织的利益；(五)案件争议的主要事实不是发生在中华人民共和国境内，且案件不适用中华人民共和国法律，人民法院审理案件在认定事实和适用法律方面存在重大困难；(六)外国法院对案件享有管辖权，且审理该案件更加方便。"根据上述规定，不方便法院原则的适用需要同时满足上述六个条件，且主张适用该原则的被告应对此承担证明责任。本案中，二审法院注意到如下事实：(1)中兴公司的注册登记地在中国，本案涉及中国法人的利益。(2)争议的主要事实发生在中国境内，包括标准必要专利是否实施、作为许可标的的专利是否有效、是否标准必要专利等。(3)康文森公司所提交的证据不能证明中国法院在认定事实和适用法律方面存在重大困难。(4)康文森公司所提交的证据不能证明英国法院审理本案更为便利。本案涉及中国标准必要专利许可问题，在中兴公司对于许可标的是否标准必要专利及其效力问题提出质疑的情况下，英国法院对此问题的审理不比中国法院更便利。同时，中兴公司经营收入的60%来自中国，来自英国的经营收入占比不足0.1%，中兴公司所可能支付的许可费用必然主要基于其在中国境内实施康文森公司标准必要专利的行为，本案标准必要专利许可纠纷显然与中国具有更密切的联系，中国法院审理更为便利。康文森公司关于本案应驳回起诉并告知中兴公司向更方便的外国法院起诉的主张不能成立，二审法院不予支持。

2. 交互数字技术公司、交互数字通信有限公司、交互数字公司与华为技术有限公司滥用市场支配地位纠纷上诉案

审理法院：广东省高级人民法院
案　　号：(2012)粤高法立民终字第160号
案　　由：滥用市场支配地位纠纷

基本案情

上诉人(原审被告)：交互数字技术公司，住所地：美国特拉华州
上诉人(原审被告)：交互数字通信有限公司，住所地：美国宾夕法尼亚州
上诉人(原审被告)：交互数字公司，住所地：美国宾夕法尼亚州
被上诉人(原审原告)：华为技术有限公司，住所地：中华人民共和国广东省

深圳市

原审裁定认为，本案为垄断纠纷案件。垄断纠纷在性质上为民事侵权纠纷。原告华为公司提交的初步证据显示，被告交互技术公司、交互通信公司、交互数字公司为关联公司，对外统称“Inter Digital Group”；被告参与各类无线通信国际标准的制定，并将其拥有的专利权纳入无线通信领域国际标准，还声称拥有相应中国专利。中国有关部门已将国际标准组织制定的3G无线通信标准作为中国领域内电信运营商在设备采集时必须使用的技术标准。原告与Inter Digital集团就通信设备领域里的专利技术许可问题通过电子邮件或者在深圳等地进行了长期谈判，但至今未就许可费率达成一致。现原告指控被告滥用市场支配地位构成垄断侵权，而原告的总部在广东省深圳市，根据《中华人民共和国民事诉讼法》第二十九条以及最高人民法院《关于适用〈中华人民共和国民事诉讼法〉若干问题的意见》第28条的规定，原审法院作为被控侵权行为结果发生地的法院，对本案享有管辖权。被告提出的管辖权异议申请不符合法律规定，且本案与(2011)深中法知民初字第857号案不构成重复诉讼。依照《中华人民共和国民事诉讼法》第二十九条以及最高人民法院《关于适用〈中华人民共和国民事诉讼法〉若干问题的意见》第28条的规定，裁定驳回交互技术公司、交互通信公司、交互数字公司对本案管辖权提出的异议。

交互技术公司不服原审裁定，上诉称：一、原审裁定认定事实、适用法律错误。首先，原审法院是基于被上诉人华为公司的主张及其提交的未经上诉人及其他被告质证的初步证据作出事实认定，且被上诉人提交的起诉证据不足以证明所谓其与Inter Digital集团就通信设备领域里的专利技术许可问题。事实上，从所谓的垄断侵权行为看，上诉人与被上诉人谈判指向的对象是与相关国际标准有关的涵盖全球专利的专利组合，协商谈判并非仅针对中国专利，而是包括了在全球多个国家的一揽子专利，双方从未协商针对某一国专利的单独许可。而且，被上诉人在诉讼请求中提起的2000万元赔偿额主要针对的是其因在美国进行与上诉人的诉讼而产生的律师费。可见被上诉人所谓的侵权行为实际上与在美国的诉讼有关，故本案侵权行为地应在美国，中国法院包括原审法院对本案不享有管辖权。其次，本案所有被告在中国境内没有住所，应适用《中华人民共和国民事诉讼法》第二百四十一条，而不能适用第二十九条；最高人民法院《关于适用〈中华人民共和国民事诉讼法〉若干问题的意见》第28条仅是对《中华人民共和国民事诉讼法》第二十九条规定的“侵权行为地”作出扩大解释，并没有对《中华人民共和国民事诉讼法》第二百四十一条规定的“侵权行为地”作出相应解释，故原审法院适用法律错误，而且与上位法抵触。二、本案与(2011)深中法知民初字第857号案系基于相同的事实和法律关系，本质上构成“一案二诉”的重复诉讼。两案不但被上诉人所依据的事实和理由在本质上完全相同，而且两案的诉讼请求相互重合，原审法院对此未进行任何法律分析即认定本案不构成重复诉讼法律依据不足。三、即便中国法院对本案有管辖权，也应该由北京市有管辖权的法院管辖。本案各被告在中国境内均无住所，即使涉案专利可能被认为是可供扣押财产，因为该等专利是由中国知识产权局授予，所以如认为中国与本案有连接点，无论是根据可供扣押财产还是从诉讼标的物所在地，也应当是中国知识产权局所在地北京市。即便按照被上诉人所称的中国工业和信息化部(以下简称工信部)将有关专利纳入标准这一情况确定管辖权，在上诉人及其他被告在中国均无住所的情况下，与本案具有最紧密联系的管辖权连接点也只能是工信部所在地北京市。此外，上诉人并非欧洲电信标准化协会(dsInstitute，以下简称ETSI)成员，ETSI在中国境内并无分支机构，而被上诉人起诉提交的ETSI官方网站有关的证据，是在北京市进行证据保全，因此，与本案具有最紧密联系的管辖权连接点也只能是证据保全所在地北京市。鉴于上述理由，请求依法撤销原审裁定，裁定原审法院对被上诉人针对上诉人的起诉无管辖权，或将本案移送北京市有管辖权的法院。

交互通信公司、交互数字公司不服原审裁定，提起上诉，其上诉理由和请求除与交互技术公司一致外，还认为本案所涉及的案件事实与上诉人无关，上诉人不是本案适格被告。被上诉人关于上诉人涉嫌民事垄断侵权行为的诉讼主张必须建立在上诉人是相关涉案专利的专利权人的事实基础上。但事实上，上诉人并不拥有任何专利，不是涉案专利的专利权人，也不是与被上诉人华为公司进行许可谈判的一方，因此，原审法院混淆各被告的身份进行裁判是不正确的。被上诉人华为公司未提交书面答辩意见。

经查，2011年12月6日，华为公司以交互技术公司、交互通信公司、交互数字公司滥用其在3G无线通信标准中的基本专利许可市场中的支配地位，在与华为公司进行相关专利许可的谈判过程中设定歧视性的交易条件、在许可条件中附加不合理的条件、在许可过程中涉嫌搭售以及提出各种苛刻条件，并突然向美国起诉华为公司、华为公司在美国的子公司，本质上是拒绝与华为公司进行交易；上述滥用行为不仅损害了竞争秩序，也对华为公司造成实质损害，并威胁华为公司在相关市场的正常运营，已构成垄断民事侵权为由，向原审法院提起本案诉讼，请求判令交互技术公司、交互通信公司、交互数字公司：1. 立即停止垄断民事侵权行为，包括停止差别定价行为、搭售行为、附加不合理交易条件行为以及拒绝交易行为；2. 连带赔偿华为公司经济损失2000万元，华为公司保留根据进一步获知的证据以及交互技术公司、交互通信公司、交互数字公司侵权延续造成的损失对赔偿数额予以增加的权利。

同日，华为公司基于其与交互通信公司同属ETSI会员，根据ETSI的知识产权政策，双方因均向ETSI作出知识产权声明并承诺遵守ETSI知识产权政策的合意产生的权利义务而形成合同关系，故双方均应当受FRAND(公平、合理、无歧视原则)义务的约束；交互技术公司、交互数字专利控股公司、IPR许可公司作为交互通信公司的关联机构也分别向 ETSI 作出了专利声明，认可 ETSI 的知识产权政策，承诺将以 FRAND 条件许可 ETSI 其他会员实施其基本专利。因此，交互通信公司、交互技术公司、交互数字专利控股公司、IPR 许可公司有按照 FRAND 原则给予同是会员的华为公司其声明拥有知识产权的无线通信基本专利许可的合同义务。但交互通信公司、交互技术公司、交互数字专利控股公司、IPR 许可公司在与华为公司就无线通信基本专利进行许可条件磋商时，违反 FRAND 原则，提出苛刻条件，实行歧视性的差别待遇，严重违背了其应当按照 FRAND 条件许可基本专利的合同义务。据此，向原审法院提起另案诉讼，请求判令：按照 FRAND 条件判决确定交互通信公司、交互技术公司、交互数字专利控股公司、IPR 许可公司就其中国基本专利许可华为公司的许可费率或费率范围。原审法院以(2011)深中法知民初字第 857 号予以立案受理。

裁判理由

二审法院认为：华为公司基于交互技术公司、交互通信公司、交互数字公司滥用市场支配地位已构成垄断侵权行为而提起本案诉讼，故本案属滥用市场支配地位纠纷。根据《中华人民共和国民事诉讼法》第六十四条第一款的规定，当事人有责任提供证据以证明自己提出的主张。华为公司起诉时提交了证明交互技术公司、交互通信公司、交互数字公司涉嫌实施滥用市场支配地位行为的证据，履行了举证责任。华为公司的住所地在中国广东省深圳市，根据《中华人民共和国民事诉讼法》第二百三十五条、二百四十一条以及最高人民法院《关于适用〈中华人民共和国民事诉讼法〉若干问题的意见》第 28 条的规定，原审法院作为侵权结果发生地法院，对本案拥有管辖权。

关于交互通信公司、交互数字公司是否本案适格被告的问题，属于实体审理范畴，可在本案审理阶段解决。关于本案是否构成重复起诉的问题，上述查明的事实表明本案当事人、案由、诉讼请求与(2011)深中法知民初字第 857 号案不同，故不属于一案两诉。关于本案是否应该由北京市有管辖权的法院管辖的问题，北京市只是涉案专利的授予地、相关技术标准的颁布地、涉案证据的保全地，均不属于《中华人民共和国民事诉讼法》第二百四十一条规定的管辖权连接点，故本案移送管辖缺乏法律依据。

第十章　涉管辖程序审查裁判要旨及解析

管辖依据

《中华人民共和国民事诉讼法》(2017 年修正)：

第三十五条　两个以上人民法院都有管辖权的诉讼，原告可以向其中一个人民法院起诉；原告向两个以上有管辖权的人民法院起诉的，由最先立案的人民法院管辖。

最高人民法院关于适用《中华人民共和国民事诉讼法》的解释(2020 年修正)：

第三十七条　案件受理后，受诉人民法院的管辖权不受当事人住所地、经常居住地变更的影响。

第三十九条　人民法院对管辖异议审查后确定有管辖权的，不因当事人提起反诉、增加或者变更诉讼请求等改变管辖，但违反级别管辖、专属管辖规定的除外。

案件索引

1. 深圳市万普拉斯科技有限公司、高清编解码科技有限责任公司侵害发明专利权纠纷[最高人民法院(2021)最高法知民辖终 4 号]

2. 烟台台海玛努尔核电设备有限公司与国机重型装备集团股份有限公司侵害发明专利权纠纷[最高人民法院(2020)最高法知民辖终 361 号]

3. 圣奥化学科技有限公司与山西翔宇化工有限公司破产管理人、运城晋腾化学科技有限公司、陈永刚侵害技术秘密纠纷[最高人民法院(2020)最高法知民辖终 68 号]

裁判要旨

1. 法院在管辖权异议二审审理阶段，原则上仅对相关案件事实作形式审查，即只要能够依法认定受诉法院与确定案件管辖相关的事实之间存在能够建立可争辩的地域管辖连结关系，即可认为受诉法院对案件具有管辖权。如果与建立案件管辖连结点相关的事实同时涉及案件实体争议内容的，只需审查案件初步证据是否能够证成存在一个可争辩的管辖连结点事实即可，一般不对案件实体争议内容如被告是否构成侵权或违约、被告销售的被诉侵权产品是否具有合法来源、被告是否需要承担法律责任等作出认定。

2. 法院在管辖权异议程序中的审理范围不以当事人的管辖权异议理由为限。原受诉法院不具有管辖权的，案件移送也不以当事人管辖权异议所请求的受移送法院为限。

3. 确定案件管辖原则上以起诉时为准，起诉时对案件具有管辖权的法院，不因确定管辖的事实在诉讼过程中发生变化而影响其管辖权，此所谓管辖权恒定原则。但是，在原审法院认定其对案件不具有管辖权的情况下，则缺乏管辖权恒定原则的适用前提。此时，如果在后续程序中出现可能使得原审法院对案件具有管辖权的新事实的，则应该根据新事实确定管辖。

裁定书摘要

1. 深圳市万普拉斯科技有限公司、高清编解码科技有限责任公司侵害发明专利权纠纷二审民事裁定书

审理法院：最高人民法院

案　　号：(2021)最高法知民辖终4号

案　　由：侵害发明专利去纠纷

基本案情

上诉人(原审被告)：深圳市万普拉斯科技有限公司，住所地：广东省深圳市前海深港合作区

被上诉人(原审原告)：高清编解码科技有限责任公司(Advanced Codec Technologies，LLC)，住所地：美利坚合众国得克萨斯州77019休斯敦谢波德路

原审被告：南京白下苏宁易购商贸有限公司，住所地：江苏省南京市秦淮区

万普拉斯公司上诉请求：撤销原审裁定，将本案移送至中华人民共和国广东省深圳市中级人民法院(以下简称深圳市中级人民法院)审理。事实与理由：(一)万普拉斯公司与高清编解码公司之间的纠纷为本案的审理重点，故万普拉斯公司所在地法院为合适的管辖法院。1. 万普拉斯公司住所地位于中华人民共和国广东省深圳市(以下简称广东省深圳市)前海深港合作区，根据《中华人民共和国民事诉讼

法》(以下简称《民事诉讼法》)的相关规定，本案应当由万普拉斯公司住所地有管辖权的人民法院管辖。进而，根据《最高人民法院关于审理专利纠纷案件适用法律问题的若干规定》(注：万普拉斯公司此处所援引的司法解释，对应的是根据2015年1月19日最高人民法院审判委员会第1641次会议通过、2015年1月29日公布的《关于修改〈最高人民法院关于审理专利纠纷案件适用法律问题的若干规定〉的决定》(法释[2015]4号)第二次修正的文本)第二条关于"专利纠纷第一审案件，由各省、自治区、直辖市人民政府所在地的中级人民法院和最高人民法院指定的中级人民法院管辖"的规定，本案应由深圳市中级人民法院管辖。2. 苏宁公司仅为日用家电百货的销售平台，高清编解码公司将其列为本案第二被告，但并未对其提出实质性的诉讼请求。高清编解码公司提出的诉讼请求主要是针对万普拉斯公司，故由万普拉斯公司所在地具有管辖权的人民法院管辖，更有利于案件的审理。而且，苏宁公司所销售的被诉侵权产品均有合法来源，其与本案是否构成专利侵权并无关联性，苏宁公司也未参与高清编解码公司所谓的专利许可协商谈判，即使将来法院认定侵权成立，苏宁公司亦不是侵权责任的主要承担者，其与高清编解码公司的纠纷更不是本案审理的重点。3. 万普拉斯公司拥有独立的设计研发中心，而且本案被诉侵权产品的核心设计研发、生产、营销等工作都集中在广东省深圳市，被诉侵权产品是否侵害高清编解码公司的涉案专利权是本案审理的重点。因此，从案件审理高效、事实调查充分的角度考量，本案由万普拉斯公司所在地具有专利纠纷管辖权的深圳市中级人民法院进行审理是合适的。原审法院以苏宁公司的住所地作为管辖连结点并不妥当。(二)高清编解码公司将被诉侵权产品的销售地作为管辖连结点，将导致管辖连结点极为不确定，有违民事诉讼管辖的"收敛稳定"原则。《民事诉讼法》的核心原则之一是"两便原则"，即便于当事人参加诉讼，便于法院查明事实和判决的执行。为此，《民事诉讼法》确立了"原告就被告"的一般地域管辖规则。民事诉讼管辖的基本原理应当使得管辖权"收敛"于某一个法院或某些法院，而不应当使每一个法院都可能成为管辖法院，否则将从根本上颠覆上述民事诉讼管辖基本原则。如果允许将销售地作为管辖连结点，高清编解码公司便可以很容易地通过购买行为将其任意选择的购买地作为地域管辖连结点，进而任意选择管辖法院，此举势必导致民事案件的一般地域管辖原则形同虚设，并在程序上导致利益天平严重倾斜于高清编解码公司。因此，对高清编解码公司这种滥用管辖连结点的行为如不加以规制，势必背离民事诉讼法关于侵权行为地规则的立法原意。综上，请求二审法院依法支持万普拉斯公司的上诉请求。

高清编解码公司未作答辩，苏宁公司未作陈述。

二审法院经审理查明如下事实：

(一)高清编解码公司为第99×××41.7号"对宽带信号进行解码时的周期性增强的方法和设备"发明专利的独占实施被许可人，其在本案中指控的被诉侵权行为的具体表现为：万普拉斯公司制造、销售被诉侵权产品，苏宁公司销售被诉侵权产品。高清编解码公司向原审法院起诉请求：1. 判令万普拉斯公司和苏宁公司共同赔偿高清编解码公司10万元；2. 判令万普拉斯公司和苏宁公司共同承担高清编解码公司因调查、制止侵权所支出的合理费用10万元。

（二）根据高清编解码公司向原审法院提交的在案证据即（2020）苏宁南京证字第32759号公证书（以下简称第32759号公证书）记载的事实：高清编解码公司的委托代理人于2020年4月26日在位于中华人民共和国江苏省南京市（以下简称江苏省南京市一部名称为“一加手机8黑镜8GB+128GB”的手机，并当场取得一张加盖有苏宁公司发票专用章的江苏增值税普通发票。该被诉侵权产品的包装盒表面贴附的标签显示有万普拉斯公司的全称、住所地及客服、住所地及客服网址eplus.com/support）等信息。

裁判理由

二审法院经审查认为，本案系侵害发明专利权管辖权异议纠纷，焦点问题为原审法院对本案是否具有管辖权。

根据民事诉讼法第二十八条的规定，因侵权行为提起的诉讼，由侵权行为地或者被告住所地人民法院管辖。《最高人民法院关于适用〈中华人民共和国民事诉讼法〉的解释》第二十四条规定：“民事诉讼法第二十八条规定的侵权行为地，包括侵权行为实施地、侵权结果发生地。”根据2020年12月23日最高人民法院审判委员会第1823次会议通过的《最高人民法院关于修改〈最高人民法院关于审理侵犯专利权纠纷案件应用法律若干问题的解释（二）〉等十八件知识产权类司法解释的决定》第三次修正的《最高人民法院关于审理专利纠纷案件适用法律问题的若干规定》第二条进一步明确规定：“因侵犯专利权行为提起的诉讼，由侵权行为地或者被告住所地人民法院管辖。侵权行为地包括：被诉侵犯发明、实用新型专利权的产品的制造、使用、许诺销售、销售、进口等行为的实施地；专利方法使用行为的实施地，依照该专利方法直接获得的产品的使用、许诺销售、销售、进口等行为的实施地；外观设计专利产品的制造、许诺销售、销售、进口等行为的实施地；假冒他人专利的行为实施地。上述侵权行为的侵权结果发生地。”第三条第一款规定：“原告仅对侵权产品制造者提起诉讼，未起诉销售者，侵权产品制造地与销售地不一致的，制造地人民法院有管辖权；以制造者与销售者为共同被告起诉的，销售地人民法院有管辖权。”

本案中，首先，被诉侵权人苏宁公司的住所地位于江苏省南京市；其次，高清编解码公司提交的第32759号公证书能够初步证明其在江苏省南京市购得由苏宁公司销售的被诉侵权产品，亦即本案被诉侵权行为实施地在江苏省南京市；最后，高清编解码公司在本案中将万普拉斯公司和苏宁公司列为共同被告，分别指控万普拉斯公司实施了制造、销售被诉侵权产品，苏宁公司实施了销售被诉侵权产品的行为，并明确诉请原审法院判令上述两公司连带承担赔偿经济损失及合理维权开支的侵权责任。第32759号公证书记载的事实初步证明由苏宁公司销售的被诉侵权产品，系由万普拉斯公司制造。因此，根据上述法律、司法解释的规定，江苏省南京市可以作为本案一个可争辩的地域管辖连结点。根据《最高人民法院关于同意南京市、苏州市、武汉市、成都市中级人民法院内设专门审判机构并跨区域管辖部分知识产权案件的批复》的相关内容，江苏省南京市中级人民法院有权管辖发生在南京市、镇江市、扬州市、泰州市、盐城市、淮安市、宿迁市、徐州市、连云港市辖区内的专利第一审知识产权民事案件。因此，原审法院对本案具有管辖权。

针对万普拉斯公司的上诉理由，二审法院评述如下：

第一，虽然作为本案被诉侵权者之一的万普拉斯公司的住所地位于广东省深圳市，广东省深圳市亦可以作为本案的地域管辖连结点，但根据《民事诉讼法》第三十五条关于“两个以上人民法院都有管辖权的诉讼，原告可以向其中一个人民法院起诉”的规定，高清编解码公司选择向原审法院提起本案诉讼，系其行使诉讼处分权的表现，并无不当。

第二，人民法院在管辖权异议二审审理阶段，原则上仅对相关案件事实作形式审查，即只要能够依法认定受诉法院与确定案件管辖相关的事实之间存在能够建立可争辩的地域管辖连结关系，即可认为受诉法院对案件具有管辖权。如果与建立案件管辖连结点相关的事实同时涉及案件实体争议内容的，只需审查案件初步证据是否能够证成存在一个可争辩的管辖连结点事实即可，一般不对案件实体争议内容如被告是否构成侵权或违约、被告销售的被诉侵权产品是否具有合法来源、被告是否需要承担法律责任等作出认定。因此，苏宁公司销售的被诉侵权产品是否具有合法来源、苏宁公司是否参与了涉案专利许可实施的协商、苏宁公司在本案中应否承担主要侵权责任，均不属于本案管辖权异议审查的范畴。至于围绕高清编解码公司所指控的万普拉斯公司、苏宁公司实施的被诉侵权行为，应以何者作为案件审理的重点，更不是确定地域管辖连结点的法定事由。

第三，诚然，“原告就被告”和“两便”系民事诉讼确定地域管辖法院时应当遵循的原则。故在专利侵权纠纷审理过程中，对于被诉侵权行为地特别是销售地的认定，既要有利于管辖的确定性、避免当事人随意制造管辖连结点，又要便利于权利人维权。如果被诉销售行为的实施地是基于权利人的意志可以随意选择转移的，则不宜认定为销售行为的实施地，典型者如在网络销售环境下由专利权人任意选择的网购收货地即不宜认定为被诉销售行为的实施地。但是，对于专利权人通过线下渠道在被诉侵权者经营的实体店购买被诉侵权产品的情形，鉴于销售被诉侵权产品的实体店的地址是专利权人无法基于自身意志可以随意选择转移的地点，故专利权人基于在被诉侵权行为人经营的实体店购买被诉侵权产品的事实，选择在该实体店所在地的人民法院提起专利侵权诉讼，不应认为构成对民事诉讼法关于“原告就被告”和“两便”原则的违反。本案中，高清编解码公司公证购买被诉侵权产品的地址即“江苏省南京市中山南路49号的苏宁易购商城一层”，显然是该公司无法基于自身意志可以随意选择转移的地点。高清编解码公司基于销售被诉侵权产品的行为人即苏宁公司的住所地和销售行为实施地均位于江苏省南京市这一事实，选择向原审法院提起本案诉讼，体现的正是对于民事诉讼法关于“原告就被告”和“两便”原则的遵循。万普拉斯公司关于“将销售地作为管辖连接点，原告可以很容易通过购买并将任意购买地作为管辖连接点，民事案件的一般地域管辖原则将形同虚设”的上诉理由，混淆了“被诉侵权产品的销售地能否作为专利侵权纠纷的地域管辖连结点”和“专利权人能否基于自己的意志将可随意选择转移的地点作为被诉销售行为实施地”两个不同的法律概念。继而，万普拉斯公司关于高清编解码公司的公证购买行为属于滥用管辖连结点的主张，缺乏事实和法律依据，二审法院不予支持。

2. 烟台台海玛努尔核电设备有限公司、国机重型装备集团股份有限公司侵害发明专利权纠纷二审民事裁定书

审理法院：最高人民法院

案　　号：(2020)最高法知民辖终361号

案　　由：侵害发明专利权纠纷

基本案情

上诉人(原审被告)：烟台台海玛努尔核电设备有限公司，住所地：山东省烟台市莱山经济开发区

被上诉人(原审原告)：国机重型装备集团股份有限公司，住所地：四川省德阳市珠江东路

烟台台海公司上诉请求：撤销原审裁定，根据《最高人民法院关于同意杭州市、宁波市、合肥市、福州市、济南市、青岛市中级人民法院内设专门审判机构并跨区域管辖部分知识产权案件的批复》的规定，将本案移送山东省青岛市中级人民法院处理。事实和理由：(一)原审法院认为四川省成都市中级人民法院对本案不具有管辖权正确，但是将本案移送至福建省福州市中级人民法院处理不妥。本案涉及专利号为“ZL20081030××××.×”、名称为“反应堆主管道热段弯管及其制造方法”的发明专利(以下简称涉案专利)。虽然福建福清5号机组中的反应堆主管道热段弯管(以下简称被诉侵权产品)的安装地在福建，但是由于被诉侵权产品已经

被安装在核电站整体反应堆中，并且该反应堆目前处于运行状态，因此目前不可能对被诉侵权产品进行拆卸检查、证据保全、技术鉴定等实际调查工作，唯一有可能调查被诉侵权产品的加工工艺及加工模具的地点是被诉侵权产品的制造地，即烟台台海公司住所地烟台。从有利于案件调查审理的角度出发，本案应移送烟台台海公司住所地法院管辖；（二）山东省高级人民法院（2017）鲁民初 34 号案件已审结，该案涉及专利申请号为“20081030××××.9”、名称为“组合成型模具”的发明专利（以下简称关联专利）。该关联专利与涉案专利涉及相同的重要技术创新点，即利用了填充率大于 95%的组合成型模具。山东省高级人民法院在（2017）鲁民初 34 号案件审理过程中已赴烟台台海公司工厂对相关加工模具进行了证据保全，在该案判决书中已经对相关加工模具的芯模是否满足上述技术特征进行了认定。该案上诉后，最高人民法院的二审判决中也对该特征进行了认定。因此在山东省审理本案有利于节约司法资源，保持法院审理尺度的一致性。

国机公司辩称：原审法院裁定本案移送福建省福州市中级人民法院处理并无不当。事实和理由：（一）福建福清核电站现场系被诉侵权产品销售行为的实施地，被诉侵权产品及其制造方法的详细技术资料由业主福建福清核电有限公司接受和使用。烟台台海公司在管辖异议申请书中亦认可被诉侵权产品的建设地位于福建省福清市和辽宁省葫芦岛市。因此由被诉侵权产品项目所在地的法院管辖更便于案件审理，福建省福州市中级人民法院对本案具有管辖权；（二）（2017）鲁民初 34 号案件涉及的专利与本案涉案专利并不相同，其涉及的侵权产品所在的核电站项目与本案所涉及的核电站项目也不同，不存在山东省审理本案有利于保持尺度一致性的问题。

本案中，德阳市工商行政管理局于 2018 年 3 月 19 日出具（川工商德）登记内变核字（2018）第 1875 号准予变更登记通知书，准予国机公司提交的名称变更申请，原名称为二重集团（德阳）重型装备股份有限公司，变更后名称为国机重型装备集团股份有限公司。

裁判理由

二审法院经审查认为，《中华人民共和国专利法》（以下简称《专利法》）第十一条第一款规定：“发明和实用新型专利权被授予后，除本法另有规定的以外，任何单位或者个人未经专利权人许可，都不得实施其专利，即不得为生产经营目的制造、使用、许诺销售、销售、进口其专利产品，或者使用其专利方法以及使用、许诺销售、销售、进口依照该专利方法直接获得的产品。”《最高人民法院关于审理专利纠纷案件适用法律问题的若干规定》第五条规定：“因侵犯专利权行为提起的诉讼，由侵权行为地或者被告住所地人民法院管辖。侵权行为地包括：被诉侵犯发明、实用新型专利权的产品的制造、使用、许诺销售、销售、进口等行为的实施地；专利方法使用行为的实施地，依照该专利方法直接获得的产品的使用、许诺销售、销售、进口等行为的实施地；外观设计专利产品的制造、许诺销售、销售、进口等行为的实施地；假冒他人专利的行为实施地。上述侵权行为的侵权结果发生地。”

许诺销售，是指通过在商店内陈列或在展销会上演示、列入销售征订单、列入推销广告或者以任何口头、书面或其他方式向特定或非特定的人明确表示对其出售某种产品意愿的行为。根据前述规定，专利法将许诺销售规定为发明和实用新型专利权的侵权行为之一，未经专利权人许可许诺销售专利产品的行为属于专利法规定的侵权行为，依据许诺销售行为实施地确定管辖法院，于法有据。专利权人有权对许诺销售行为单独或与其他侵权行为共同提起侵权诉讼，有利于专利权人尽早制止侵犯专利权的行为，维护专利权人的合法权益。本案中，国机公司起诉烟台台海公司未经其许可，制造、许诺销售、销售被诉侵权产品，使用涉案专利方法侵害其发明专利权。本案系侵害发明专利权纠纷案件，根据在案初步证据，烟台台海公司在四川省成都市实施了关于被诉侵权产品的投标行为，该行为属于许诺销售行为，四川省成都市中级人民法院作为被诉侵权产品许诺销售行为实施地的法院对本案具有管辖权，于法有据。

本案中，国机公司虽然并未提出上诉，烟台台海公司亦认为原审法院不具有管辖权，但是当事人关于案件管辖所享有的诉讼权利是管辖异议申请权，也即启动或者不启动对原受诉法院管辖权合法性审查的权利。管辖权异议程序的审理对象不限于管辖异议申请中提出的理由，而是原受诉法院的管辖是否合法有据。管辖权异议程序原则上只解决管辖权的问题，不解决管辖方便的问题。国机公司选择在四川省成都市中级人民法院提起诉讼，四川省成都市系被诉侵权产品许诺销售行为实施地，故原审法院对本案具有管辖权。烟台台海公司上诉请求将本案移送山东省青岛市中级人民法院处理的上诉理由均不能成立，原审裁定认定事实基本清楚，但适用法律错误，二审法院依法予以纠正。

3. 圣奥化学科技有限公司、山西翔宇化工有限公司破产管理人侵害技术秘密纠纷二审民事裁定书

审理法院：最高人民法院
案　　号：(2020)最高法知民辖终68号
案　　由：侵害技术秘密纠纷

基本案情

上诉人(原审原告)：圣奥化学科技有限公司，住所地：中国(上海)自由贸易

试验区浦东大道

被上诉人(原审被告)：山西翔宇化工有限公司破产管理人，住所地：山西省运城市盐湖区

被上诉人(原审被告)：运城晋腾化学科技有限公司，住所地：山西省运城市临猗县

被上诉人(原审被告)：陈永刚，住所地：山西省运城市

圣奥公司上诉请求：撤销原审裁定、裁定本案由江苏省高级人民法院审理。主要事实和理由：(一)本案系共同侵权纠纷，江苏省泰州市为本案侵权行为实施地之一，原审法院依法对本案具有管辖权。1. 翔宇公司、陈永刚侵害圣奥公司技术秘密的事实已由江苏省高级人民法院于 2018 年 12 月 28 日作出的(2013)苏知刑终字第 0006 号刑事裁定(以下简称第 6 号刑事裁定)作出认定。翔宇公司与陈永刚构成共同侵权，翔宇公司已被认定构成侵犯商业秘密罪。自 2007 年至 2010 年，陈永刚通过他人介绍认识案外人，利诱案外人非法获取圣奥公司的技术秘密，并安排王庆峰、李丰年具体办理窃取事宜。在非法获取涉案技术秘密后，翔宇公司利用涉案技术秘密改造、新建其"4020 防老剂"生产线，并实现"4020 防老剂"规模化生产。翔宇公司自设立以来一直由陈永刚任法定代表人并持股 90%，其配偶持股 10%，陈永刚为翔宇公司的实际控制人，具体实施了侵权行为，与翔宇公司构成共同侵权。根据第 6 号刑事裁定中查明的事实，陈永刚于 2007 年通过他人介绍认识案外人后邀请其考察翔宇公司，并在办公室利诱案外人提供涉案技术资料。后陈永刚又安排王庆峰、李丰年等人具体办理窃取涉案技术秘密的相关事宜。陈永刚在本案中不仅具体实施了以贿赂手段获取技术秘密的行为，且对翔宇公司、王庆峰、李丰年等人具体实施的侵权行为起到指挥、决策的主导作用。最终，陈永刚又通过翔宇公司利用涉案技术秘密改造、新建生产线，进而获得非法收益。陈永刚非法获取、使用涉案技术秘密，与翔宇公司构成共同侵权。2. 晋腾公司利用陈永刚、翔宇公司非法向其提供的生产厂房、设备、涉案技术秘密，继续生产、销售侵权产品，与陈永刚、翔宇公司构成共同侵权。因翔宇公司涉刑事案件且经营状况恶化，陈永刚于 2017 年利用其实际控制的上海晋腾化学科技有限公司全资设立本案晋腾公司。此后，陈永刚向晋腾公司非法提供翔宇公司的厂房、侵权设备以及涉案技术秘密，由晋腾公司及其临猗分公司继续利用涉案技术秘密生产侵权产品。经核实，晋腾公司目前工商登记的住所系翔宇公司"4020 防老剂"新厂区所在地。晋腾公司临猗分公司工商登记的营业场所系翔宇公司老厂区所在地。晋腾公司现工商登记的股东之一、法定代表人闫晓波系翔宇公司的后勤主管，晋腾公司的监事史效康系翔宇公司的商务部部长，晋腾公司的生产负责人陈重光系翔宇公司的副总。晋腾公司利用翔宇公司生产厂房、设备、涉案技术秘密继续生产、销售侵权产品，与陈永刚、翔宇公司构成共同侵权。首先，晋腾公司所使用的生产设备系翔宇公司利用涉案技术秘

密建设形成，生产设备本身即为涉案技术秘密的载体，晋腾公司利用生产设备进行生产即为非法使用涉案技术秘密，构成侵权行为。其次，晋腾公司利用生产设备进行生产必然涉及使用涉案技术秘密中的操作规程、工艺流程、生产工序等，否则无法生产出“4020 防老剂”等侵权产品。最后，作为没有任何“4020 防老剂”生产经验的晋腾公司，其不可能通过自行研发或其他途径获得“4020 防老剂”的生产技术。相反，陈永刚与晋腾公司之间的关联关系恰恰证明，陈永刚非法向晋腾公司披露了涉案技术秘密，并允许其使用涉案技术秘密。综上，陈永刚、翔宇公司非法向晋腾公司提供生产厂房、侵权设备用于生产“4020 防老剂”等侵权产品；陈永刚非法向晋腾公司披露及允许晋腾公司使用涉案技术秘密；晋腾公司明知陈永刚、翔宇公司侵权行为，仍使用涉案技术秘密。晋腾公司与陈永刚、翔宇公司构成共同侵权。3. 江苏省泰州市系本案侵权行为的实施地之一，原审法院对本案具有管辖权。根据第 6 号刑事裁定查明的事实，涉案技术秘密系通过案外人××在江苏省泰州市工作期间多次窃取获得。可见，江苏省泰州市为涉案技术秘密的窃取地，属于侵权行为实施地。结合本案起诉时原审法院对知识产权案件级别管辖的相关规定，原审法院对本案依法具有管辖权。（二）圣奥公司已于管辖权异议审查阶段向原审法院申请撤回对翔宇公司的起诉。原审法院裁定将本案移送至破产法院审理，缺乏事实和法律依据。1. 针对翔宇公司、晋腾公司提出的管辖权异议，圣奥公司在管辖权异议审查阶段已经向原审法院明确申请撤回对翔宇公司的起诉，原审法院裁定将本案移送至破产法院，缺乏事实和法律依据。本案中，翔宇公司、晋腾公司以翔宇公司已进入破产程序为由，向原审法院提出管辖权异议，主张本案应移送至山西省临猗县人民法院审理。考虑到翔宇公司已经进入破产程序且无实际清偿能力等情况，经内部研究决策，圣奥公司在原审法院审查管辖权异议期间明确向原审法院提出撤回对翔宇公司的起诉，并向原审法院传真、邮寄了撤回对翔宇公司起诉的申请文件。在圣奥公司撤回对翔宇公司的起诉后，本案不涉及翔宇公司的债务，不属于《中华人民共和国企业破产法》（以下简称《破产法》）第二十一条规定的“有关债务人的民事诉讼”，依法不应移送至山西省临猗县人民法院审理。2. 本案属于技术秘密共同侵权纠纷，损害赔偿金额为 20154 万元，专业性强、法律关系复杂、社会影响力重大，山西省临猗县人民法院作为基层法院对本案没有管辖权，且事实上缺乏审理本案的专业经验，本案不应移送至该法院审理。

翔宇公司破产管理人、陈永刚共同提交答辩意见称，圣奥公司的上诉请求与事实理由均不能成立。（一）本案应由受理翔宇公司破产申请的山西省临猗县人民法院管辖。2019 年 1 月 18 日，山西省临猗县人民法院作出（2019）晋 0821 破 1 号民事裁定，受理翔宇公司的破产清算申请，并于同日指定运城今朝会计师事务所有限公司为翔宇公司破产管理人。2019 年 4 月 29 日，原审法院受理圣奥公司侵害技术秘密纠纷案件。2019 年 8 月 14 日，圣奥公司向翔宇公司破产管理人申报本案债权。本案系侵权之债，属于债务纠纷，依照《破产法》第二十一条的规定，人民法院受理破产后，有关债务人的民事诉讼，只能向受理破产申请的人民法院提起。(二)原审法院对本案不具有管辖权。本案原告住所地在上海市，三被告住所地均在山西省运城市临猗县，涉嫌侵权人××住所地在山东省菏泽市曹县，其侵权行为地在山东省菏泽市曹县，不在江苏省泰州市，本案与原审法院没有任何牵涉，原审法院对本案没有管辖权。(三)第6号刑事裁定不能作为确定本案管辖的依据。案外人高世明和××在刑事案件中作虚假供述，第6号刑事裁定认定江苏省泰州市中级人民法院、原审法院管辖刑事案件的依据错误。第6号刑事裁定认定泰州圣奥化工有限公司并未成立，圣奥公司也未在泰州建设防老剂项目，刑事案卷并没有××从高世明在江苏省泰州市电脑中窃取的技术资料的证据，高世明和××在刑事案件中作了在江苏省泰州市窃取技术资料的供述，但并没有相关证据证实。××是山东圣奥化学科技有限公司(以下简称山东圣奥公司)员工，不是圣奥公司员工，刑事案件中2011年1月1日××与江苏圣奥化学科技有限公司(以下简称江苏圣奥公司)、上海圣博化工分公司签订的劳动合同、保密协议等均是伪造的。(四)圣奥公司不是涉案技术秘密的权利人，翔宇公司未接触圣奥公司的技术资料，圣奥公司无权提起技术秘密纠纷诉讼。刑事判决、裁定、司法鉴定书、评估报告严重违反法定程序不应采纳。综上，请求二审法院维持原审裁定。

晋腾公司提交答辩意见称，原审裁定认定事实清楚，适用法律正确。(一)山西省临猗县人民法院具有本案专属管辖权，再结合相关司法解释的规定，本案最终应由山西省运城市中级人民法院管辖。根据破产法第二十一条的规定，只要涉及破产企业的民事诉讼，破产法院有专属管辖权。同时，根据《最高人民法院关于适用〈中华人民共和国企业破产法〉若干问题的规定(二)》第四十七条第三款的规定，受理破产申请的人民法院，如对有关专利纠纷等案件不能行使管辖权的，可以由上级人民法院指定管辖。据此，山西省运城市中级人民法院作为山西省临猗县人民法院的上级法院对本案有管辖权。(二)圣奥公司所称撤回对翔宇公司的起诉无事实依据。圣奥公司称在江苏省高级人民法院审查本案管辖权异议期间提出撤回对翔宇公司的起诉，并向法院传真、邮寄了撤回起诉的申请文件。但晋腾公司未接到任何法律文书，江苏省高级人民法院也并未就其所谓撤诉申请作出任何裁定。(三)若圣奥公司撤回对翔宇公司的起诉，则江苏省高级人民法院对本案更没有管辖权。1. 圣奥公司所谓的撤回对翔宇公司的起诉是恶意规避山西省临猗县人民法院的管辖而采取的行为。2. 圣奥公司将本案起诉至江苏省高级人民法院的依据是与本案相关的刑事案件在江苏省审理。若圣奥公司撤回对翔宇公司的起诉，则晋腾公司2017年才成立，不可能在刑事案件发案前实施侵权行为。3. 翔宇公司、陈永刚、晋腾公司住所地均在山西省，圣奥公司住所地是中国(上海)自由贸易试验区，原被告双方均与江苏省高级人民法院没有任何连结点。(四)晋腾公司、翔宇公司及陈永刚不是共同侵权人。1. 圣奥公司主张的侵权行为发生于2012年之前，但晋腾公司成立于2017年，没有实施侵权的可能性。2. 晋腾公司与陈永刚、翔宇公司之间不存在关联关系。3. 晋腾公司租用翔宇公司位于山西省运城市临猗县丰喜工业园区(东)的场地进行经营，并从案外人处购买设备进行生产。仅因晋腾公司与翔宇公司的经营场所相同就认定为共同侵权，缺乏依据。(五)晋腾公司有证据证明与本案关联的刑事案件认定的江苏省泰州市是本案侵权行为实施地是错误的。1. 江苏圣奥公司并非涉案商业秘密的权利人。江苏圣奥公司与山东圣奥公司签订的《技术转让协议》及《技术许可协议》没有履行，江苏圣奥公司并未取得所谓涉案技术秘密。2. 技术秘密载体仍保存在山东，江苏圣奥公司并未保存技术秘密载体。3. 关联刑事案件裁判认定××在江苏省泰州市实施侵权行为依据的是圣奥公司提交的虚假证据。(六)江苏省高级人民法院是本案关联刑事案件的二审法院，有先入为主之嫌，不宜管辖本案。(七)圣奥公司滥用诉权，应当驳回其起诉。晋腾公司与圣奥公司及其下属子公司在橡胶助剂生产领域有竞争关系，圣奥公司为获得不当市场竞争优势，恶意提起本案诉讼。涉案技术秘密已经被实际公开，不存在侵犯技术秘密的可能性。综上，江苏省高级人民法院对本案不具有管辖权，请求二审法院驳回圣奥公司的上诉请求。

原审法院认为，破产法第二十一条规定："人民法院受理破产申请后，有关债务人的民事诉讼，只能向受理破产申请的人民法院提起。"山西省临猗县人民法院于2019年1月18日作出(2019)晋0821破1号民事裁定，裁定受理翔宇公司破产清算申请，并作出(2019)晋0821破1号决定，指定运城今朝会计师事务所有限公司担任破产管理人。本案系涉翔宇公司侵害技术秘密纠纷，故应由受理其破产申请的山西省临猗县人民法院审理。据此，原审法院依照《中华人民共和国民事诉讼法》(以下简称《民事诉讼法》)第一百二十七条第一款之规定，裁定：翔宇公司、晋腾公司对管辖权提出的异议成立，本案移送山西省临猗县人民法院处理。

二审法院查明，在第6号刑事裁定中，被告为王庆峰、李丰年、××，被告单位为翔宇公司，被害单位为江苏圣奥公司。该刑事裁定认定，翔宇公司与案外人达成共同窃取圣奥公司技术资料的犯罪故意，由案外人利用工作之便窃取圣奥公司技术资料，王庆峰、李丰年受翔宇公司安排，伙同案外人共同窃取技术资料，翔宇公司利用窃取的技术资料进行工业项目建设，翔宇公司、王庆峰、李丰年、案外人构成侵犯商业秘密罪，且系共同犯罪。翔宇公司、王庆峰、案外人系主犯，李丰年系从犯。案外人曾于2003年10月23日与山东圣奥公司签订《保密协议》，2008年10月13日与山东圣奥公司签订《保密、不竞争及知识产权协议》，2011年1月1日与上海盛博化工分公司签订《保密、不竞争及知识产权协议》。案外人在刑事案件中供述，2010年其随江苏圣奥公司副总高世明到泰州工作期间，在公司办公室内趁机用U盘从高世明电脑中拷贝了圣奥公司RT培司工艺流程中精馏工序工艺管道仪表流程图、设备布置图等 4 份技术图纸及相关的非标设备订货合同书，并将上述材料提供给王庆峰、李丰年。上述图纸涉及江苏圣奥公司所主张的部分商业秘密，刑事案件审理法院江苏省泰州市中级人民法院据此认定江苏省泰州市是本案犯罪的行为地之一。另查，圣奥公司由江苏圣奥公司变更而来。

裁判理由

二审法院认为，本案的争议焦点问题为原审法院对本案是否具有管辖权，这一争议可以进一步分解为以下几个方面：翔宇公司进入破产清算程序是否影响本案管辖权的确定；原审法院对圣奥公司撤回对翔宇公司起诉的申请未作处理是否妥当；原审法院能否基于本案被诉侵权行为地获得本案管辖权。

圣奥公司向原审法院提交《变更诉讼请求申请书》和《民事起诉状(诉讼请求变更后)》，申请撤回对翔宇公司的起诉，并追加王庆峰、李丰年为本案被告。《变更诉讼请求申请书》和《民事起诉状(诉讼请求变更后)》的落款时间均为 2019 年 7 月 25 日。圣奥公司主张，在原审管辖权异议审查期间，圣奥公司多次向原审法院口头明确撤回对翔宇公司的起诉，2019 年 7 月 25 日是公司盖章时间，并于 2019 年 7 月 26 日向原审法院分别以传真和邮件方式提交了《变更诉讼请求申请书》和《民事起诉状(诉讼请求变更后)》。7 月 29 日原审法院收发部门收到该《变更诉讼请求申请书》和《民事起诉状(诉讼请求变更后)》。本案原审裁定书落款时间为 2019 年 7 月 26 日，圣奥公司于 2019 年 7 月 30 日收到原审裁定。根据圣奥公司的《变更诉讼请求申请书》和《民事起诉状(诉讼请求变更后)》，其请求法院判令：1. 四被告陈永刚、王庆峰、李丰年、晋腾公司停止侵犯圣奥公司技术秘密行为；2. 四被告连带赔偿圣奥公司经济损失 20154 万元；3. 四被告承担本案全部诉讼费用，并承担圣奥公司为调查、制止侵权行为所支出的合理费用，包括律师费、公证费。

(一)翔宇公司进入破产清算程序是否影响本案管辖权的确定

根据《破产法》第二十一条的规定，人民法院受理破产申请后，有关债务人的民事诉讼，只能向受理破产申请的人民法院提起。上述规定的立法本意是，破产程序是一种概括式的债权债务处理方式，有关债务人的所有破产派生诉讼全部集中于受理破产申请的法院审理，有利于破产受理法院对破产案件的整体把握，也有利于不同债权人的债权得到公平受偿。若破产派生案件不在同一法院审理，将会出现派生案件与破产案件审理进度不协调、遗漏债权等情形，不利于破产程序的顺利进行，也会损害到债权人的合法权利。因此，有必要将破产派生案件集中于审理破产案件的人民法院一并审理。本案中，山西省临猗县人民法院于 2019 年 1 月 18 日作出(2019)晋 0821 破 1 号民事裁定，裁定受理翔宇公司破产清算。本案圣奥公司提起诉讼的时间为 2019 年 4 月 29 日，在破产案件受理之后，符合《破产法》第二十一条关于由破产受理法院统一审理破产派生案件的时间点规定。因此，按照前述法律规定，翔宇公司进入破产清算程序影响本案管辖权的确定。在翔宇公司作为本案被告的情况下，本案应移送山西省临猗县人民法院管辖。

根据《最高人民法院关于北京、上海、广州知识产权法院案件管辖的规定》以及最高人民法院有关部分市中级人民法院内设专门审判机构并跨区域管辖部分知识产权案件的相关批复，涉及侵害技术秘密纠纷的第一审案件，由知识产权法院和部分中级人民法院知识产权法庭管辖。对于北京、上海、广州知识产权法院之外，且未设立知识产权法庭的地区，根据《最高人民法院关于知识产权法庭若干问题的规定》第十四条的规定，有关技术秘密纠纷第一审案件由中级人民法院管辖。因此，山西省临猗县人民法院并无技术秘密纠纷第一审案件管辖权。对此，《最高人民法院关于适用〈中华人民共和国企业破产法〉若干问题的规定(二)》第四十七条第三款规定："受理破产申请的人民法院，如对有关债务人的海事纠纷、专利纠纷、证券市场因虚假陈述引发的民事赔偿纠纷等案件不能行使管辖权的，可以依据民事诉讼法第三十七条的规定，由上级人民法院指定管辖。"据此，破产审理法院发现其不具备相关案件管辖权的，可按照民事诉讼法第三十六条的规定报请其上级法院指定管辖。

(二)原审法院对圣奥公司撤回对翔宇公司起诉的申请未作处理是否妥当

如前所述，翔宇公司进入破产清算程序直接影响本案管辖权的确定。同时，翔宇公司进入破产清算程序也是原审法院认定本案应移送受理破产申请的法院管辖的唯一根据。本案中，圣奥公司向原审法院申请撤回对翔宇公司的起诉。根据《民事诉讼法》第一百四十五条第一款的规定，宣判前，原告申请撤诉的，是否准许，由人民法院裁定。据此，若圣奥公司撤回对翔宇公司起诉的申请在原审法院作出管辖权异议裁定前提出，原审法院对圣奥公司的撤诉申请没有作出处理，迳行将案件移送到山西省临猗县人民法院，则有失妥当。若圣奥公司撤回对翔宇公司起诉的申请在原审法院作出管辖权异议裁定之后提出，且裁定尚未送达，由于该撤诉申请直接导致原审裁定丧失事实基础和法律依据，此时原审法院应暂缓送达，先对圣奥公司的撤诉申请作出是否准许的裁定，再根据裁定结果决定是否重新作出管辖权异议裁定。原审法院在收到圣奥公司撤回对翔宇公司的起诉申请之后，并未在送达管辖权异议裁定之前对撤诉申请作出处理，有失妥当。

还应指出，管辖权的确定是人民法院可以依职权调查的程序性事项，对于影响确定案件管辖的事实，人民法院可以依职权主动调查，当事人也可以在起诉后予以补充。确定案件管辖原则上以起诉时为准，起诉时对案件具有管辖权的人民法院，不因确定管辖的事实在诉讼过程中发生变化而影响其管辖权，此所谓管辖权恒定原则。但是，在原审法院认定其对案件不具有管辖权的情况下，则缺乏管辖权恒定原则的适用前提。此时，如果在后续程序中出现可能使得原审法院对案件具有管辖权的新事实的，则应该根据新事实确定管辖。本案中，二审法院已查明圣奥公司已经向原审法院申请撤回对翔宇公司的起诉这一事实，且这一申请是否得到准许将直接决定本案管辖权的确定。因此，在本案管辖权异议上诉审程序中，应当先对圣奥公司申请撤回对翔宇公司的起诉、增加其他被告等作出处理，再确定本案管辖问题。鉴于圣奥公司自愿申请撤回对翔宇公司的起诉，且这一申请并不违反法律的强制性规定，不侵害其他诉讼当事人的利益，应予准许。准许圣奥公司撤回对翔宇公司的起诉后，翔宇公司进入破产清算程序不再影响本案管辖权的确定。

(三)原审法院能否基于本案被诉侵权行为地获得本案管辖权

《民事诉讼法》第二十八条规定："因侵权行为提起的诉讼，由侵权行为地或者被告住所地人民法院管辖。"《最高人民法院关于适用〈中华人民共和国民事诉讼法〉的解释》第二十四条规定："民事诉讼法第二十八条规定的侵权行为地，包括侵权行为实施地、侵权结果发生地。"本案中，原审被告为翔宇公司、晋腾公司、陈永刚，上述被告住所地均在山西省。圣奥公司变更诉讼请求后，被告变更为陈永刚、王庆峰、李丰年、晋腾公司，被告住所地亦均不在江苏省辖区内。因此，本案被诉侵权行为地是原审法院对本案能否具有管辖权的唯一连结点。对此，分析如下：

首先，圣奥公司变更诉讼请求后所指控的侵权行为。变更诉讼请求后，圣奥公司指控陈永刚、王庆峰、李丰年共同窃取圣奥公司技术秘密，该共同窃取行为系与案外人共同实施。同时，圣奥公司还指控陈永刚等通过其实际控制的晋腾公司等主体利用非法获取的技术秘密生产销售侵权产品，亦构成非法使用或允许他人使用涉案技术秘密，陈永刚、王庆峰、李丰年及晋腾公司构成共同侵权。

其次，本案被诉侵权行为实施地。对于共同故意侵权行为而言，各侵权人主观上具有共同意思，彼此的行为之间客观上存在相互利用、配合或者支持，所造成的损害后果在其共同意思的范围内，每一侵权人应对共同意思范围内的全部行为承担责任。因此，每一侵权人被诉侵权行为的实施地应视为共同故意侵权行为的实施地之一。本案中，圣奥公司起诉陈永刚、王庆峰、李丰年共同故意侵权，案外人的窃取技术秘密的行为发生在江苏省泰州市，即便案外人并非本案被告，陈永刚、王庆峰、李丰年作为共同故意侵权人，应对其与案外人实施的共同故意侵权行为负责，故江苏省是本案共同侵权人被诉侵权行为实施地之一。

最后，本案被诉侵权行为结果地。前已述及，对于共同故意侵权行为而言，各侵权人主观上具有共同意思，彼此的行为之间客观上存在相互利用、配合或者支持，所造成的损害后果在其共同意思的范围内，每一侵权人应对共同意思范围内的全部行为承担责任。因此，每一侵权人被诉侵权行为的结果地应视为共同故意侵权行为的结果地之一。侵权行为结果地应当理解为侵权行为直接产生的结果的发生地。本案中，陈永刚、王庆峰、李丰年被控共同窃取圣奥公司技术秘密行为。前已述及，陈永刚、王庆峰、李丰年应为案外人的窃取行为负责，案外人窃取技术秘密行为的实施地与结果地重合，均在江苏省内，故江苏省是本案共同侵权人的被诉侵权行为结果地之一。

综上，根据本院新查明的事实，圣奥公司已经申请撤回针对翔宇公司的起诉，原审法院以翔宇公司进入破产清算程序为由裁定本案移送管辖的事实基础发生变化，本案应当在先行处理圣奥公司撤回针对翔宇公司的起诉等申请之后，重新确定本案的管辖。本案被诉侵权行为实施地和结果地之一均发生在原审法院的管辖范围内，原审法院对本案具有管辖权。圣奥公司的上诉理由成立，应予支持。

第十一章　滥用管辖权裁判要旨及解析

管辖依据

《中华人民共和国民事诉讼法》(2017 年修正)：

第十三条　民事诉讼应当遵循诚实信用原则。

第一百一十五条　对个人的罚款金额，为人民币十万元以下。对单位的罚款金额，为人民币五万元以上一百万元以下。

拘留的期限，为十五日以下。

被拘留的人，由人民法院交公安机关看管。在拘留期间，被拘留人承认并改正错误的，人民法院可以决定提前解除拘留。

第一百一十六条　拘传、罚款、拘留必须经院长批准。

拘传应当发拘传票。罚款、拘留应当用决定书。

对决定不服的，可以向上一级人民法院申请复议一次。复议期间不停止执行。

案件索引

1. 北京新元美达国际贸易有限公司与达利(中国)有限公司商标许可合同纠纷[北京知识产权法院(2016)京 73 民辖终 29 号]

2. 刘向东与深圳市乐时购贸易有限公司、北京京东叁佰陆拾度电子商务有限公司侵害外观设计专利权纠纷[北京知识产权法院(2016)京 73 民初 182 号]

裁判要旨

1. 滥用管辖的行为不仅增加了当事人的诉累，而且浪费了宝贵的司法资源，还有可能伤及社会公共利益。

2. 提出管辖权异议是法律赋予当事人的合法诉讼权利，应予保障。但当事人在行使诉讼权利的同时，应体现出对法律的敬畏和对司法的尊重，不得草率、不负责任依据完全无关的法律规定提出。

裁定书摘要

1. 北京新元美达国际贸易有限公司与达利(中国)有限公司商标许可合同纠纷二审民事裁定书

审理法院：北京知识产权法院

案　　号：(2016)京73民辖终29号

案　　由：确认合同无效纠纷

基本案情

上诉人(原审被告)：北京新元美达国际贸易有限公司，住所地：北京市朝阳区

被上诉人(原审原告)：达利(中国)有限公司，住所地：浙江省杭州市萧山区

新元公司上诉称：根据2002年1月21日施行的《最高人民法院关于审理商标案件有关管辖和法律适用范围问题的解释》(法释(2002)1号)，商标民事纠纷第一审案件由中级以上人民法院管辖。本案属于商标许可合同纠纷，即商标民事纠纷案件，故应由新元公司住所地所在的中级人民法院管辖。综上，请求本院撤销一审裁定，将本案移送至北京市第三中级人民法院审理。

裁判理由

二审法院认为，《最高人民法院关于审理商标案件有关管辖和法律适用范围问题的解释》(法释(2002)1号)第二条第三款虽然规定"商标民事纠纷第一审案件，由中级以上人民法院管辖"，但该条第四款又进一步明确"各高级人民法院根据本辖区的实际情况，经最高人民法院批准，可以在较大城市确定1~2个基层人民法院受理第一审商标民事纠纷案件"。故上诉人关于"本案属于商标民事纠纷案件，应由新元公司住所地所在的中级人民法院管辖"的上诉主张属于对上述司法解释的片面理解。况且，根据《全国人民代表大会常务委员会关于在北京、上海、广州设立知识产权法院的决定》，北京、上海、广州知识产权法院已于2014年底相继成立。根据《最高人民法院关于北京、上海、广州知识产权法院案件管辖的规定》(法释(2014)12号)，北京市、上海市各中级人民法院和广州市中级人民法院不再受理知识产权民事和行政案件。据此，新元公司提出的将本案移送至北京市第三中级人民法院审理的上诉请求不能成立，二审法院予以驳回。

此外，二审法院予以特别指出的是，在北京知识产权法院于2014年11月6日

成立之后，北京市的其他中级人民法院即不再受理知识产权民事和行政案件，这是知产业内众所周知的常识。但在本案中，有两位律师作为代理人的新元公司，却在两审过程中一再请求将本案移送至无管辖权的北京市第三中级人民法院审理，此举令人费解。同时，上诉人的行为不仅增加了对方当事人的诉累，而且浪费了宝贵的司法资源，还有可能伤及社会公共利益，故二审法院希望类似行为，在今后的诉讼中不再发生。对其上诉请求，不予支持。

2. 刘向东与深圳市乐时购贸易有限公司、北京京东叁佰陆拾度电子商务有限公司侵害外观设计专利权纠纷一审民事裁定书

审理法院：北京知识产权法院
案　　号：(2016)京73民初182号
案　　由：侵害外观设计专利权纠纷

基本案情

原告：刘向东，住所地：安徽省宿州市泗县丁湖镇张巷村

被告：北京京东叁佰陆拾度电子商务有限公司，住所地：北京市北京经济技术开发区

被告：深圳市乐时购贸易有限公司，住所地：广东省深圳市福田区

被告：深圳市亿森科技有限公司，住所地：广东省深圳市福田区

原告刘向东诉称：原告是名称为“音响(金刚便携式XWAY-M5)”，专利号为ZL201130083928.8的外观设计专利(以下简称涉案专利)的所有权人，涉案专利至今合法有效。原告发现被告深圳乐时购公司在被告北京京东公司京东商城上销售的产品落入了涉案专利权利要求的保护范围，该产品上附有被告深圳亿森公司的商标。被告未经原告许可，擅自制造销售侵害了原告外观设计专利权的产品，给原告造成了巨大的损失。据此，原告请求法院判令：一、被告北京京东公司立即撤除网站上的侵权产品信息；二、被告深圳乐时购公司和被告深圳亿森公司构成制造、销售、许诺销售侵权行为，赔偿原告经济损失及因调查、制止侵权所支付的合理费用共计五万元整，并承担连带赔偿责任。

一审法院向被告北京京东公司、被告深圳乐时购公司、被告深圳亿森公司送达起诉状副本后，被告深圳乐时购公司在法定答辩期内向本院提出管辖权异议，其认为，根据《中华人民共和国民事诉讼法》(以下简称民事诉讼法)第二十一条的规定，“对公民提起的民事诉讼，由被告住所地人民法院管辖”以及诉讼便利原则，被告深圳乐时购公司住所地法院对本案享有管辖权，本案应当在被告深圳乐时购公司所在地的深圳市中级人民法院审理。

裁判理由

一审法院认为：民事诉讼法第二十八条规定，因侵权行为提起的诉讼，由侵权行为地或者被告住所地人民法院管辖。第三十五条规定，两个以上人民法院都有管辖权的诉讼，原告可以向其中一个人民法院起诉。根据《最高人民法院关于审理专利权纠纷案件适用法律问题的若干规定》第五条的规定，因侵犯专利权行为提起的诉讼，由侵权行为地或者被告住所地人民法院管辖。同时，2014 年 11 月 3 日起施行的《最高人民法院关于北京、上海、广州知识产权法院案件管辖的规定》第一条规定，北京知识产权法院对北京市的专利民事一审案件具有管辖权。

本案中，原告以被告北京京东公司、被告深圳乐时购公司、被告深圳亿森公司共同侵害涉案外观设计专利权为由，提起侵权之诉。根据上述相关法律规定，各被告住所地法院对本案均有管辖权。被告北京京东公司的住所地位于北京市，属于本院辖区范围。因此，一审法院对本案具有管辖权，原告向二审法院提起诉讼，符合法律规定。

此外，本院注意到，被告深圳乐时购公司依据民事诉讼法第二十一条第一款之规定提出管辖异议，然而，该条款的内容为“对公民提起的民事诉讼，由被告住所地人民法院管辖”，而本案的各被告均为法人，明显不属于上述条款的规范对象，因此，深圳乐时购公司提出的管辖权异议缺乏法律依据，一审法院不予支持。

根据法律规定提出管辖权异议，是法律赋予当事人的合法诉讼权利，应予保障。但当事人在行使诉讼权利的同时，应体现出对法律的敬畏和对司法的尊重。本案为侵权诉讼，被告均为企业法人，民事诉讼法等法律对被告为法人的侵权诉讼如何确定管辖权有明确规定。而被告深圳乐时购公司在聘请专业律师作为委托代理人参加诉讼的情况下，却依据完全无关的法律规定提出管辖权异议申请，明显是草率的、不负责任的。而被告深圳乐时购公司的委托代理人作为执业律师，在为当事人提供专业法律服务时，本应尊重法律规定，恪守职业道德，在本案中却未体现出职业律师应具备的最基本的敬业精神和专业素养，在诉讼中应予以避免。

第十二章　因恶意提起知识产权诉讼损害责任纠纷裁判要旨及解析

管辖依据

《中华人民共和国民事诉讼法》(2017 年修正)：

第二十八条　因侵权行为提起的诉讼，由侵权行为地或者被告住所地人民法院管辖。

《最高人民法院关于适用〈中华人民共和国民事诉讼法〉的解释》(2020 年修正)

第二十四条　民事诉讼法第二十八条规定的侵权行为地，包括侵权行为实施地、侵权结果发生地。

案件索引

1. 深圳飞骧科技有限公司、广州慧智微电子有限公司因恶意提起知识产权诉讼损害责任纠纷[最高人民法院(2020)最高法知民辖终 306 号]

2. 上海思立微电子科技有限公司、深圳市汇顶科技股份有限公司因恶意提起知识产权诉讼损害责任纠纷[最高人民法院(2019)最高法知民辖终 282 号]

裁判要旨

1. 因恶意提起知识产权诉讼损害责任纠纷，本质上属于侵权纠纷。在级别管辖上虽尚无法律或者司法解释的明确规定，但应当符合知识产权案件的一般管辖规定。对于涉及专利等特殊类型知识产权的案件，为确保案件审理的顺利进行，一般宜由具有特殊知识产权案件管辖权的法院管辖。

2. 因专利侵权之诉引发的恶意提起知识产权诉讼损害责任纠纷，其诉讼标的系权利人向人民法院提起的专利侵权之诉是否为恶意以及权利人是否因此承担相应民事责任，侵权行为实施地应限定为专利侵权之诉管辖法院所在地，侵权结果发生地原则上理解为系争专利侵权诉讼的裁判地为妥，即侵权结果发生地与侵权行为实施地通常是重合的，均为系争专利侵权诉讼管辖法院所在地。

裁定书摘要

1. 深圳飞骧科技有限公司、广州慧智微电子有限公司因恶意提起知识产权诉讼损害责任纠纷

审理法院：最高人民法院
案　　号：(2020)最高法知民辖终306号
案　　由：因恶意提起知识产权诉讼损害责任纠纷

基本案情

上诉人(原审被告)：深圳飞骧科技有限公司，住所地：广东省深圳市南山区

被上诉人(原审原告)：广州慧智微电子有限公司，住所地：广东省广州高新技术产业开发区

上诉人主张飞骧公司上诉称：请求撤销原审裁定，将本案移送至广东省深圳市南山区人民法院审理。其主要事实和理由：1. 本案本质上属于侵害名誉权及不正当竞争纠纷，不属于广州知识产权法院的管辖范围，应由广东省深圳市南山区人民法院管辖；2. 按照相关规定，恶意提起专利权诉讼损害责任纠纷不属于广州知识产权法院管辖案件范围。慧智微公司未作答辩。

裁判理由

二审法院认为经审查认为，本案的争议焦点在于，原审法院作为被诉侵权行为地法院是否具有管辖权。

首先，本案系因恶意提起知识产权诉讼损害责任纠纷，本质上属于侵权纠纷。根据《中华人民共和国民事诉讼法》第二十八条的规定，因侵权行为提起的诉讼，由侵权行为地或者被告住所地法院管辖，同时根据《最高人民法院关于适用〈中华人民共和国民事诉讼法〉的解释》第二十四条的规定，侵权行为地包括侵权行为实施地和侵权结果发生地。因恶意提起知识产权诉讼损害责任纠纷的级别管辖，虽然尚无法律或者司法解释的明确规定，但应当符合知识产权案件的一般管辖规定。对于涉及专利等特殊类型知识产权的案件，为确保案件审理的顺利进行，一般宜由具有特殊知识产权案件管辖权的法院管辖。

其次，根据慧智微公司向原审法院起诉的事实及理由可知，飞骧公司被诉恶意提起知识产权诉讼的行为分别是向广州知识产权法院和深圳市中级人民法院以慧智

微公司涉嫌侵犯其专利为由提起专利侵权诉讼，向社会公众及慧智微公司客户大肆宣传和传播片面和误导性信息，致使慧智微公司遭受巨大的经济损失和商誉损害。因此，飞骧公司被诉恶意提起知识产权诉讼的侵权行为实施地分别位于广州市和深圳市。根据《最高人民法院关于北京、上海、广州知识产权法院案件管辖的规定》和《最高人民法院关于同意广东省深圳市两级法院继续管辖专利等知识产权案件得到批复》的规定，本案原审法院即广州知识产权法院和深圳市中级人民法院作为侵权行为地法院，对慧智微公司提起的因恶意提起知识产权诉讼损害责任纠纷均享有管辖权。

最后，根据《中华人民共和国民事诉讼法》第三十五条的规定，两个以上人民法院都有管辖权的诉讼，原告可以向其中一个法院起诉。慧智微公司向原审法院提起诉讼，并未违反法律规定，原审法院依法享有管辖权。飞骧公司提出的本案应移送深圳市南山区人民法院管辖的意见，没有事实和法律依据，不予支持。

2. 上海思立微电子科技有限公司、深圳市汇顶科技股份有限公司因恶意提起知识产权诉讼损害责任纠纷

审理法院：最高人民法院
案　　号：(2019)最高法知民辖终282号
案　　由：因恶意提起知识产权诉讼损害责任纠纷

基本案情

上诉人(原审原告)：上海思立微电子科技有限公司，住所地：中国(上海)自由贸易试验区

被上诉人(原审被告)：深圳市汇顶科技股份有限公司，住所地：广东省深圳市福田区保税区

上诉人主张思立微电子公司上诉请求：撤销原审民事裁定，驳回汇顶公司提出的管辖权异议并裁定原审法院对本案有管辖权。事实和理由：(一)汇顶公司的侵权行为包括两个方面：汇顶公司在先起诉以及向中国证券监督管理委员会(以下简称证监会)和证监会北京监管局(以下简称北京证监局)举报的行为，两者构成不可分割的整体，并且举报是汇顶公司提起恶意诉讼的根本目的。原审法院认定该行为并非诉讼行为，而是提起涉案诉讼后衍生的行为，不应作为侵权行为实施地的确认依据，于事实和法律无据。(二)汇顶公司恶意提起侵权诉讼及其利用恶意提起的侵权诉讼向证监会和北京证监局举报，给思立微电子公司造成被证监会及北京证监局实地核查的后果，故北京是本案的侵权结果发生地。原审法院仅将北京认定为举报行为的结果发生地，认定事实错误。北京知识产权法院作为本案侵权行为实施地

和侵权结果发生地法院，与本案存在最密切联系，应当对本案有管辖权。汇顶公司以侵权行为地在深圳市为由提出的管辖权异议，缺乏事实和法律依据。

汇顶公司辩称，原审法院认定事实清楚，适用法律正确，请求驳回思立微电子公司的上诉请求。恶意诉讼是指当事人为获取非法或不正当利益为目的而故意提起的在法律上或事实上无依据的诉讼。因恶意诉讼而引起的损害责任纠纷案件所涉及的侵权行为是行为人恶意利用诉讼机制提起诉讼的行为，不应包括诉讼行为之外的衍生行为。否则，会增加法官案件审理难度，造成管辖的不确定，限制权利人对专利权的行使。本案中，汇顶公司的起诉与举报行为是两个独立的行为，举报行为不是本案案由应规制的诉讼行为，因汇顶公司举报行为导致的证监会对思立微电子公司进行实地核查并非本案侵权行为直接产生的侵权结果。因此，思立微电子公司主张北京是本案的侵权行为实施地与侵权结果发生地是错误的，原审法院对本案没有管辖权。

裁判理由

二审法院认为本案系因恶意提起知识产权诉讼损害责任纠纷，属民事侵权责任纠纷。根据《中华人民共和国民事诉讼法》（以下简称民事诉讼法）第二十八条和《最高人民法院关于适用〈中华人民共和国民事诉讼法〉的解释》第二十四条的规定，因侵权行为提起的诉讼，由侵权行为地或者被告住所地人民法院管辖，侵权行为地包括侵权行为实施地和侵权结果发生地。本案的争议焦点在于：能否将汇顶公司向证监会和北京证监局举报的举报地作为本案侵权行为实施地和侵权结果发生地，以及原审法院将本案移送广东省深圳市中级人民法院是否恰当。

（一）能否将举报地作为本案侵权行为实施地。因专利侵权之诉引发的恶意提起知识产权诉讼损害责任纠纷，其诉讼标的系权利人向人民法院提起的专利侵权之诉是否为恶意以及权利人是否因此承担相应民事责任。尽管人民法院在审理此类案件过程中可能需要综合考虑诉讼行为前后与之有紧密关联的其他非诉行为，以确定权利人提起专利侵权之诉是否构成恶意，但该等非诉行为并非系争专利侵权之诉的诉讼行为本身，在管辖权异议阶段，不应将两者混为一谈或视作一个整体，并将侵权行为实施地的物理范围不合理地扩展至非诉行为实施地域，否则将导致此类案件中“侵权行为实施地”这一基本法律概念外延过大以及由此而产生的管辖不稳定性与低预期性。因此，对于以专利侵权之诉为由提起的恶意知识产权诉讼损害责任纠纷，其侵权行为实施地应限定为专利侵权之诉管辖法院所在地，不宜将与之关联的其他非诉行为的实施地作为此类案件的侵权行为实施地，无论最终是否可据此非诉行为认定恶意与否。故本案中，原审法院关于汇顶公司向证监会和北京证监局举报的举报地不宜作为本案侵权行为实施地的认定，并无不当。

（二）一审法院认为能否将举报地作为本案侵权结果发生地。首先，如前所述，不宜将非诉行为实施地认定为因专利侵权之诉引发的恶意提起知识产权诉讼损害责任纠纷的侵权行为实施地，那么自然也不能因非诉行为与诉讼行为之间存在关联，而直接将非诉行为地认定为此类纠纷的侵权结果发生地。其次，专利作为重要的市场竞争要素具有较高活跃性与流通性等特点，与专利侵权有关的恶意提起知识产权诉讼所致后果可能因此具有广泛的地域性，如果将所有可能或潜在的结果发生地均视作侵权结果发生地，将不利于管辖的稳定与可预期性。再者，在进入实体审理之前，系争专利侵权诉讼行为是否具有恶意以及相应产生何种后果尚处于不明朗状态，故在管辖权异议阶段对原告主张的侵权结果以及该结果的发生地均难以进行判断。因此，对于以专利侵权之诉为由提起的恶意知识产权诉讼损害责任纠纷，从管辖角度看，其侵权结果发生地原则上理解为系争专利侵权诉讼的裁判地为妥，不宜包括其他非诉行为地。换言之，此类案件的侵权结果发生地与侵权行为实施地通常是重合的，均为系争专利侵权诉讼管辖法院所在地。故本案中，原审法院认为不能将汇顶公司向证监会和北京证监局举报的举报地作为侵权结果发生地，并无不当。

（三）原审法院将本案移送广东省深圳市中级人民法院是否恰当。本案系侵权责任纠纷中的因恶意提起知识产权诉讼引发的损害责任纠纷，根据民事诉讼法第二十八条规定，本案可由侵权行为地或被告住所地人民法院管辖。因被诉侵权行为地与汇顶公司住所地均位于广东省深圳市，根据《最高人民法院关于同意深圳市中级人民法院内设专门审判机构并分别集中管辖部分知识产权、金融案件的批复》第二条第一项的规定，广东省深圳市中级人民法院对本案具有管辖权。原审法院将本案移送广东省深圳市中级人民法院并无不当。

第三编

知识产权法院（法庭）管辖目录

第一章　基层人民法院管辖第一审知识产权民事案件标准①（截至2021年10月12日）

一、广东省

地区	二审法院	基层法院	管辖地域	管辖第一审知识产权民事案件标准
广东省	广州知识产权法院	广州互联网法院	广州市	诉讼标的额在50亿元以下案件： 1.在互联网上首次发表作品的著作权或者邻接权权属纠纷。 2.在互联网上侵害在线发表或者传播作品的著作权或者邻接权而产生的纠纷。 3.互联网域名权属、侵权及合同纠纷。
		广州市白云区人民法院	白云区	诉讼标的额在50亿元以下的著作权、商标权、域名、不正当竞争、技术合同等第一审一般知识产权民事案件（广州互联网法院管辖案件除外）。
		广州市越秀区人民法院	越秀区、从化区	
		广州市海珠区人民法院	海珠区	
		广州市天河区人民法院	天河区	
		广州市荔湾区人民法院	荔湾区	
		广州市花都区人民法院	花都区	
		广州市南沙区人民法院	南沙区、番禺区	
		广州市黄埔区人民法院	黄埔区、增城区	

① “以上”包括本数，“以下”不包括本数。

续表

地区	二审法院	基层法院	管辖地域	管辖第一审知识产权民事案件标准
	深圳市中级人民法院	深圳市罗湖区人民法院	罗湖区	诉讼标的额在500万元以下,以及500万元以上1000万元以下且当事人住所地均在其所属中级人民法院辖区的第一审一般知识产权民事案件。
		深圳市福田区人民法院	福田区	
		深圳市南山区人民法院	南山区	
		深圳市宝安区人民法院	宝安区、光明区	
		深圳市龙岗区人民法院	龙岗区	
		深圳市盐田区人民法院	盐田区	
		深圳前海合作区人民法院	前海深港现代服务业合作区、深圳前海蛇口自由贸易试验区	
		深圳市龙华区人民法院	龙华区	
		深圳市坪山区人民法院	坪山区	
	珠海市中级人民法院	珠海市横琴区人民法院	横琴区	
		珠海市香洲区人民法院	珠海市(横琴区除外)	
	中山市中级人民法院	中山市第一人民法院	火炬开发区、翠亨新区、石岐区、东区、南区、西区、五桂山、港口镇、民众镇、南朗镇、神湾镇、坦洲镇、三乡镇、板芙镇、沙溪镇、大涌镇	
		中山市第二人民法院	小榄镇、东升镇、黄圃镇、南头镇、三角镇、东凤镇、阜沙镇、古镇镇、横栏镇	

续表

地区	二审法院	基层法院	管辖地域	管辖第一审知识产权民事案件标准
	江门市中级人民法院	江门市江海区人民法院	江海区	诉讼标的额在500万元以下,以及500万元以上1000万元以下且当事人住所地均在其所属中级人民法院辖区的第一审一般知识产权民事案件。
		江门市蓬江区人民法院	蓬江区、鹤山市	
		江门市新会区人民法院	新会区、台山市、恩平市、开平市	
	佛山中级人民法院	佛山市禅城区人民法院	佛山市	
	东莞中级人民法院	东莞市第一人民法院	莞城街道、东城街道、南城街道、万江街道、道滘镇、洪梅镇、望牛墩镇、麻涌镇、中堂镇、高埗镇、石碣镇、石排镇、企石镇、石龙镇、茶山镇、寮步镇、松山湖科技园产业区	
		东莞市第二人民法院	虎门镇、厚街镇、沙田镇、大朗镇、长安镇、大岭山镇	
		东莞市第三人民法院	樟木头镇、黄江镇、谢岗镇、常平镇、桥头镇、东坑镇、塘厦镇、清溪镇、凤岗镇、横沥镇	
	惠州市中级人民法院	惠州市惠城区人民法院	惠州市	
	阳江市中级人民法院	阳江市江城区人民法院	阳江市	诉讼标的额在200万元以下的第一审一般知识产权民事案件。
	肇庆市中级人民法院	肇庆市端州区人民法院	肇庆市	
	清远市中级人民法院	清远市清城区人民法院	清远市	
	汕头市中级人民法院	汕头市龙湖区人民法院	龙湖区	诉讼标的额在200万元以下案情简单、社会影响不大的第一审一般知识产权民事案件。
		汕头市金平区人民法院	金平区	

二、北京市

地区	二审法院	基层法院	管辖地域	管辖第一审知识产权民事案件标准
北京市	北京知识产权法院	北京互联网法院	北京市	诉讼标的额在50亿元以下的案件： 1.在互联网上首次发表作品的著作权或者邻接权权属纠纷。 2.在互联网上侵害在线发表或者传播作品的著作权或者邻接权而产生的纠纷。 3.互联网域名权属、侵权及合同纠纷。
		北京市东城区人民法院	东城区、通州区、顺义区、怀柔区、平谷区、密云区	诉讼标的额在50亿元以下的第一审一般知识产权民事案件(北京互联网法院管辖除外)。
		北京市西城区人民法院	西城区、大兴区	
		北京市朝阳区人民法院	朝阳区	
		北京市海淀区人民法院	海淀区	
		北京市丰台区人民法院	丰台区、房山区	
		北京市石景山区人民法院	石景山区、头沟区、昌平区、延庆区	

三、上海市

地区	二审法院	基层法院	管辖地域	管辖第一审知识产权民事案件标准
上海市	上海知识产权法院	上海市浦东新区人民法院	浦东新区、奉贤区	诉讼标的额在50亿元以下第一审一般知识产权民事案件。
		上海市杨浦区人民法院	杨浦区、黄浦区、虹口区、宝山区、崇明区、嘉定区	
		上海市徐汇区人民法院	徐汇区、长宁区、闵行区	
		上海市普陀区人民法院	普陀区、静安区、松江区、金山区、青浦区	

四、海南省

地区	二审法院	基层法院	管辖地域	管辖第一审知识产权民事案件标准
海南省	海南自由贸易港知识产权法院	海口市琼山区人民法院	海南省北部:海口市、三沙市、儋州市、洋浦经济开发区、文昌市、琼海市、澄迈县、屯昌县、临高县、定安县、琼中黎族苗族自治县、昌江黎族自治县	诉讼标的额在200万元以下的第一审一般知识产权民事案件。
		三亚市城郊人民法院	海南省南部:三亚市、东方市、万宁市、五指山市、陵水黎族自治县、保亭黎族苗族自治县、白沙黎族自治县、乐东黎族自治县	

五、广西壮族自治区

地区	二审法院	基层法院	管辖地域	管辖第一审知识产权民事案件标准
广西壮族自治区	南宁市中级人民法院	南宁市青秀区人民法院	青秀区	诉讼标的额在80万元以下,以及80万元以上150万元以下且当事人住所地均在其所属中级人民法院管辖的第一审一般知识产权民事案件。
	桂林市中级人民法院	桂林市叠彩区人民法院	桂林市	

六、湖南省

地区	二审法院	基层法院	管辖地域	管辖第一审知识产权民事案件标准
湖南省	长沙市中级人民法院	长沙市天心区人民法院	天心区、雨花区、芙蓉区	诉讼标的额在300万元以下的第一审一般知识产权民事案件。
		长沙市岳麓区人民法院	岳麓区、望城区、宁乡市	诉讼标的额在300万元以下的第一审一般知识产权民事案件。
		长沙县人民法院	长沙县、浏阳市	诉讼标的额在300万元以下的第一审一般知识产权民事案件。
		开福区人民法院	开福区	诉讼标的额在300万元以下的第一审一般知识产权民事案件。
	株洲市中级人民法院	株洲市天元区人民法院	天元区	诉讼标的额在300万元以下的第一审一般知识产权民事案件。
	岳阳市中级人民法院	岳阳市岳阳楼区人民法院	岳阳楼区	诉讼标的额在500万元以下的第一审一般知识产权民事案件。
	常德市中级人民法院	津市市人民法院	津市市	诉讼标的额在50万元以下的一般知识产权民事案件。

七、江西省

地区	二审法院	基层法院	管辖地域	管辖第一审知识产权民事案件标准
江西省	南昌市中级人民法院	南昌高新技术产业开发区人民法院	南昌市(南昌经济技术开发区除外)	诉讼标的额在100万元以下的第一审一般知识产权民事案件。
		南昌经济技术开发区人民法院	南昌经济技术开发区	
	景德镇市中级人民法院	景德镇市珠山区人民法院	景德镇市	诉讼标的额在5万元以下的一般知识产权民事案件。

八、安徽省

地区	二审法院	基层法院	管辖地域	管辖第一审知识产权民事案件标准
安徽省	合肥市中级人民法院	合肥高新技术产业开发区人民法院	合肥市	诉讼标的额在50万元以下的一般知识产权民事案件。
	蚌埠市中级人民法院	蚌埠市禹会区人民法院	蚌埠市	
	芜湖市中级人民法院	芜湖经济技术开发区人民法院	芜湖市	

九、河南省

地区	二审法院	基层法院	管辖地域	管辖第一审知识产权民事案件标准
河南省	郑州市中级人民法院	郑州市管城回族区人民法院	管城回族区、金水区、中原区、惠济区、上街区、巩义市、荥阳市	诉讼标的额在50万元以下的商标、著作权知识产权民事案件。
		郑州航空港经济综合实验区人民法院	航空港经济综合实验区、二七区、高新区、中牟县、新郑市、新密市、登封市	
	新乡市中级人民法院	新乡市卫滨区人民法院	新乡市	
	商丘市中级人民法院	商丘市睢阳区人民法院	商丘市	
	南阳市中级人民法院	南阳高新技术产业开发区人民法院	南阳市	
	洛阳市中级人民法院	洛阳市老城区人民法院	洛阳市	

十、湖北省

地区	二审法院	基层法院	管辖地域	管辖标准(民事)
湖北省	武汉市中级人民法院	武汉市江汉区人民法院	江汉区	诉讼标的额在100万元以下的第一审一般知识产权民事案件。
		武汉东湖新技术开发区人民法院	东湖新技术开发区	
		武汉市江岸区人民法院	江岸区	诉讼标的额在300万元以下,以及800万元以下且当事人住所地均在武汉市的一般知识产权民事案件。

十一、陕西省

地区	二审法院	基层法院	管辖地域	管辖标准(民事)
陕西省	西安市中级人民法院	西安市碑林区人民法院	碑林区	诉讼标的额在5万元以下的一般知识产权民事案件。
		西安市雁塔区人民法院	雁塔区	

十二、四川省

地区	二审法院	基层法院	管辖地域	管辖第一审知识产权民事案件标准
四川省	成都市中级人民法院	成都市锦江区人民法院	锦江区	诉讼标的额在50万元以下的第一审一般知识产权民事案件。
		成都市武侯区人民法院	武侯区	
		成都高新技术产业开发区人民法院	高新技术产业开发区	
		成都市郫都区人民法院	郫都区	
		四川天府新区成都片区人民法院	天府新区成都片区	诉讼标的额在500万元以下的第一审一般知识产权民事案件。
		四川自由贸易试验区人民法院	四川自由贸易试验区	
	绵阳市中级人民法院	绵阳高新技术产业开发区人民法院	绵阳高新技术产业开发区	诉讼标的额在500万元以下的第一审一般知识产权民事案件。

十三、重庆市

地区	二审法院	基层法院	管辖地域	管辖第一审知识产权民事案件标准
重庆市	重庆市第一中级人民法院	重庆自由贸易试验区人民法院(重庆两江新区人民法院)	江北区、沙坪坝区、北碚区、长寿区、渝北区、合川区、潼南区、铜梁区、大足区、璧山区	诉讼标的额在500万元以下的第一审一般知识产权民事案件。
		重庆市渝中区人民法院	渝中区	

十四、甘肃省

地区	二审法院	基层法院	管辖地域	管辖第一审知识产权民事案件标准
甘肃省	兰州市中级人民法院	兰州市城关区人民法院	兰州市	诉讼标的额在30万元以下的第一审一般知识产权民事案件。
	天水市中级人民法院	天水市秦州区人民法院	天水市	

十五 、辽宁省

地区	二审法院	基层法院	管辖地域	管辖第一审知识产权民事案件标准
辽宁省	沈阳市中级人民法院	沈阳高新技术产业开发区人民法院	沈阳市	诉讼标的额在300万元以下的第一审一般知识产权民事案件。
	大连市中级人民法院	大连市西岗区人民法院	西岗区、中山区、沙河口区、金州区、甘井子区、旅顺口区、瓦房店市、庄河市、普兰店区、长海县、大连长兴岛经济技术开发区、大连高新技术产业园区	
		大连经济技术开发区人民法院	自贸区大连片区	

十六、江苏省

地区	二审法院	基层法院	管辖地域	管辖第一审知识产权民事案件标准
江苏省	南京市中级人民法院	南京市玄武区人民法院	玄武区、栖霞区	诉讼标的额在200万元以下的一般知识产权民事案件。
		南京市建邺区人民法院	建邺区	
		南京市江北新区人民法院	江北新区、鼓楼区、浦口区、六合区	
		南京市雨花台区人民法院	雨花台区	
		南京市秦淮区人民法院	秦淮区	
		南京市江宁区人民法院	江宁区(江宁经济技术开发区管辖除外)	
		南京江宁经济技术开发区人民法院	江宁经济技术开发区、溧水区、高淳区	
	苏州市中级人民法院	苏州市虎丘区人民法院	虎丘区	跨区管辖姑苏区诉讼标的额为50万元以下的著作权纠纷第一审案件; 诉讼标的额在200万元以下的第一审一般知识产权民事案件。
		苏州工业园区人民法院	苏州工业园区	跨区管辖吴中区辖区内标的额为50万元以下的著作权纠纷第一审案件; 诉讼标的额在200万元以下的第一审一般知识产权民事案件。
		苏州市吴江区人民法院	吴江区	诉讼标的额在200万元以下的第一审一般知识产权民事案件。
		苏州市相城区人民法院	相城区	

续表

地区	二审法院	基层法院	管辖地域	管辖第一审知识产权民事案件标准
		昆山市人民法院	昆山市	诉讼标的额在200万元以下的第一审一般知识产权民事案件。
		太仓市人民法院	太仓市	
		常熟市人民法院	常熟市	
		张家港市人民法院	张家港市	
	宿迁市中级人民法院	宿迁市宿城区人民法院	宿城区、宿豫区	诉讼标的额在300万元以下的第一审一般知识产权民事案件。
	徐州市中级人民法院	徐州市铜山区人民法院	铜山区、泉山区	
	无锡市中级人民法院	无锡市滨湖区人民法院	滨湖区	诉讼标的额在300万元以下的第一审一般知识产权民事案件。
		无锡市新吴区人民法院	新吴区	
		江阴市人民法院	江阴市	
		宜兴市人民法院	宜兴市	
		无锡市惠山区人民法院	惠山区	
	常州市中级人民法院	常州市天宁区人民法院	天宁区	
		常州市钟楼区人民法院	钟楼区	
		常州市新北区人民法院	新北区	
		常州市武进区人民法院	武进区	
		常州经济开发区人民法院	经济开发区	

续表

地区	二审法院	基层法院	管辖地域	管辖第一审知识产权民事案件标准
	南通市中级人民法院	通州湾江海联动开发示范区人民法院	通州湾江海联动开发示范区、通州区、启东市、如皋市、海安市	诉讼标的额在300万元以下的第一审一般知识产权民事案件。
	泰州市中级人民法院	靖江市人民法院	靖江市、泰兴市、姜堰区、高港区	
		泰州医药高新技术产业开发区人民法院	泰州医药高新技术产业开发区、海陵区、兴化市	
	盐城市中级人民法院	盐城市亭湖区人民法院	亭湖区	
		盐城市大丰区人民法院	大丰区	
	扬州市中级人民法院	扬州市广陵区人民法院	广陵区、邗江区	
		仪征市人民法院	仪征市	
		高邮市人民法院	高邮市	
	镇江市中级人民法院	丹阳市人民法院	丹阳市	
		镇江经济开发区人民法院	镇江经济开发区	

十七、山东省

地区	二审法院	基层法院	管辖地域	管辖第一审知识产权民事案件标准
山东省	济南市中级人民法院	济南市历下区人民法院	历下区、市中区、槐荫区、天桥区	诉讼标的额在50万元以下不具有涉外因素的著作权、商标权、特许经营合同纠纷知识产权民事案件。
		济南市章丘区人民法院	章丘区、历城区、济阳区、商河县、济南高新技术产业开发区	
		济南市莱芜区人民法院	莱芜区、长清区、钢城区、平阴县	
	青岛市中级人民法院	青岛市市南区人民法院	市南区、市北区	
		青岛市黄岛区人民法院	黄岛区、胶州市	
		青岛市崂山区人民法院	崂山区、城阳区、李沧区	
		青岛市即墨区人民法院	即墨区、平度市、莱西市	
	滨州市中级人民法院	滨州经济技术开发区人民法院	滨州市	
	德州市中级人民法院	德州市德城区人民法院	德城区	
	东营市中级人民法院	东营市垦利区人民法院	东营市	
	菏泽市中级人民法院	菏泽经济开发区人民法院	菏泽市	
	潍坊市中级人民法院	寿光市人民法院	潍坊市	

续表

地区	二审法院	基层法院	管辖地域	管辖第一审知识产权民事案件标准
	济宁市中级人民法院	曲阜市人民法院	曲阜市、兖州区、泗水县、邹城市、微山县、高新技术产业开发区	
		嘉祥县人民法院	嘉祥县、任城区、鱼台县、金乡县、汶上县、梁山县	
	聊城市中级人民法院	临清市人民法院	聊城市	
	临沂市中级人民法院	临沂市兰山区人民法院	临沂市	
	泰安市中级人民法院	泰安高新技术产业开发区人民法院	泰安市	
	威海市中级人民法院	威海市环翠区人民法院	威海市	
	烟台市中级人民法院	烟台市芝罘区人民法院	芝罘区、蓬莱市、长岛县、海阳市	
		烟台高新技术产业开发区人民法院	高新区、福山区、莱山区、牟平区、龙口市、莱州市、招远市、栖霞市、莱阳市、海阳市	
	淄博市中级人民法院	沂源县人民法院	淄博市	

十八、天津市

地区	二审法院	基层法院	管辖地域	管辖第一审知识产权民事案件标准
天津市	天津市第一中级法院	天津市和平区人民法院	和平区、南开区、红桥区、河北区	诉讼标的额在100万元以下的第一审一般知识产权民事案件。
	天津市第三中级法院	天津市滨海新区人民法院	滨海新区	诉讼标的额在300万元以下的第一审一般知识产权民事案件。

十九、浙江省

<table>
<tr><th>地区</th><th>二审法院</th><th>基层法院</th><th>管辖地域</th><th>管辖第一审知识产权民事案件标准</th></tr>
<tr><td rowspan="11">浙江省</td><td rowspan="7">杭州市中级人民法院</td><td>杭州互联网法院</td><td>杭州市</td><td>诉讼标的额在500万元以下案例：
1.在互联网上首次发表作品的著作权或者邻接权权属纠纷；
2.在互联网上侵害在线发表或者传播作品的著作权或者邻接权而产生的纠纷；
3.互联网域名权属、侵权及合同纠纷。</td></tr>
<tr><td>杭州市拱墅区人民法院</td><td>拱墅区</td><td rowspan="6">诉讼标的额在500万元以下的第一审一般知识产权民事案件(杭州互联网法院管辖除外)。</td></tr>
<tr><td>杭州市西湖区人民法院</td><td>西湖区</td></tr>
<tr><td>杭州市滨江区人民法院</td><td>滨江区</td></tr>
<tr><td>杭州市萧山区人民法院</td><td>萧山区</td></tr>
<tr><td>杭州市余杭区人民法院</td><td>余杭区</td></tr>
<tr><td>杭州铁路运输法院</td><td>上城区、下沙经济技术开发区、富阳区、临安区、建德市、淳安县、桐庐县</td></tr>
<tr><td rowspan="4">宁波市中级人民法院</td><td>宁波市海曙区人民法院</td><td>海曙区、江北区</td><td rowspan="4">诉讼标的额在500万元以下的一般知识产权案件。</td></tr>
<tr><td>宁波市北仑区人民法院</td><td>北仑区</td></tr>
<tr><td>宁波市镇海区人民法院</td><td>镇海区</td></tr>
<tr><td>余姚市人民法院</td><td>余姚市</td></tr>
</table>

续表

地区	二审法院	基层法院	管辖地域	管辖第一审知识产权民事案件标准
		慈溪市人民法院	慈溪市	诉讼标的额在500万元以下的一般知识产权案件。
		宁波市奉化区人民法院	奉化区、宁海县	
		宁波市鄞州区人民法院	鄞州区、宁波高新技术开发区、象山县	
	湖州市中级人民法院	湖州市吴兴区人民法院	吴兴区	诉讼标的额在500万元以下的一般知识产权民事案件。
		德清县人民法院	德清县	
		湖州市长兴县人民法院	长兴县	
	嘉兴市中级人民法院	嘉兴市人民法院	南湖区、嘉善县、平湖市、海盐县	诉讼标的额在500万元以下的一般知识产权民事案件。
		嘉兴市秀洲区人民法院	秀洲区	
		海宁市人民法院	海宁市	
		桐乡市人民法院	桐乡市	
	金华市中级人民法院	金华市婺城区人民法院	婺城区	诉讼标的额在500万元以下的一般知识产权民事案件。
		东阳市人民法院	东阳市	

续表

地区	二审法院	基层法院	管辖地域	管辖第一审知识产权民事案件标准
		义乌市人民法院	义乌市	诉讼标的额在500万元以下的一般知识产权民事案件。
		永康市人民法院	永康市	
	绍兴市中级人民法院	诸暨市人民法院	诸暨市	诉讼标的额在500万元以下的一般知识产权民事案件。
		绍兴市柯桥区人民法院	河桥区	
		绍兴市上虞区人民法院	上虞区	
		新昌县人民法院	新昌县	
	台州市中级人民法院	台州市椒江区人民法院	椒江区	诉讼标的额在500万元以下的一般知识产权民事案件。
		温岭市人民法院	温岭市	
		玉环市人民法院	玉环市	
	温州市中级人民法院	温州市鹿城区人民法院	鹿城区	诉讼标的额在500万元以下的一般知识产权民事案件。
		温州市瓯海区人民法院	瓯海区	
		瑞安市人民法院	瑞安市、平阳县、苍南县、文成县、泰顺县	
		乐清市人民法院	乐清市	

二十、福建省

地区	二审法院	基层法院	管辖地域	管辖第一审知识产权民事案件标准
福建省	福州市中级人民法院	福州市鼓楼区人民法院	鼓楼区	诉讼标的额在50万元以下的第一审一般知识产权民事案件。
		福州市马尾区人民法院	马尾区、自由贸易试验区福州片区	马尾区诉讼标的额在50万元以下的第一审一般知识产权民事案件。 福州自贸区诉讼标的额在500万元以下,以及500万元以上1000万元以下且当事人住所地均在自贸区辖区的第一审一般知识产权民事案件。
		平潭县人民法院	平潭县、自由贸易试验区平潭片区	平潭县诉讼标的额在50万元以下的第一审一般知识产权民事案件。 所辖自贸片区诉讼标的额在500万元以下,以及500万元以上1000万元以下且当事人住所地均在自贸区辖区的第一审一般知识产权民事案件。
	厦门市中级人民法院	厦门市思明区人民法院	思明区	诉讼标的额在50万元以下的第一审一般知识产权民事案件。
		厦门市湖里区人民法院	湖里区、自由贸易试验区厦门片区	湖里区诉讼标的额在50万元以下的第一审一般知识产权民事案件。 所辖自贸片区诉讼标的额在500万元以下,以及500万元以上1000万元以下且当事人住所地均在自贸区辖区的一般知识产权民事案件。
	泉州市中级人民法院	晋江市人民法院	晋江市	诉讼标的额在50万元以下的一般知识产权民事案件。
		德化县人民法院	德化县	

第二章　知识产权法院、中级及高级人民法院管辖第一审知识产权案件的标准[①]（截至2021年10月12日）

一、广东省

地区	二审法院	一审法院	管辖地域	管辖第一审知识产权案件标准
广东省	最高人民法院	广东省高级人民法院	广东	诉讼标的额在2亿元以上，以及1亿元以上且当事人一方住所地不在本辖区或者涉外、涉港澳台的实用新型、发明、植物新品种、集成电路布图设计、技术秘密、计算机软件、垄断第一审知识产权民事案件。 诉讼标的额在50亿元以上的外观设计、涉驰名商标认定的第一审知识产权民事案件。 诉讼标的额在50亿元以上涉著作权、商标、技术合同、不正当竞争等第一审一般知识产权民事案件。 其他在本辖区有重大影响的第一审知识产权民事案件。
	广东省高级人民法院			诉讼标的额在50亿元以下的外观设计、涉驰名商标认定的第一审知识产权民事案件。 涉及对国务院部门或者县级以上地方人民政府所作的涉及著作权、商标、不正当竞争等行政行为提起诉讼的行政案件。

① “以上”包括本数，“以下”不包括本数。

续表

地区	二审法院	一审法院	管辖地域	管辖第一审知识产权案件标准
	最高人民法院	广州知识产权法院	广东(深圳除外)	诉讼标的额在 1 亿元以下且当事人一方住所地不在本辖区或者涉外、涉港澳台的,以及 2 亿元以下且当事人住所地均在本辖区的专利、植物新品种、集成电路布图设计、技术秘密、计算机软件、垄断等第一审知识产权民事案件。 涉及发明、实用新型、植物新品种、集成电路布图设计、技术秘密、计算机软件、垄断、外观设计专利行政案件。
	广东省高级人民法院	深圳市中级人民法院	深圳市	诉讼标的额在 50 亿元以下的外观设计、涉驰名商标认定的第一审知识产权民事案件。 诉讼标的额在 500 万元以上 50 亿元以下,以及 1000 万元以上 50 亿元以下且当事人住所地均在深圳市的著作权、商标权、域名、不正当竞争、技术合同等第一审一般知识产权民事案件。 对国务院部门或者县级以上地方人民政府所作的涉及著作权、商标、不正当竞争等行政行为提起诉讼的行政案件。
	最高人民法院			诉讼标的额在 1 亿元以下且当事人一方住所地不在本辖区或者涉外、涉港澳台的,以及 2 亿元以下且当事人住所地均在所在市的专利、植物新品种、集成电路布图设计、技术秘密、计算机软件、垄断等第一审知识产权民事案件。 涉及发明、实用新型、植物新品种、集成电路布图设计、技术秘密、计算机软件、垄断、外观设计专利行政案件。

续表

地区	二审法院	一审法院	管辖地域	管辖第一审知识产权案件标准
	广东省高级人民法院	中山市中级人民法院	中山市	诉讼标的额在500万元以上50亿元以下当事人一方住所地不在本辖区或者涉外、涉港澳台，以及1000万元以上50亿元以下且当事人住所地均在所在市的第一审一般知识产权民事案件。
		珠海市中级人民法院	珠海市	
		江门市中级人民法院	江门市	
		惠州市中级人民法院	惠州市	
		佛山市中级人民法院	佛山市	
		东莞市中级人民法院	东莞市	
		汕头市中级人民法院	汕头市	龙湖区、金平区人民法院辖区内诉讼标的额在200万元以上50亿元以下第一审一般知识产权民事案件。 诉讼标的额在50亿元以下第一审一般知识产权民事案件(龙湖区、金平区法院管辖除外)。
		肇庆市中级人民法院	肇庆市	诉讼标的额在200万元以上50亿元以下第一审一般知识产权民事案件。
		阳江市中级人民法院	阳江市	
		清远市中级人民法院	清远市	
		其他中级人民法院(潮州市、湛江市、云浮市、韶关市、汕尾市、梅州市、茂名市、揭阳市、河源市)	各本市	诉讼标的额在50亿元以下的第一审一般知识产权民事案件。

二、北京市

地区	二审法院	一审法院	管辖地域	管辖第一审知识产权案件标准
北京市		最高人民法院	全国	全国范围内重大、复杂的涉及发明专利、实用新型专利、植物新品种、集成电路布图设计、技术秘密、计算机软件、垄断第一审知识产权民事及行政案件。 最高人民法院认为应当由最高人民法院知识产权法庭审理的其他案件。
	最高人民法院	北京市高级人民法院	北京市	诉讼标的额在2亿元以上且当事人住所地均在本辖区的，以及1亿元以上且当事人一方住所地不在本市或者涉外、涉港澳台的专利、驰名商标认定、实用新型、发明、植物新品种、集成电路布图设计、技术秘密、计算机软件、垄断的第一审知识产权民事案件。 诉讼标的额在2亿元以上涉著作权、商标、技术合同、不正当竞争等第一审一般知识产权民事案件。
	北京市高级人民法院	北京知识产权法院		诉讼标的额在1亿元以上2亿元以下且当事人住所地均在本辖区的，以及5000万元以上1亿元以下且当事人一方住所地不在本市或者涉外、涉港澳台的著作权、商标、技术合同、不正当竞争、特许经营合同等第一审知识产权民事案件。 涉及商标、著作权授权确权的第一审知识产权行政案件。

续表

地区	二审法院	一审法院	管辖地域	管辖第一审知识产权案件标准
	最高人民法院			诉讼标的额在1亿元以下且当事人一方住所地不在本辖区或者涉外、涉港澳台的，以及2亿元以下且当事人住所地均在本辖区的专利、涉驰名商标认定、植物新品种、集成电路布图设计、技术秘密、计算机软件、垄断等第一审知识产权民事案件。 涉及专利、植物新品种、集成电路布图设计授权确权的第一审知识产权行政案件。

三、上海市

地区	二审法院	一审法院	管辖地域	管辖第一审知识产权案件标准
上海市	最高人民法院	上海市高级人民法院	上海市	诉讼标的额在2亿元以上，以及1亿元以上且当事人一方住所地不在本辖区或者涉外、涉港澳台的实用新型、发明、植物新品种、集成电路布图设计、技术秘密、计算机软件、垄断第一审知识产权民事案件。 诉讼标的额在50亿元以上的外观设计、涉驰名商标认定的第一审知识产权民事案件。 诉讼标的额在50亿元以上涉著作权、商标、技术合同、不正当竞争等第一审一般知识产权民事案件。

续表

地区	二审法院	一审法院	管辖地域	管辖第一审知识产权案件标准
	上海市高级人民法院	上海知识产权法院		诉讼标的额在50亿元以下的外观设计、涉驰名商标认定的第一审知识产权民事案件。 国务院部门或者县级以上地方人民政府作出涉及著作权、商标、不正当竞争等行政行为提起诉讼的行政案件。
	最高人民法院			诉讼标的额在1亿元以下且当事人一方住所地不在本辖区或者涉外、涉港澳台的,以及2亿元以下且当事人住所地均在本辖区的专利、植物新品种、集成电路布图设计、技术秘密、计算机软件、垄断等第一审知识产权民事案件。 发明、实用新型、外观设计专利、植物新品种、集成电路布图设计、技术秘密、计算机软件、垄断行政案件。

四、海南省

地区	二审法院	一审法院	管辖地域	管辖第一审知识产权案件标准
海南省	最高人民法院	海南省高级人民法院	海南省	诉讼标的额在2亿元以上,以及1亿元以上且当事人一方住所地不在辖区内或者涉外、涉港澳台的实用新型、发明、植物新品种、集成电路布图设计、技术秘密、计算机软件、垄断第一审知识产权民事案件。 诉讼标的额在50亿元以上的外观设计、涉驰名商标认定的第一审知识产权民事案件。 诉讼标的额在50亿元以上涉著作权、商标、技术合同、不正当竞争等一般知识产权第一审知识产权民事案件。

续表

<table>
<tr><th>地区</th><th>二审法院</th><th>一审法院</th><th>管辖地域</th><th>管辖第一审知识产权案件标准</th></tr>
<tr><td rowspan="2"></td><td>海南省高级人民法院</td><td rowspan="2">海南自由贸易港知识产权法院</td><td rowspan="2">海南省</td><td>诉讼标的额在 50 亿元以下的外观设计、涉驰名商标认定的第一审知识产权民事案件。
诉讼标的额在 200 万元以上 50 亿元以下的涉著作权、商标、技术合同、不正当竞争等第一审一般知识产权民事案件。
国务院部门或者县级以上地方人民政府作出的涉及著作权、商标、不正当竞争等行政行为提起诉讼的行政案件。</td></tr>
<tr><td>最高人民法院</td><td>诉讼标的额在 1 亿元以下且当事人一方住所地不在本辖区或者涉外、涉港澳台的,以及 2 亿元以下且当事人住所地均在本辖区的专利、植物新品种、集成电路布图设计、技术秘密、计算机软件、垄断等第一审知识产权民事案件。
发明、实用新型、外观设计专利、植物新品种、集成电路布图设计、技术秘密、计算机软件、垄断行政案件。</td></tr>
</table>

五、广西壮族自治区

地区	二审法院	一审法院	管辖地域	管辖第一审知识产权案件标准
广西壮族自治区	最高人民法院	广西壮族自治区高级人民法院	广西壮族自治区	诉讼标的额在 2 亿元以上,以及 1 亿元以上且当事人一方住所地不在本辖区或者涉外、涉港澳台的实用新型、发明、植物新品种、集成电路布图设计、技术秘密、计算机软件、垄断第一审知识产权民事案件。

续表

地区	二审法院	一审法院	管辖地域	管辖第一审知识产权案件标准
				诉讼标的额在50亿元以上的外观设计、涉驰名商标认定的第一审知识产权民事案件。 诉讼标的额在50亿元以上涉著作权、商标、技术合同、不正当竞争等第一审一般知识产权民事案件。
	广西壮族自治区高级人民法院	南宁市中级人民法院(南宁知识产权法庭)	广西壮族自治区(柳州市、桂林市、来宾市、河池市除外)	诉讼标的额在50亿元以下外观专利、驰名商标认定第一审知识产权民事案件。 南宁市诉讼标的额在50亿元以下第一审一般知识产权民事案件(南宁市青秀区人民法院管辖除外)。
	最高人民法院			诉讼标的额在1亿元以下且当事人一方住所地不在本辖区或者涉外、涉港澳台的,以及2亿元以下且当事人住所地均在广西壮族自治区的专利、植物新品种、集成电路布图设计、技术秘密、计算机软件、垄断等第一审知识产权民事案件。
	广西壮族自治区高级人民法院	柳州市中级人民法院	柳州市、桂林市、来宾市、河池市	诉讼标的额在50亿元以下外观专利第一审知识产权民事案件。 柳州市诉讼标的额在50亿元以下一般知识产权案件。
	最高人民法院			诉讼标的额在1亿元以下且当事人一方住所地不在辖区或者涉外、涉港澳台的,以及2亿元以下且当事人住所地均在广西壮族自治区的专利、植物新品种、集成电路布图设计、技术秘密、计算机软件、垄断等第一审知识产权民事案件。

续表

地区	二审法院	一审法院	管辖地域	管辖第一审知识产权案件标准
	广西壮族自治区高级人民法院	桂林市中级人民法院	桂林市	诉讼标的额在50亿元以下第一审一般知识产权民事案件(叠彩区法院管辖除外)。
	广西壮族自治区高级人民法院	其他中级人民法院(百色市、北海市、崇左市、防城港市、贵港市、河池市、贺州市、来宾市、钦州市、梧州市、玉林市)	各本市	诉讼标的额在50亿元以下的第一审一般知识产权民事案件。

六、湖南省

地区	二审法院	一审法院	管辖地域	管辖第一审知识产权案件标准
湖南省	最高人民法院	湖南省高级人民法院	湖南省	诉讼标的额在2亿元以上,以及1亿元以上且当事人一方住所地不在本辖区或者涉外、涉港澳台的实用新型、发明、植物新品种、集成电路布图设计、技术秘密、计算机软件、垄断第一审知识产权民事案件。 诉讼标的额在50亿元以上的外观设计、涉驰名商标认定的第一审知识产权民事案件。 诉讼标的额在50亿元以上涉著作权、商标、技术合同、不正当竞争等第一审一般知识产权民事案件。

续表

地区	二审法院	一审法院	管辖地域	管辖第一审知识产权案件标准
	湖南省高级人民法院	长沙市中级人民法院(长沙知识产权法庭)	湖南省	诉讼标的额在50亿元以下的外观设计、驰名商标认定第一审知识产权民事案件。 长沙市诉讼标的额在50亿元以下的第一审一般知识产权民事案件(天心区、岳麓区、长沙县开福区人民法院管辖除外)。
	最高人民法院			诉讼标的额在1亿元以下且当事人一方住所地不在本辖区或者涉外、涉港澳台的,以及2亿元以下且当事人住所地均在本辖区的专利、植物新品种、集成电路布图设计、技术秘密、计算机软件、垄断等第一审知识产权民事案件。
	湖南省高级人民法院	常德市中级人民法院	常德市	诉讼标的额在50亿元以下的第一审一般知识产权民事案件(津市市法院管辖除外)。
		株洲市中级人民法院	株洲市	诉讼标的额在50亿元以下的第一审一般知识产权民事案件(天元区人民法院管辖除外)。
		岳阳市中级人民法院	岳阳市	诉讼标的额在50亿元以下的第一审一般知识产权民事案件(岳阳楼区人民法院管辖除外)。
		其他中级人民法院(娄底市、怀化市、衡阳市、郴州市、湘潭市、张家界市、永州市、益阳市、湘西土家族苗族自治州、湘潭市、邵阳市)	各本市	诉讼标的额在50亿元以下的第一审一般知识产权民事案件。

七、江西省

<table>
<tr><th>地区</th><th>二审法院</th><th>一审法院</th><th>管辖地域</th><th>管辖第一审知识产权案件标准</th></tr>
<tr><td rowspan="3">江西省</td><td>最高人民法院</td><td>江西省高级人民法院</td><td>江西省</td><td>诉讼标的额在2亿元以上，以及1亿元以上且当事人一方住所地不在本辖区或者涉外、涉港澳台的实用新型、发明、植物新品种、集成电路布图设计、技术秘密、计算机软件、垄断第一审知识产权民事案件。
诉讼标的额在50亿元以上的外观设计、涉驰名商标认定的第一审知识产权民事案件。
诉讼标的额在50亿元以上涉著作权、商标、技术合同、不正当竞争等第一审一般知识产权民事案件。</td></tr>
<tr><td>江西省高级人民法院</td><td rowspan="2">南昌市中级人民法院(南昌知识产权法庭)</td><td rowspan="2">南昌市、萍乡市、新余市、赣州市、宜春市、吉安市、抚州市</td><td>诉讼标的额在50亿元以下的外观设计、驰名商标认定第一审知识产权案件。
南昌市诉讼标的额在100万以上50亿元以下第一审一般知识产权民事案件(不含南昌高新技术产业开发区、南昌经济技术开发区人民法院管辖范围)。</td></tr>
<tr><td>最高人民法院</td><td>诉讼标的额在1亿元以下且当事人一方住所地不在本辖区或者涉外、涉港澳台的，以及2亿元以下且当事人住所地均在本辖区的专利、植物新品种、集成电路布图设计、技术秘密、计算机软件、垄断等第一审知识产权民事案件。</td></tr>
</table>

续表

地区	二审法院	一审法院	管辖地域	管辖第一审知识产权案件标准
	江西省高级人民法院	景德镇市中级人民法院(景德镇知识产权法庭)	景德镇市、九江市、鹰潭市、上饶市	诉讼标的额在50亿元以下的外观设计、驰名商标认定第一审知识产权案件。 景德镇市诉讼标的额在5万元以上50亿元以下第一审一般知识产权民事案件(不含珠山区人民法院管辖范围)。
	最高人民法院			诉讼标的额在1亿元以下且当事人一方住所地不在本辖区或者涉外、涉港澳台的,以及2亿元以下且当事人住所地均在本辖区的专利、植物新品种、集成电路布图设计、技术秘密、计算机软件、垄断等第一审知识产权民事案件。
	江西省高级人民法院	其他中级人民法院(鹰潭市、宜春市、新余市、上饶市、萍乡市、九江市、吉安市、赣州市、抚州市)	各本市	诉讼标的额在50亿元以下第一审一般知识产权民事案件。

八、安徽省

地区	二审法院	一审法院	管辖地域	管辖第一审知识产权案件标准
安徽省	最高人民法院	安徽省高级人民法院	安徽省	诉讼标的额在2亿元以上,以及1亿元以上且当事人一方住所地不在本辖区或者涉外、涉港澳台的实用新型、发明、植物新品种、集成电路布图设计、技术秘密、计算机软件、垄断第一审知识产权民事案件。

续表

地区	二审法院	一审法院	管辖地域	管辖第一审知识产权案件标准
				诉讼标的额在50亿元以上的外观设计、涉驰名商标认定的第一审知识产权民事案件。 诉讼标的额在50亿元以上涉著作权、商标、技术合同、不正当竞争等第一审一般知识产权民事案件。
	安徽省高级人民法院	合肥市中级人民法院(合肥知识产权法庭)	安徽省	诉讼标的额在50亿元以下的外观设计、驰名商标认定第一审知识产权民事案件。 合肥市诉讼标的额在50万元以上50亿元以下的第一审一般知识产权民事案件(不含合肥高新技术产业开发区人民法院管辖范围)。
	最高人民法院			诉讼标的额在1亿元以下且当事人一方住所地不在本辖区或者涉外、涉港澳台的，以及2亿元以下且当事人住所地均在本辖区的专利、植物新品种、集成电路布图设计、技术秘密、计算机软件、垄断等第一审知识产权民事案件。
	安徽省高级人民法院	蚌埠市中级人民法院	蚌埠市	诉讼标的额在50万元以上50亿元以下的第一审一般知识产权民事案件(不含蚌埠市禹会区人民法院管辖范围)。
		芜湖市中级人民法院	芜湖市	诉讼标的额在50万元以上50亿元以下的第一审一般知识产权民事案件(不含芜湖经济技术开发区人民法院管辖范围)。
		其他中级人民法院(亳州市、池州市、滁州市、阜阳市、安庆市、宿州市、宣城市、铜陵市、黄山市、六安市、马鞍山、淮北市、淮南市)	各本市	诉讼标的额在50亿元以下的第一审一般知识产权民事案件。

九、河南省

地区	二审法院	一审法院	管辖地域	管辖第一审知识产权案件标准
河南省	最高人民法院	河南省高级人民法院	河南省	诉讼标的额在2亿元以上,以及1亿元以上且当事人一方住所地不在本辖区或者涉外、涉港澳台的实用新型、发明、植物新品种、集成电路布图设计、技术秘密、计算机软件、垄断第一审知识产权民事案件。 诉讼标的额在50亿元以上的外观设计、涉驰名商标认定的第一审知识产权民事案件。 诉讼标的额在50亿元以上涉著作权、商标、技术合同、不正当竞争等第一审一般知识产权民事案件。
	河南省高级人民法院	郑州市中级人民法院(郑州知识产权法庭)		河南省诉讼标的额在50亿元以下的外观设计、驰名商标认定第一审知识产权案件。 郑州市诉讼标的额在50亿以下的商标、著作权等第一审一般知识产权民事案件(管城回族区、航空港经济综合实验区人民法院管辖范围除外)。
	最高人民法院			诉讼标的额在1亿元以下且当事人一方住所地不在本辖区或者涉外、涉港澳台的,以及2亿元以下且当事人住所地均在本辖区的专利、植物新品种、集成电路布图设计、技术秘密、计算机软件、垄断等第一审知识产权民事案件。
	河南省高级人民法院	新乡市中级人民法院	新乡市	诉讼标的额在50亿以下的商标、著作权等第一审一般知识产权民事案件(卫滨区人民法院管辖范围除外)。

续表

地区	二审法院	一审法院	管辖地域	管辖第一审知识产权案件标准
		商丘市中级人民法院	商丘市	诉讼标的额在50亿元以下的商标、著作权等第一审一般知识产权民事案件（睢阳区人民法院管辖范围除外）。
		南阳市中级人民法院	南阳市	诉讼标的额在50亿元以下的商标、著作权等第一审一般知识产权民事案件（南阳高新技术产业开发区人民法院管辖范围除外）。
		洛阳市中级人民法院	洛阳市	诉讼标的额在50亿元以下的商标、著作权等第一审一般知识产权民事案件（老城区人民法院管辖范围除外）。
		其他中级人民法院（驻马店市、周口市、安阳市、开封市、焦作市、济源、鹤壁市、漯河市、许昌市、信阳市、三门峡、濮阳市、平顶山市）	各本市	诉讼标的额在50亿元以下的第一审一般知识产权民事案件。

十、湖北省

地区	二审法院	一审法院	管辖地域	管辖第一审知识产权案件标准
湖北省	最高人民法院	湖北省高级人民法院	湖北省	诉讼标的额在2亿元以上，以及1亿元以上且当事人一方住所地不在本辖区或者涉外、涉港澳台的实用新型、发明、植物新品种、集成电路布图设计、技术秘密、计算机软件、垄断第一审知识产权民事案件。

续表

地区	二审法院	一审法院	管辖地域	管辖第一审知识产权案件标准
				诉讼标的额在 50 亿元以上的外观设计、涉驰名商标认定的第一审知识产权民事案件。 诉讼标的额在 50 亿元以上涉著作权、商标、技术合同、不正当竞争等第一审一般知识产权民事案件。
	湖北省高级人民法院	武汉市中级人民法院(武汉知识产权法庭)	湖北省	湖北省诉讼标的额在 50 亿元以下的外观设计、驰名商标认定第一审知识产权案件。 武汉市诉讼标的额在 50 亿元以下的第一审一般知识产权民事案件(江汉区、武汉东湖新技术开发区、江岸区人民法院管辖范围除外)。
	最高人民法院			诉讼标的额在 1 亿元以下且当事人一方住所地不在本辖区或者涉外、涉港澳台的,以及 2 亿元以下且当事人住所地均在本辖区的专利、植物新品种、集成电路布图设计、技术秘密、计算机软件、垄断等第一审知识产权民事案件。
	湖北省高级人民法院	其他中级人民法院(咸宁市、襄阳市、孝感市、宜昌市、荆门市、荆州市、十堰市、随州市、鄂州市、恩施土家族苗族自治州、汉江、黄冈市、黄石市)	各本市	诉讼标的额在 50 亿以下的第一审一般知识产权民事案件。

十一、陕西省

地区	二审法院	一审法院	管辖地域	管辖第一审知识产权案件标准
陕西省	最高人民法院	陕西省高级人民法院	陕西省	诉讼标的额在2亿元以上,以及1亿元以上且当事人一方住所地不在本辖区或者涉外、涉港澳台的实用新型、发明、植物新品种、集成电路布图设计、技术秘密、计算机软件、垄断第一审知识产权民事案件。 诉讼标的额在50亿元以上的外观设计、涉驰名商标认定的第一审知识产权民事案件。 诉讼标的额在50亿元以上涉著作权、商标、技术合同、不正当竞争等第一审一般知识产权民事案件。
	陕西省高级人民法院	西安市中级人民法院(西安知识产权法庭)	陕西省	陕西省诉讼标的额在50亿元以下的外观设计、驰名商标认定第一审知识产权民事案件。 西安市诉讼标的额在5万元以上50亿元以下的第一审一般知识产权民事案件(不含碑林区、雁塔区人民法院管辖范围)。
	最高人民法院			诉讼标的额在1亿元以下且当事人一方住所地不在本辖区或者涉外、涉港澳台的,以及2亿元以下且当事人住所地均在本辖区的专利、植物新品种、集成电路布图设计、技术秘密、计算机软件、垄断等第一审知识产权民事案件。
	陕西省高级人民法院	其他各中级人民法院(安康市、宝鸡市、汉中市、商洛市、铜川市、渭南市、咸阳市、延安市、榆林市)	各本市	诉讼标的额在50亿以下的第一审一般知识产权民事案件。

十二、四川省

<table>
<tr><th>地区</th><th>二审法院</th><th>一审法院</th><th>管辖地域</th><th>管辖第一审知识产权案件标准</th></tr>
<tr><td>四川省</td><td>最高人民法院</td><td>四川省高级人民法院</td><td>四川省</td><td>诉讼标的额在 2 亿元以上，以及 1 亿元以上且当事人一方住所地不在本辖区或者涉外、涉港澳台的实用新型、发明、植物新品种、集成电路布图设计、技术秘密、计算机软件、垄断第一审知识产权民事案件。
诉讼标的额在 50 亿元以上的外观设计、涉驰名商标认定的第一审知识产权民事案件。
诉讼标的额在 50 亿元以上涉著作权、商标、技术合同、不正当竞争等第一审一般知识产权民事案件。</td></tr>
<tr><td rowspan="3"></td><td>四川省高级人民法院</td><td rowspan="2">成都市中级人民法院(成都知识产权法庭)</td><td rowspan="2">四川省</td><td>四川省诉讼标的额在 50 亿元以下的外观设计、驰名商标认定第一审知识产权民事案件。
成都市诉讼标的额在 50 亿元以下的第一审一般知识产权民事案件(锦江区、武侯区、高新技术产业开发区、郫都区、天府新区成都片区、自由贸易试验区人民法院管辖范围除外)。</td></tr>
<tr><td>最高人民法院</td><td>诉讼标的额在 1 亿元以下且当事人一方住所地不在本辖区或者涉外、涉港澳台的，以及 2 亿元以下且当事人住所地均在本辖区的专利、植物新品种、集成电路布图设计、技术秘密、计算机软件、垄断等第一审知识产权民事案件。</td></tr>
<tr><td>四川省高级人民法院</td><td>绵阳市中级人民法院</td><td>绵阳市</td><td>诉讼标的额在 50 亿元以下的第一审一般知识产权民事案件(绵阳高新技术产业开发区人民法院管辖范围除外)。</td></tr>
</table>

续表

地区	二审法院	一审法院	管辖地域	管辖第一审知识产权案件标准
		其他中级人民法院(泸州市、南充市、内江市、攀枝花市、雅安市、宜宾市、资阳市、自贡市、四川省阿坝藏族羌族自治州、巴中市、达州市、德阳市、四川省甘孜藏族自治州、广安市、广元市、乐山市、四川省凉山彝族自治州、眉山市、遂宁市)	各本市	诉讼标的额在 50 亿元以下的第一审一般知识产权民事案件。 泸州市江阳区人民法院负责泸州市知识产权刑事及行政案件。

十三、重庆市

地区	二审法院	一审法院	管辖地域	管辖第一审知识产权案件标准
重庆市	最高人民法院	重庆市高级人民法院	重庆市	诉讼标的额在 2 亿元以上，以及 1 亿元以上且当事人一方住所地不在本辖区或者涉外、涉港澳台的实用新型、发明、植物新品种、集成电路布图设计、技术秘密、计算机软件、垄断第一审知识产权民事案件。 诉讼标的额在 50 亿元以上的外观设计、涉驰名商标认定的第一审知识产权民事案件。 诉讼标的额在 50 亿元以上涉著作权、商标、技术合同、不正当竞争等第一审一般知识产权民事案件。

续表

地区	二审法院	一审法院	管辖地域	管辖第一审知识产权案件标准
	重庆市高级人民法院	重庆市第一中级人民法院(重庆知识产权法庭)		管辖诉讼标的额在50亿元以下的外观设计、驰名商标认定第一审知识产权案件。 管辖诉讼标的额在50亿元以下的第一审一般知识产权民事案件(重庆自由贸易试验区人民法院、重庆市渝中区人民法院有权管辖的除外)。
	最高人民法院			管辖诉讼标的额在1亿元以下且当事人一方住所地不在本辖区或者涉外、涉港澳台的,以及2亿元以下且当事人住所地均在本辖区的专利、植物新品种、集成电路布图设计、技术秘密、计算机软件、垄断等第一审知识产权民事案件。

十四、甘肃省

地区	二审法院	一审法院	管辖地域	管辖第一审知识产权案件标准
甘肃省	最高人民法院	甘肃省高级人民法院	甘肃省	诉讼标的额在2亿元以上,以及1亿元以上且当事人一方住所地不在本辖区或者涉外、涉港澳台的实用新型、发明、植物新品种、集成电路布图设计、技术秘密、计算机软件、垄断第一审知识产权民事案件。 诉讼标的额在50亿元以上的外观设计、涉驰名商标认定的第一审知识产权民事案件。 诉讼标的额在50亿元以上涉著作权、商标、技术合同、不正当竞争等第一审一般知识产权民事案件。

续表

地区	二审法院	一审法院	管辖地域	管辖第一审知识产权案件标准
	甘肃省高级人民法院	兰州市中级人民法院(兰州知识产权法庭)		甘肃省诉讼标的额在50亿元以下的外观设计、驰名商标认定第一审知识产权案件。 兰州市标的额在50亿以下第一审一般知识产权民事案件(兰州市城关区人民法院管辖范围除外)。
	最高人民法院			诉讼标的额在1亿元以下且当事人一方住所地不在本辖区或者涉外、涉港澳台的,以及2亿元以下且当事人住所地均在本辖区的专利、植物新品种、集成电路布图设计、技术秘密、计算机软件、垄断等第一审知识产权民事案件。
	甘肃省高级人民法院	天水市中级人民法院	天水市	天水市诉讼标的额在50亿元以下的第一审一般知识产权民事案件(秦州区人民法院管辖范围除外)。
		其他各中级人民法院(张掖市、武威市、平凉市、庆阳市、陇南市、甘肃省临夏回族自治州、酒泉市、金昌市、嘉峪关市、甘肃省甘南藏族自治州、定西市、白银市)	各本市	诉讼标的额在50亿元以下的第一审一般知识产权民事案件。

十五、辽宁省

地区	二审法院	一审法院	管辖地域	管辖第一审知识产权案件标准
辽宁省	最高人民法院	辽宁省高级人民法院	辽宁省	诉讼标的额在2亿元以上，以及1亿元以上且当事人一方住所地不在本辖区或者涉外、涉港澳台的实用新型、发明、植物新品种、集成电路布图设计、技术秘密、计算机软件、垄断第一审知识产权民事案件。 诉讼标的额在50亿元以上的外观设计、涉驰名商标认定的第一审知识产权民事案件。 诉讼标的额在50亿元以上涉著作权、商标、技术合同、不正当竞争等第一审一般知识产权民事案件。
	辽宁省高级人民法院	沈阳市中级人民法院	沈阳市、鞍山市、抚顺市、本溪市、丹东市、锦州市、营口市、阜新市、辽阳市、铁岭市、朝阳市、盘锦市、葫芦岛市	沈阳市诉讼标的额在300万元以上50亿元以下的一般知识产权一审民事案件(不含沈阳高新技术产业开发区人民法院管辖范围)。 诉讼标的额在50亿元以下的外观设计、驰名商标认定的第一审知识产权民事案件。
	最高人民法院			诉讼标的额在1亿元以下且当事人一方住所地不在本辖区或者涉外、涉港澳台的，以及2亿元以下且当事人住所地均在本辖区的专利、植物新品种、集成电路布图设计、技术秘密、计算机软件、垄断等第一审知识产权民事案件。

续表

地区	二审法院	一审法院	管辖地域	管辖第一审知识产权案件标准
	辽宁省高级人民法院	大连市中级人民法院	大连市	大连市诉讼标的额在300万元以上50亿元以下的一般知识产权一审案件(西岗区人民法院、大连经济技术开发区人民法院管辖范围除外)。
	辽宁省高级人民法院	丹东市中级人民法院	丹东市、本溪市、鞍山市、辽阳高、铁岭市、抚顺市	诉讼标的额在50亿元以下的第一审一般知识产权民事案件。
		锦州市中级人民法院	锦州市、阜新市、朝阳市、葫芦岛市、盘锦(含辽河)市	
		营口市中级人民法院	营口市	

十六、江苏省

地区	二审法院	一审法院	管辖地域	管辖第一审知识产权案件标准
江苏省	最高人民法院	江苏省高级人民法院	江苏省	诉讼标的额在2亿元以上,以及1亿元以上且当事人一方住所地不在本辖区或者涉外、涉港澳台的实用新型、发明、植物新品种、集成电路布图设计、技术秘密、计算机软件、垄断第一审知识产权民事案件。

续表

地区	二审法院	一审法院	管辖地域	管辖第一审知识产权案件标准
				诉讼标的额在 50 亿元以上的外观设计、涉驰名商标认定的第一审知识产权民事案件。 诉讼标的额在 50 亿元以上涉著作权、商标、技术合同、不正当竞争等第一审一般知识产权民事案件。
	江苏省高级人民法院	南京市中级人民法院(南京知识产权法庭)	南京市、镇江市、扬州市、泰州市、盐城市、淮安市、宿迁市、徐州市、连云港市	南京市、镇江市、扬州市、泰州市、盐城市、淮安市、宿迁市、徐州市、连云港市内诉讼标的额在 50 亿元以下的驰名商标认定第一审知识产权民事案件。 南京市诉讼标的额在 50 亿以下的第一审一般知识产权民事案件(南京各基层法院管辖范围除外)。 南京市、宿迁市内诉讼标的额在 50 亿元以下外观设计专利纠纷第一审知识产权民事案件。
	最高人民法院			南京市、镇江市、扬州市、泰州市、盐城市、淮安市、宿迁市、徐州市、连云港市辖区内诉讼标的额在 1 亿元以下且当事人一方住所地不在本辖区或者涉外、涉港澳台的,以及 2 亿元以下且当事人住所地均在本辖区的专利、植物新品种、集成电路布图设计、技术秘密、计算机软件、垄断等第一审知识产权民事案件。

续表

地区	二审法院	一审法院	管辖地域	管辖第一审知识产权案件标准
	江苏省高级人民法院	苏州市中级人民法院(苏州知识产权法庭)	苏州市、无锡市、常州市、南通市	苏州市、无锡市、常州市、南通市诉讼标的额在50亿元以下的驰名商标认定第一审知识产权民事案件。 苏州市诉讼标的额在50亿元以下的第一审一般知识产权民事案件(苏州各基层法院管辖范围除外)。
	最高人民法院			苏州市、无锡市、常州市、南通市辖区诉讼标的额在1亿元以下且当事人一方住所地不在本辖区或者涉外、涉港澳台的,以及2亿元以下且当事人住所地均在本辖区的专利、植物新品种、集成电路布图设计、技术秘密、计算机软件、垄断等第一审知识产权民事案件。
	江苏省高级人民法院	徐州市中级人民法院	徐州市	诉讼标的额在50亿元以下商标权、著作权、不正当竞争、技术合同纠纷的第一审一般知识产权民事案件。 诉讼标的额在50亿元以下的外观设计专利纠纷的第一审知识产权案件。
		无锡市中级人民法院	无锡市	
		常州市中级人民法院	常州市	
		南通市中级人民法院	南通市	
		泰州市中级人民法院	泰州市	
		盐城市中级人民法院	盐城市	
		扬州市中级人民法院	扬州市	
		镇江市中级人民法院	镇江市	
		淮安市中级人民法院	淮安市	
		连云港市中级人民法院	连云港	
		宿迁市中级人民法院	宿迁市	诉讼标的额在50亿元以下的商标侵权、著作权、不正当竞争、技术合同纠纷的第一审一般知识产权案件。

十七、山东省

地区	二审法院	一审法院	管辖地域	管辖第一审知识产权案件标准
山东省	最高人民法院	山东省高级人民法院	山东省	诉讼标的额在2亿元以上,以及1亿元以上且当事人一方住所地不在本省或者涉外、涉港澳台的实用新型、发明、植物新品种、集成电路布图设计、技术秘密、计算机软件、垄断第一审知识产权民事案件。 诉讼标的额在50亿元以上的外观设计、涉驰名商标认定的第一审一般知识产权民事案件。 诉讼标的额在50亿元以上涉著作权、商标、技术合同、不正当竞争等第一审一般知识产权民事案件。
	山东省高级人民法院	济南市中级人民法院(济南知识产权法庭)	济南市、淄博市、枣庄市、济宁市、泰安市、滨州市、德州市、聊城市、临沂市、菏泽市	诉讼标的额在50亿元以下的外观、驰名商标认定第一审知识产权民事案件。 济南市诉讼标的额在50万元以上50亿元以下的商标、著作权、特许经营合同纠纷第一审知识产权民事案件(不含历下区、章丘区、莱芜区人民法院管辖范围)。 济南市诉讼标的额在50亿元以下涉外因素以及除著作权、商标权、特许经营合同纠纷之外的第一审知识产权民事案件。
	最高人民法院			诉讼标的额在1亿元以下且当事人一方住所地不在本辖区或者涉外、涉港澳台的,以及2亿元以下且当事人住所地均在本辖区的专利、植物新品种、集成电路布图设计、技术秘密、计算机软件、垄断等第一审知识产权民事案件。

续表

地区	二审法院	一审法院	管辖地域	管辖第一审知识产权案件标准
	山东省高级人民法院	青岛市中级人民法院(青岛知识产权法庭)	青岛市、东营市、烟台市、潍坊市、威海市、日照市	诉讼标的额在50亿元以下的外观、驰名商标认定一审知识产权民事案件。 青岛市诉讼标的额在50万元以上50亿元以下的商标、著作权、特许经营合同纠纷知识产权民事案件(不含市南区、黄岛区、崂山区、即墨区人民法院管辖范围)。 青岛市诉讼标的额在50亿以下涉外因素以及除著作权、商标权、特许经营合同纠纷之外的第一审知识产权民事案件。
	最高人民法院			诉讼标的额在1亿元以下且当事人一方住所地不在本辖区或者涉外、涉港澳台的,以及2亿元以下且当事人住所地均在本辖区的专利、植物新品种、集成电路布图设计、技术秘密、计算机软件、垄断等第一审知识产权民事案件。
	山东省高级人民法院	滨州市、德州市、东营市、菏泽市、潍坊市、济宁市、聊城市、临沂市、泰安市、威海市、烟台市、淄博市	各本市	诉讼标的额在50万元以上50亿元以下商标、著作权、特许经营合同纠纷第一审知识产权民事案件(不含各市基层法院管辖范围)。 诉讼标的额在50亿以下涉外因素以及除著作权、商标权、特许经营合同纠纷之外的第一审知识产权民事案件。
		枣庄市、日照市	各本市	诉讼标的额在50亿元以下第一审一般知识产权民事案件。

十八、天津市

地区	二审法院	一审法院	管辖地域	管辖第一审知识产权案件标准
天津市	最高人民法院	天津市高级人民法院	天津市	诉讼标的额在2亿元以上，以及1亿元以上且当事人一方住所地不在本省或者涉外、涉港澳台的实用新型、发明、植物新品种、集成电路布图设计、技术秘密、计算机软件、垄断第一审知识产权民事案件。 标的额在50亿元以上的外观设计、涉驰名商标认定的第一审知识产权民事案件。 诉讼标的额在50亿元以上涉著作权、商标、技术合同、不正当竞争等第一审一般知识产权民事案件。
	天津市高级人民法院	天津市第三中级人民法院	天津市	管辖天津市诉讼标的额在50亿元以下外观、驰名商标认定的第一审知识产权民事案件。 管辖滨海新区诉讼标的额在300万元以上50亿元以下第一审一般知识产权案件(不含滨海新区人民法院管辖范围)。 管辖东丽区、宁河区诉讼标的额在50亿元以下一般知识产权案件。
	最高人民法院			管辖诉讼标的额在1亿元以下且当事人一方住所地不在本辖区或者涉外、涉港澳台的，以及2亿元以下且当事人住所地均在本辖区的专利、植物新品种、集成电路布图设计、技术秘密、计算机软件、垄断等第一审知识产权民事案件。

续表

地区	二审法院	一审法院	管辖地域	管辖第一审知识产权案件标准
	天津市高级人民法院	天津市第一中级人民法院	西青区、武清区、宝坻区、蓟州区、和平区、南开区、红桥区	和平区、南开区、红桥区诉讼标的额在100万元以上50亿元以下第一审一般知识产权民事案件(不含和平区人民法院管辖范围)。 西青区、武清区、宝坻区、蓟州区诉讼标的额在50亿元以下第一审一般知识产权案件。
	天津市高级人民法院	天津市第二中级人民法院	河东区、河西区、津南区、北辰区、河北区、静海区	河北区诉讼标的额在100万元以上50亿元以下第一审一般知识产权民事案件(不含和平区人民法院管辖范围)。 河东区、河西区、津南区、北辰区、静海区辖区50亿元以下第一审一般知识产权民事案件。

十九、浙江省

地区	二审法院	一审法院	管辖地域	管辖第一审知识产权案件标准
浙江省	最高人民法院	浙江省高级人民法院	浙江省	诉讼标的额在2亿元以上,以及1亿元以上且当事人一方住所地不在本辖区或者涉外、涉港澳台的实用新型、发明、植物新品种、集成电路布图设计、技术秘密、计算机软件、垄断第一审知识产权民事案件。 诉讼标的额在50亿元以上的外观设计、涉驰名商标认定的第一审知识产权民事案件。 诉讼标的额在50亿元以上涉著作权、商标、技术合同、不正当竞争等第一审一般知识产权民事案件。

续表

地区	二审法院	一审法院	管辖地域	管辖第一审知识产权案件标准
	浙江省高级人民法院	杭州市中级人民法院(杭州知识产权法庭)	杭州市、嘉兴市、湖州市、金华市、衢州市、丽水市	诉讼标的额在50亿元以下外观设计专利、涉及驰名商标认定的知识产权民事案件。 杭州市诉讼标的额在500万元以上50亿元以下的商标权、著作权、不正当竞争、技术合同纠纷等知识产权民事案件(不含杭州各基层法院管辖范围)。 嘉兴市、湖州市、金华市、衢州市、丽水市诉讼标的额在800万元以上50亿元以下的商标权、著作权、不正当竞争、技术合同纠纷等第一审知识产权民事案件(500万元以上800万元以下由各市中级法院管辖)。
	最高人民法院			诉讼标的额在1亿元以下且当事人一方住所地不在本辖区或者涉外、涉港澳台的,以及2亿元以下且当事人住所地均在本辖区的专利、植物新品种、集成电路布图设计、技术秘密、计算机软件、垄断等第一审知识产权民事案件。
	浙江省高级人民法院	宁波市中级人民法院(宁波知识产权法庭)	宁波市、温州市、绍兴市、台州市、舟山市	诉讼标的额在50亿元以下外观设计专利、涉及驰名商标认定的第一审知识产权民事案件。 宁波市诉讼标的额在500万元以上50亿元以下商标权、著作权、不正当竞争、技术合同纠纷等第一审知识产权民事案件(不含宁波各基层法院管辖范围)。 温州市、绍兴市、台州市、舟山市诉讼标的额在800万元以上50亿元以下的商标权、著作权、不正当竞争、技术合同纠纷等第一审知识产权民事案件(500万元以上800万元以下由各市中级法院管辖)。

续表

地区	二审法院	一审法院	管辖地域	管辖第一审知识产权案件标准
	最高人民法院			诉讼标的额在1亿元以下且当事人一方住所地不在本辖区或者涉外、涉港澳台的,以及2亿元以下且当事人住所地均在本辖区的专利、植物新品种、集成电路布图设计、技术秘密、计算机软件、垄断等第一审知识产权民事案件。
	浙江省高级人民法院	湖州市中级人民法院	湖州市	诉讼标的额在800万元以下第一审一般知识产权民事案件(吴兴区、秀洲区、长兴县人民法院管辖范围除外)。
		嘉兴市中级人民法院	嘉兴市	诉讼标的额在800万元以下第一审一般知识产权民事案件(南湖区、德清县、海宁市、桐乡市人民法院管辖范围除外)。
		金华市中级人民法院	金华市	诉讼标的额在800万元以下第一审一般知识产权民事案件(婺城区、东阳市、义乌市、永康市人民法院管辖范围除外)。
		绍兴市中级人民法院	绍兴市	诉讼标的额在800万元以下第一审一般知识产权民事案件(诸暨市、柯桥区、上虞区、新昌县人民法院管辖范围除外)。
		台州市中级人民法院	台州市	诉讼标的额在800万元以下第一审一般知识产权民事案件(椒江区、温岭市、玉环市人民法院管辖范围除外)。
		温州市中级人民法院	温州市	诉讼标的额在800万元以下第一审一般知识产权民事案件(鹿城区、瓯海区、瑞安市、乐清市人民法院管辖范围除外)。
		其他中级人民法院(丽水市、衢州市、舟山市)	各本市	诉讼标的额在800万元以下第一审一般知识产权民事案件。

二十、福建省

地区	二审法院	一审法院	管辖地域	管辖第一审知识产权案件标准
福建省	最高人民法院	福建省高级人民法院	福建省	诉讼标的额在2亿元以上，以及1亿元以上且当事人一方住所地不在本辖区或者涉外、涉港澳台的实用新型、发明、植物新品种、集成电路布图设计、技术秘密、计算机软件、垄断第一审知识产权民事案件。 诉讼标的额在50亿元以上的外观设计、涉驰名商标认定的第一审知识产权民事案件。 诉讼标的额在50亿元以上涉著作权、商标、技术合同、不正当竞争等第一审一般知识产权民事案件。
	福建省高级人民法院	福州市中级人民法院(福州知识产权法庭)	福州市、南平市、宁德市、莆田市、三明市	诉讼标的额在50亿元以下外观设计、涉及驰名商标认定的第一审知识产权民事案件。 福州市诉讼标的额在50亿元以下第一审一般知识产权民事案件(不含鼓楼区、马尾区、平潭县人民法院管辖范围)。
	最高人民法院			诉讼标的额在1亿元以下且当事人一方住所地不在本辖区或者涉外、涉港澳台的，以及2亿元以下且当事人住所地均在本辖区的专利、植物新品种、集成电路布图设计、技术秘密、计算机软件、垄断等第一审知识产权民事案件。

续表

地区	二审法院	一审法院	管辖地域	管辖第一审知识产权案件标准
	福建省高级人民法院	厦门市中级人民法院(厦门知识产权法庭)	厦门市、泉州市、漳州市、龙岩市	诉讼标的额在50亿元以下外观设计、涉及驰名商标认定的第一审知识产权民事案件。 厦门市诉讼标的额在50亿元以下第一审一般知识产权案件(思明区、湖里区人民法院管辖范围除外)。
	最高人民法院			诉讼标的额在1亿元以下且当事人一方住所地不在本辖区或者涉外、涉港澳台的,以及2亿元以下且当事人住所地均在本辖区的专利、植物新品种、集成电路布图设计、技术秘密、计算机软件、垄断等第一审知识产权民事案件。
	福建省高级人民法院	泉州市中级人民法院	泉州市	诉讼标的额在50亿元以下第一审一般知识产权民事案件(晋江市、德化县人民法院管辖范围除外)。
		其他中级人民法院(龙岩市、南平市、宁德市、莆田市、三明市、漳州市)	各本市	诉讼标的额在50亿元以下第一审一般知识产权民事案件。

二十一、云南省

地区	二审法院	一审法院	管辖地域	管辖第一审知识产权案件标准
云南省	最高人民法院	云南省高级人民法院	云南省	诉讼标的额在2亿元以上,以及1亿元以上且当事人一方住所地不在本辖区或者涉外、涉港澳台的实用新型、发明、植物新品种、集成电路布图设计、技术秘密、计算机软件、垄断第一审知识产权民事案件。 诉讼标的额在50亿元以上的外观设计、涉驰名商标认定的第一审知识产权民事案件。 标的额在50亿元以上涉著作权、商标、技术合同、不正当竞争等第一审一般知识产权民事案件。
	云南省高级人民法院	昆明市中级人民法院	云南省	诉讼标的额在50亿元以下的外观设计、驰名商标认定第一审知识产权案件。 昆明市、曲靖市、昭通市、楚雄彝族自治州诉讼标的额在50亿元以下的第一审一般知识产权民事案件。
	最高人民法院			诉讼标的额在1亿元以下且当事人一方住所地不在本辖区或者涉外、涉港澳台的,以及2亿元以下且当事人住所地均在本辖区的专利、植物新品种、集成电路布图设计、技术秘密、计算机软件、垄断等第一审知识产权民事案件。

续表

地区	二审法院	一审法院	管辖地域	管辖第一审知识产权案件标准
	云南省高级人民法院	普洱市中级人民法院	普洱市、临沧市、西双版纳傣族自治州	诉讼标的额在50亿元以下第一审一般知识产权民事案件。
		大理白族自治州中级人民法院	大理白族自治州、保山市、丽江市、德宏傣族景颇族自治州、怒江傈僳族自治州、迪庆藏族自治州	
		红河哈尼族彝族自治州中级人民法院	红河哈尼族彝族自治州、玉溪市、文山市	

二十二、宁夏回族自治区

地区	二审法院	一审法院	管辖地域	管辖第一审知识产权案件标准
宁夏回族自治区	最高人民法院	宁夏回族自治区高级人民法院	宁夏回族自治区	诉讼标的额在2亿元以上，以及1亿元以上且当事人一方住所地不在本辖区或者涉外、涉港澳台的实用新型、发明、植物新品种、集成电路布图设计、技术秘密、计算机软件、垄断第一审知识产权民事案件。 诉讼标的额在50亿元以上的外观设计、涉驰名商标认定的第一审知识产权民事案件。 诉讼标的额在50亿元以上涉著作权、商标、技术合同、不正当竞争等第一审一般知识产权民事案件。
	宁夏回族自治区高级人民法院	宁夏回族自治区银川市中级人民法院	宁夏回族自治区	诉讼标的额在50亿元以下的外观设计、驰名商标认定第一审知识产权案件。 银川市诉讼标的额在50亿以下的第一审一般知识产权民事案件。

续表

地区	二审法院	一审法院	管辖地域	管辖第一审知识产权案件标准
	最高人民法院			诉讼标的额在1亿元以下且当事人一方住所地不在本辖区或者涉外、涉港澳台的,以及2亿元以下且当事人住所地均在本辖区的专利、植物新品种、集成电路布图设计、技术秘密、计算机软件、垄断等第一审知识产权民事案件。
	宁夏回族自治区高级人民法院	其他中级人民法院(固原市、石嘴山市、吴忠市、中卫市)	各本市	诉讼标的额在50亿元以下的第一审一般知识产权民事案件。

二十三、山西省

地区	二审法院	一审法院	管辖地域	管辖第一审知识产权案件标准
山西省	最高人民法院	山西省高级人民法院	山西省	诉讼标的额在2亿元以上,以及1亿元以上且当事人一方住所地不在本辖区或者涉外、涉港澳台的实用新型、发明、植物新品种、集成电路布图设计、技术秘密、计算机软件、垄断第一审知识产权民事案件。 诉讼标的额在50亿元以上的外观设计、涉驰名商标认定的第一审知识产权民事案件。 标的额在50亿元以上涉著作权、商标、技术合同、不正当竞争等第一审一般知识产权民事案件。

续表

地区	二审法院	一审法院	管辖地域	管辖第一审知识产权案件标准
	山西省高级人民法院	太原市中级人民法院(太原知识产权法庭)	山西省	诉讼标的额在50亿元以下的外观设计、驰名商标认定第一审知识产权案件； 太原市诉讼标的额在50亿元以下的第一审一般知识产权民事案件。
	最高人民法院			诉讼标的额在1亿元以下且当事人一方住所地不在本辖区或者涉外、涉港澳台的,以及2亿元以下且当事人住所地均在本辖区的专利、植物新品种、集成电路布图设计、技术秘密、计算机软件、垄断等第一审知识产权民事案件。
	山西省高级人民法院	其他中级人民法院(大同市、晋城市、晋中市、临汾市、吕梁市、朔州市、忻州市、阳泉市、运城市、长治市)	各本市	诉讼标的额在50亿元以下的第一审一般知识产权民事案件。

二十四、黑龙江省

地区	二审法院	一审法院	管辖地域	管辖第一审知识产权案件标准
黑龙江省	最高人民法院	黑龙江省高级人民法院	黑龙江省	诉讼标的额在2亿元以上,以及1亿元以上且当事人一方住所地不在本辖区或者涉外、涉港澳台的实用新型、发明、植物新品种、集成电路布图设计、技术秘密、计算机软件、垄断第一审知识产权民事案件。

续表

地区	二审法院	一审法院	管辖地域	管辖第一审知识产权案件标准
				诉讼标的额在50亿元以上的外观设计、涉驰名商标认定的第一审知识产权民事案件。 诉讼标的额在50亿元以上涉著作权、商标、技术合同、不正当竞争等第一审一般知识产权民事案件。
	黑龙江省高级人民法院	哈尔滨市中级人民法院	黑龙江省(齐齐哈尔市、大庆市、黑河市、大兴安岭地区的专利案除外)	黑龙江省诉讼标的额在50亿元以下驰名商标认定第一审知识产权案件。 管辖辖区内诉讼标的额在50亿元以下的外观设计第一审知识产权民事案件。 管辖哈尔滨市诉讼标的额在50亿元以下的第一审一般知识产权民事案件。
	最高人民法院			黑龙江省内诉讼标的额在1亿元以下且当事人一方住所地不在本辖区或者涉外、涉港澳台的，以及2亿元以下且当事人住所地均在本辖区的植物新品种、集成电路布图设计、技术秘密、计算机软件、垄断等第一审知识产权民事案件。 辖区内诉讼标的额在1亿元以下且当事人一方住所地不在本辖区或者涉外、涉港澳台的，以及2亿元以下且当事人住所地均在本辖区的发明专利、实用新型专利第一审知识产权民事案件。

续表

地区	二审法院	一审法院	管辖地域	管辖第一审知识产权案件标准
	黑龙江省高级人民法院	齐齐哈尔市中级人民法院	齐齐哈尔市(专利类包括:大庆市、黑河市、大兴安岭地区)	齐齐哈尔市、大庆市、黑河市、大兴安岭区诉讼标的额在50亿元以下的外观设计第一审知识产权民事案件。 齐齐哈尔市诉讼标的额在50亿元以下的第一审一般知识产权民事案件。
	最高人民法院			齐齐哈尔市、大庆市、黑河市、大兴安岭区诉讼标的额在1亿元以下且当事人一方住所地不在本辖区或者涉外、涉港澳台的,以及2亿元以下且当事人住所地均在本辖区的发明、实用新型第一审知识产权民事案件。
	黑龙江省高级人民法院	其他中级人民法院(大庆市、大兴安岭地区、鹤岗市、黑河市、鸡西市、佳木斯市、牡丹江市、七台河市、双鸭山市、绥化市、伊春市)	各本市或地区	诉讼标的额在50亿元以下的第一审一般知识产权民事案件。

二十五、吉林省

地区	二审法院	一审法院	管辖地域	管辖第一审知识产权案件标准
吉林省	最高人民法院	吉林省高级人民法院	吉林省	诉讼标的额在2亿元以上，以及1亿元以上且当事人一方住所地不在本辖区或者涉外、涉港澳台的实用新型、发明、植物新品种、集成电路布图设计、技术秘密、计算机软件、垄断第一审知识产权民事案件。 诉讼标的额在50亿元以上的外观设计、涉驰名商标认定的第一审知识产权民事案件。 诉讼标的额在50亿元以上涉著作权、商标、技术合同、不正当竞争等第一审一般知识产权民事案件。
	吉林省高级人民法院	长春市中级人民法院(长春知识产权法庭)	吉林省	诉讼标的额在50亿元以下的外观设计、驰名商标认定第一审知识产权案件。 长春市诉讼标的额在50亿以下的第一审一般知识产权民事案件。
	最高人民法院			诉讼标的额在1亿元以下且当事人一方住所地不在本辖区或者涉外、涉港澳台的，以及2亿元以下且当事人住所地均在本辖区的专利、植物新品种、集成电路布图设计、技术秘密、计算机软件、垄断等第一审知识产权民事案件。
	吉林省高级人民法院	其他中级人民法院(白城市、白山市、吉林市、辽源市、四平市、松原市、通化市、吉林省延边朝鲜族自治州)	各市或自治州	诉讼标的额在50亿以下的第一审一般知识产权民事案件。

二十六、青海省

地区	二审法院	一审法院	管辖地域	管辖第一审知识产权案件标准
青海省	最高人民法院	青海省高级人民法院	青海省	诉讼标的额在2亿元以上，以及1亿元以上且当事人一方住所地不在本辖区或者涉外、涉港澳台的实用新型、发明、植物新品种、集成电路布图设计、技术秘密、计算机软件、垄断第一审知识产权民事案件。 诉讼标的额在50亿元以上的外观设计、涉驰名商标认定的第一审知识产权民事案件。 诉讼标的额在50亿元以上涉著作权、商标、技术合同、不正当竞争等第一审一般知识产权民事案件。
	青海省高级人民法院	西宁市中级人民法院	青海省	青海省诉讼标的额在50亿元以下的外观设计、驰名商标认定第一审知识产权案件。 西宁市诉讼标的额在50亿元以下的第一审一般知识产权民事案件。
	最高人民法院			诉讼标的额在1亿元以下且当事人一方住所地不在本辖区或者涉外、涉港澳台的，以及2亿元以下且当事人住所地均在本辖区的专利、植物新品种、集成电路布图设计、技术秘密、计算机软件、垄断等第一审知识产权民事案件。

续表

地区	二审法院	一审法院	管辖地域	管辖第一审知识产权案件标准
	青海省高级人民法院	其他中级人民法院(青海省果洛藏族自治州、青海省海北藏族自治州、海东市、青海省海南藏族自治州、青海省海西蒙古族藏族自治州、青海省黄南藏族自治州、青海省玉树藏族自治州)	各本市或自治州	诉讼标的额在50亿以下的第一审一般知识产权民事案件。

二十七、西藏自治区

地区	二审法院	一审法院	管辖地域	管辖第一审知识产权案件标准
西藏自治区	最高人民法院	西藏自治区高级人民法院	西藏自治区	诉讼标的额在2亿元以上,以及1亿元以上且当事人一方住所地不在本辖区或者涉外、涉港澳台的实用新型、发明、植物新品种、集成电路布图设计、技术秘密、计算机软件、垄断第一审知识产权民事案件。 诉讼标的额在50亿元以上的外观设计、涉驰名商标认定的第一审知识产权民事案件。 诉讼标的额在50亿元以上涉著作权、商标、技术合同、不正当竞争等第一审一般知识产权民事案件。

续表

地区	二审法院	一审法院	管辖地域	管辖第一审知识产权案件标准
	西藏自治区高级人民法院	西藏自治区拉萨市中级人民法院	西藏自治区	诉讼标的额在50亿元以下的外观设计、驰名商标认定第一审知识产权案件。 拉萨市诉讼标的额在50亿元以下的第一审一般知识产权民事案件。
	最高人民法院			诉讼标的额在1亿元以下且当事人一方住所地不在本辖区或者涉外、涉港澳台的,以及2亿元以下且当事人住所地均在本辖区的专利、植物新品种、集成电路布图设计、技术秘密、计算机软件、垄断等第一审知识产权民事案件。
	西藏自治区高级人民法院	其他中级人民法院(阿里地区、昌都市、林芝市、那曲市、日喀则市、山南市)	各本市或地区	诉讼标的额在50亿元以下第一审一般知识产权案件。

二十八、新疆维吾尔自治区

地区	二审法院	一审法院	管辖地域	管辖第一审知识产权案件标准
新疆维吾尔自治区	最高人民法院	新疆维吾尔自治区高级人民法院	新疆维吾尔自治区	诉讼标的额在2亿元以上,以及1亿元以上且当事人一方住所地不在辖区或者涉外、涉港澳台的实用新型、发明、植物新品种、集成电路布图设计、技术秘密、计算机软件、垄断第一审知识产权民事案件。

续表

地区	二审法院	一审法院	管辖地域	管辖第一审知识产权案件标准
		新疆维吾尔自治区高级人民法院生产建设兵团分院	新疆生产建设兵团农十二师、农一师、农二师、农三师、农六师、农十三师、农十四师、建工师辖区内	诉讼标的额在50亿元以上的外观设计、涉驰名商标认定的第一审知识产权民事案件。 诉讼标的额在50亿元以上涉著作权、商标、技术合同、不正当竞争等第一审一般知识产权民事案件。
	新疆维吾尔自治区高级人民法院	乌鲁木齐市中级人民法院(乌鲁木齐知识产权法庭)	新疆维吾尔自治区	新疆维吾尔自治区诉讼标的额在50亿元以下的外观设计、驰名商标认定第一审知识产权案件。 乌鲁木齐市诉讼标的额在50亿以下的第一审一般知识产权民事案件。
	最高人民法院			新疆维吾尔自治区诉讼标的额在1亿元以下且当事人一方住所地不在本辖区或者涉外、涉港澳台的,以及2亿元以下且当事人住所地均在本辖区的专利、植物新品种、集成电路布图设计、技术秘密、计算机软件、垄断等第一审知识产权民事案件。
	新疆维吾尔自治区高级人民法院生产建设兵团分院	新疆生产建设兵团农八师中级人民法院、新疆生产建设兵团农十二师中级人民法院	新疆生产建设兵团农十二师、农一师、农二师、农三师、农六师、农十三师、农十四师、建工师辖区内以及乌鲁木齐市城区内的兵团范围	诉讼标的额在50亿元以下的外观设计、驰名商标认定第一审知识产权案件; 辖区内诉讼标的额在50亿元以下的第一审一般知识产权民事案件。
	最高人民法院			诉讼标的额在1亿元以下且当事人一方住所地不在本辖区或者涉外、涉港澳台的,以及2亿元以下且当事人住所地均在本辖区的专利、植物新品种、集成电路布图设计、技术秘密、计算机软件、垄断等第一审知识产权民事案件。

续表

地区	二审法院	一审法院	管辖地域	管辖第一审知识产权案件标准
	新疆维吾尔自治区高级人民法院	其他中级人民法院(阿克苏地区、阿勒泰地区、巴音郭楞蒙古自治州、博尔塔拉蒙古自治州、昌吉回族自治州、哈密市、和田地区、喀什地区、克拉玛依市、克孜勒苏柯尔克孜自治州、塔城地区、吐鲁番地区、伊犁哈萨克自治州)	各本市、地区、自治州	诉讼标的额在50亿以下一般知识产权案件。

二十九、内蒙古自治区

地区	二审法院	一审法院	管辖地域	管辖第一审知识产权案件标准
内蒙古自治区	最高人民法院	内蒙古自治区高级人民法院	内蒙古自治区	诉讼标的额在2亿元以上，以及1亿元以上且当事人一方住所地不在本辖区或者涉外、涉港澳台的实用新型、发明、植物新品种、集成电路布图设计、技术秘密、计算机软件、垄断第一审知识产权民事案件。 诉讼标的额在50亿元以上的外观设计、涉驰名商标认定的第一审知识产权民事案件。 诉讼标的额在50亿元以上涉著作权、商标、技术合同、不正当竞争等第一审一般知识产权民事案件。

续表

地区	二审法院	一审法院	管辖地域	管辖第一审知识产权案件标准
	内蒙古自治区高级人民法院	呼和浩特市中级人民法院	内蒙古自治区(包头市除外)	内蒙古自治区内(包头市除外)诉讼标的额在50亿元以下的外观设计第一审知识产权民事案件。 内蒙古自治区内诉讼标的额在50亿元以下驰名商标认定第一审知识产权案件。 呼和浩特市诉讼标的额在50亿元以下的第一审一般知识产权民事案件。
	最高人民法院			内蒙古诉讼标的额在1亿元以下且当事人一方住所地不在本辖区或者涉外、涉港澳台的,以及2亿元以下且当事人住所地均在本辖区的植物新品种、集成电路布图设计、技术秘密、计算机软件、垄断第一审知识产权民事案件。 内蒙古(包头市除外)诉讼标的额在2亿元以下,以及1亿元以下且当事人一方住所地不在辖区内或者涉外、涉港澳台的发明、实用新型第一审知识产权民事案件。
	内蒙古自治区高级人民法院	包头市中级人民法院	包头市	诉讼标的额在50亿元以下的外观设计第一审知识产权民事案件。 诉讼标的额在50亿以下的第一审一般知识产权民事案件。
	最高人民法院			诉讼标的额在1亿元以下且当事人一方住所地不在本辖区或者涉外、涉港澳台的,以及2亿元以下且当事人住所地均在本辖区的发明、实用新型第一审知识产权民事案件。

续表

地区	二审法院	一审法院	管辖地域	管辖第一审知识产权案件标准
	内蒙古自治区高级人民法院	其他中级人民法院(呼伦贝尔市、兴安盟、通辽市、赤峰市、锡林郭勒盟、乌兰察布市、鄂尔多斯市、乌海市、阿拉善盟)	各本市、地区	诉讼标的额在50亿元以下第一审一般知识产权案件。

三十、河北省

地区	二审法院	一审法院	管辖地域	管辖第一审知识产权案件标准
河北省	最高人民法院	河北省高级人民法院	河北省	诉讼标的额在2亿元以上，以及1亿元以上且当事人一方住所地不在本辖区或者涉外、涉港澳台的实用新型、发明、植物新品种、集成电路布图设计、技术秘密、计算机软件、垄断第一审知识产权民事案件。 诉讼标的额在50亿元以上的外观设计、涉驰名商标认定的第一审知识产权民事案件。 诉讼标的额在50亿元以上涉著作权、商标、技术合同、不正当竞争等第一审一般知识产权民事案件。
	河北省高级人民法院	石家庄市中级人民法院	河北省	诉讼标的额在50亿元以下的外观设计、驰名商标认定第一审知识产权民事案件。 石家庄市诉讼标的额在50亿以下的第一审一般知识产权民事案件。

续表

地区	二审法院	一审法院	管辖地域	管辖第一审知识产权案件标准
	最高人民法院			诉讼标的额在1亿元以下且当事人一方住所地不在本辖区或者涉外、涉港澳台的,以及2亿元以下且当事人住所地均在本辖区的专利、植物新品种、集成电路布图设计、技术秘密、计算机软件、垄断等第一审知识产权民事案件。
		其他中级人民法院(保定市、沧州市、承德市、邯郸市、衡水市、廊坊市、秦皇岛市、唐山市、邢台市、雄安新区、张家口市)	各本市	诉讼标的额在50亿元以下第一审一般知识产权案件。

三十一、贵州省

地区	二审法院	一审法院	管辖地域	管辖第一审知识产权案件标准
贵州省	最高人民法院	贵州省高级人民法院	贵州省	诉讼标的额在2亿元以上,以及1亿元以上且当事人一方住所地不在本辖区或者涉外、涉港澳台的实用新型、发明、植物新品种、集成电路布图设计、技术秘密、计算机软件、垄断第一审知识产权民事案件。 诉讼标的额在50亿元以上的外观设计、涉驰名商标认定的第一审知识产权民事案件。 诉讼标的额在50亿元以上涉著作权、商标、技术合同、不正当竞争等第一审一般知识产权民事案件。

续表

地区	二审法院	一审法院	管辖地域	管辖第一审知识产权案件标准
	贵州省高级人民法院	贵阳市中级人民法院	贵州省(遵义市中级人民法院管辖专利、垄断纠纷案件除外)	诉讼标的额在50亿元以下的外观设计第一审知识产权案件(遵义市中级人民法院管辖范围除外)。 贵州省诉讼标的额在50亿元以下的涉及驰名商标认定的第一审知识产权民事案件。 贵阳市、六盘水市、安顺市、黔西南州中级人民法院辖区内诉讼标的额在50亿元以下的第一审一般知识产权民事案件。
	最高人民法院			贵州省诉讼标的额在1亿元以下且当事人一方住所地不在本辖区或者涉外、涉港澳台的,以及2亿元以下且当事人住所地均在本辖区的专利、垄断纠纷第一审知识产权民事案件(遵义市中级人民法院管辖范围除外)。 贵州省诉讼标的额在1亿元以下且当事人一方住所地不在本辖区或者涉外、涉港澳台的,以及2亿元以下且当事人住所地均在本辖区的植物新品种、集成电路布图设计、技术秘密、计算机软件纠纷第一审知识产权民事案件。
	贵州省高级人民法院	遵义市中级人民法院(遵义知识产权法庭)	遵义市、毕节市、铜仁市、黔南州、黔东南州	诉讼标的额在50亿以下的第一审一般知识产权民事案件。 诉讼标的额在50亿元以下的外观设计第一审知识产权民事案件。

续表

地区	二审法院	一审法院	管辖地域	管辖第一审知识产权案件标准
	最高人民法院			诉讼标的额在 1 亿元以下且当事人一方住所地不在本辖区或者涉外、涉港澳台的,以及 2 亿元以下且当事人住所地均在本辖区的发明、实用新型、垄断纠纷第一审知识产权民事案件。

后　　记

继《2020年知识产权法律法规汇编》内刊印刷后，团队又一新作《知识产权司法管辖指引》正式出版。

在知识产权诉讼实务中，精准、合理选择管辖法院十分重要。特别是原告选择正确、合适的管辖法院是诉讼启动的前提条件。反之，将可能因管辖权异议而额外增加诉讼成本和时间成本，甚至降低诉讼预期效果，严重的将影响到案件的结果。本书主要包括知识产权领域内级别和地域管辖的法律法规、典型管辖裁判要旨解析以及全国法院管辖目录整理，从一般规定、典型裁判分析到法院管辖目录三个方面，试图让读者对知识产权诉讼管辖有全面的了解。

检索、整理、编撰本书是一项大工程。因知识产权管辖的规定错综复杂，全国管辖法院众多，团队成员在整理法律法规、提炼裁判要旨、汇总管辖法院的过程中，一度显得十分吃力。又因管辖规定难以检索齐全，加之互联网法院、知识产权法庭、知识产权法院的诉讼管辖存在特殊性，特别是最高人民法院于2019年5月1日实施的《最高人民法院关于调整高级人民法院和中级人民法院管辖第一审知识产权民事案件标准的通知》[法发〔2019〕14号]大幅度提高中级和高级法院级别管辖的诉讼标的额的标准，更是加大了本书整理难度。

作为一名扎根知识产权领域并积累了多年实务经验的律师，我深知经验的源泉在于实践，实践的精髓在于积累与总结。在经办众多案件后，我发现积累与总结的习惯为我带来巨大的益处，这是我执业至今所培养出来的，现在我打算用这种执业习惯的所得所获去尝试进行知识及经验输出，为相关人员提供参考。

特别感谢为本书作出贡献的每一位同仁，包括团队每一位小伙伴、参与校正法院管辖目录的律师同仁以及为本书提供意见的朋友们。没有他们，本书不可能成文。衷心感谢每一位认可本书的朋友们，特别是广东省知识产权保护协会会长朱万昌先生为本书作序。感谢广东省律师协会副秘书长邓捷先生，广东知识产权保护协会副会长兼秘书长陈胜杰先生，中南财经政法大学法学院陈虎(陈少文)教授，中央民族大学法学院、中国法学会知识产权法学研究会理事熊文聪副教授，北京大学粤港澳大湾区知识产权发展研究院首席项目执行官张宇枢先生对本书提出的宝贵意见及对本书的认可与推荐。

另，因我国知识产权司法管辖之错综复杂、丰富多样、时刻更新，团队成员客观上又存在认知有限、检索不全等不足之处，本书难免存在些许纰漏、笔误、滞后，甚至错误，敬请广大读者不吝批评指正。

业精于勤，荒于嬉。翊正团队正持续升级中，欢迎关注！

翊正团队负责人：陈明武

2021 年 6 月 1 日